GESTÃO DE MARKETING

O plano de marketing como orientador das decisões

www.editorasaraiva.com.br

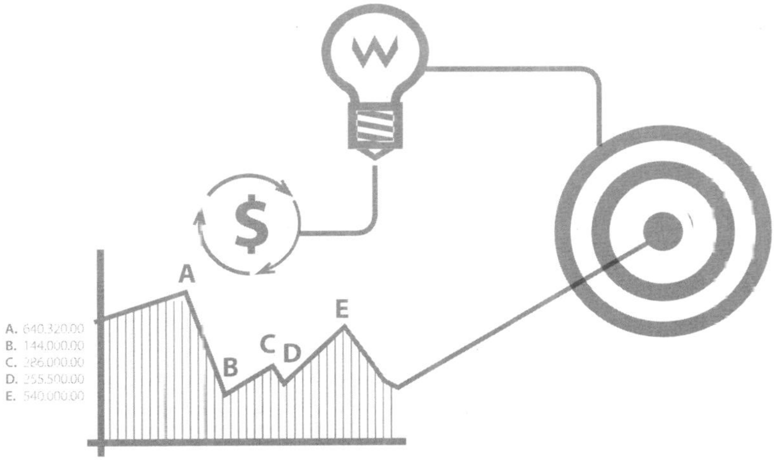

GESTÃO DE MARKETING

O plano de marketing como orientador das decisões

FERNANDO ROBERTO SANTINI

NELSON LUDOVICO (ORG.)

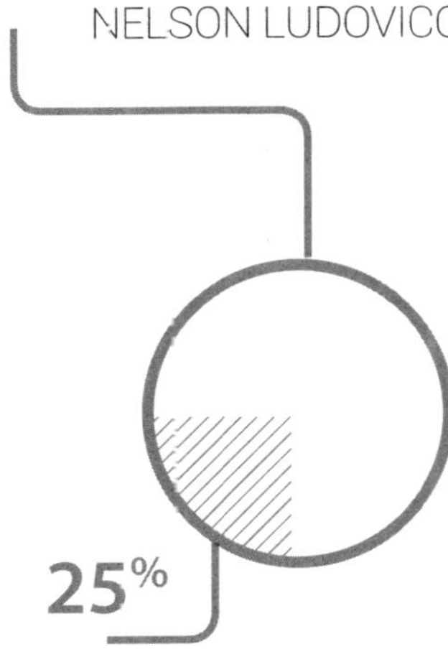

Editora Saraiva

Editora Saraiva

Rua Henrique Schaumann, 270
Pinheiros – São Paulo – SP – CEP: 05413-010
Fone PABX: (11) 3613-3000 • Fax: (11) 3611-3308
Televendas: (11) 3613-3344 • Fax vendas: (11) 3268-3268
Site: http://www.saraivauni.com.br

Filiais

AMAZONAS/RONDÔNIA/RORAIMA/ACRE
Rua Costa Azevedo, 56 – Centro
Fone/Fax: (92) 3633-4227 / 3633-4782 – Manaus

BAHIA/SERGIPE
Rua Agripino Dórea, 23 – Brotas
Fone: (71) 3381-5854 / 3381-5895 / 3381-0959 – Salvador

BAURU/SÃO PAULO (sala dos professores)
Rua Monsenhor Claro, 2-55/2-57 – Centro
Fone: (14) 3234-5643 – 3234-7401 – Bauru

CAMPINAS/SÃO PAULO (sala dos professores)
Rua Camargo Pimentel, 660 – Jd. Guanabara
Fone: (19) 3243-8004 / 3243-8259 – Campinas

CEARÁ/PIAUÍ/MARANHÃO
Av. Filomeno Gomes, 670 – Jacarecanga
Fone: (85) 3238-2323 / 3238-1331 – Fortaleza

DISTRITO FEDERAL
SIA/SUL Trecho 2, Lote 850 – Setor de Indústria e Abastecimento
Fone: (61) 3344-2920 / 3344-2951 / 3344-1709 – Brasília

GOIÁS/TOCANTINS
Av. Independência, 5330 – Setor Aeroporto
Fone: (62) 3225-2882 / 3212-2806 / 3224-3016 – Goiânia

MATO GROSSO DO SUL/MATO GROSSO
Rua 14 de Julho, 3148 – Centro
Fone: (67) 3382-3682 / 3382-0112 – Campo Grande

MINAS GERAIS
Rua Além Paraíba, 449 – Lagoinha
Fone: (31) 3429-8300 – Belo Horizonte

PARÁ/AMAPÁ
Travessa Apinagés, 186 – Batista Campos
Fone: (91) 3222-9034 / 3224-9038 / 3241-0499 – Belém

PARANÁ/SANTA CATARINA
Rua Conselheiro Laurindo, 2895 – Prado Velho
Fone: (41) 3332-4894 – Curitiba

PERNAMBUCO/ ALAGOAS/ PARAÍBA/ R. G. DO NORTE
Rua Corredor do Bispo, 185 – Boa Vista
Fone: (81) 3421-4246 / 3421-4510 – Recife

RIBEIRÃO PRETO/SÃO PAULO
Av. Francisco Junqueira, 1255 – Centro
Fone: (16) 3610-5843 / 3610-8284 – Ribeirão Preto

RIO DE JANEIRO/ESPÍRITO SANTO
Rua Visconde de Santa Isabel, 113 a 119 – Vila Isabel
Fone: (21) 2577-9494 / 2577-8867 / 2577-9565 – Rio de Janeiro

RIO GRANDE DO SUL
Av. A. J. Renner, 231 – Farrapos
Fone: (51) 3371- 4001 / 3371-1467 / 3371-1567 – Porto Alegre

SÃO JOSÉ DO RIO PRETO/SÃO PAULO (sala dos professores)
Av. Brig. Faria Lima, 6363 – Rio Preto Shopping Center – V. São José
Fone: (17) 3227-3819 / 3227-0982 / 3227-5249 – São José do Rio Preto

SÃO JOSÉ DOS CAMPOS/SÃO PAULO (sala dos professores)
Rua Santa Luzia, 106 – Jd. Santa Madalena
Fone: (12) 3921-0732 – São José dos Campos

SÃO PAULO
Av. Antártica, 92 – Barra Funda
Fone PABX: (11) 3613-3666 – São Paulo

399.146.001.001

ISBN 978-85-02-21413-2

CIP-BRASIL. CATALOGAÇÃO NA FONTE
SINDICATO NACIONAL DOS EDITORES DE LIVROS, RJ.

S227g

Santini, Fernando Roberto

Gestão de marketing / Fernando Roberto Santini; organizado por Nelson Ludovico - 1. ed. – São Paulo: Saraiva, 2013.

(Gestão empresarial)

ISBN 978-85-02-21413-2

1. Marketing - Administração. I. Título.

13-06605 CDD-658.8
CDU-658.8

29/10/2013 29/10/2013

Direção editorial	Flávia Alves Bravin
Coordenação editorial	Rita de Cássia da Silva
Editorial Universitário	Luciana Cruz Patricia Quero
Editorial de Negócios	Gisele Folha Mós
Produção editorial	Daniela Nogueira Secondo Rosana Peroni Fazolari
Produção digital	Nathalia Setrini Luiz
Suporte editorial	Najla Cruz Silva
Arte e produção	MSDE / MANU SANTOS Design
Capa	MSDE / MANU SANTOS Design
Produção gráfica	Liliane Cristina Gomes
Impressão e acabamento	Gráfica Salesianas

Contato com o editorial
editorialuniversitario@editorasaraiva.com.br

1ª edição

Sobre os autores

Fernando Roberto Santini é administrador e consultor de empresas nas áreas de sucessão em empresas familiares, atuando na preparação de herdeiros, gestão e marketing. Professor Universitário de graduação e pós-graduação na FGV Management, Faculdades Rio Branco, Cesumar (Maringá), entre outras. Já foi coordenador de cursos de Administração na Uninove, Unibero, Anhembi Morumbi, UNISA, e atuou em empresas como São Paulo Alpargatas, Playmarketing, Hey'di do Brasil, CET, Prefeitura de São Paulo. É Ph.D. em Philosophy in Business Administration, FCU, USA e mestre em Administração pela PUC/SP.

Contato com o autor: FRSANTINI@editorasaraiva.com.br

Nelson Ludovico (Org.) é pós-doutor em Relações Internacionais pela Florida Christian University (EUA), doutor em Comércio Exterior pela American University (EUA), mestre em Negócios Internacionais pela Universidad Nacional de Lomas de Zamora (Buenos Aires/Argentina), pós-graduado em Comércio Exterior – Operações e Serviços e graduado em Comércio Exterior e também em Administração de Empresas.
Desde 1984 é professor da Escola de Administração de Empresas de São Paulo (EAESP), da Fundação Getulio Vargas (FGV), nos cursos do Programa de Educação Continuada (GVPec) e também nos cursos de MBA de Comércio Exterior e Negócios Internacionais, de Supply Chain Management e Executivo Global, tendo atuado em várias IES em cursos de graduação e pós-graduação. Também é professor nos cursos de mestrado e doutorado da Florida Christian University em São Paulo e Angola, além de orientador de teses e participante de bancas examinadoras em São Paulo e Orlando, na Flórida (EUA).
Atuou em cargos executivos internacionais na Philips do Brasil e na Sadia Trading. Durante 12 anos foi consultor e palestrante da Federal Express-FedEx. Atualmente, preside o Ludovico Instituto de Comércio Exterior (LICEX) e é membro permanente do Latin American Quality Institute do Panamá desde 2008. Autor de vários livros pela Editora Saraiva.

Contato com o autor: LUDOVICO@editorasaraiva.com.br

Apresentação

Foi com grande prazer que recebi o aceite do meu colega da FGV Management, o professor Fernando Roberto Santini, para fazer parte do seleto grupo que compõe a *Série Gestão Empresarial*, que com seu enorme conhecimento e competência tem levado à sala de aula enormes contribuições.

É preciso entender que as culturas das empresas divergem não apenas dentro de seus próprios países, mas também de acordo com as especificidades dos países onde buscam parceiros idôneos. Conhecer essas especificidades é importante para garantir que a ética predomine não só no início das negociações, mas enquanto durarem os projetos.

Aliado ao desenvolvimento dos mercados nacionais e internacionais, o marketing tem papel estratégico nos estudos que são desenvolvidos pelos profissionais das empresas que buscam mais alternativas comerciais, considerando que a nova ordem econômica mundial exige segurança nas pesquisas que se realizam a todo o momento, e, também, segmentações de produtos, mercados, culturas, etnias, finanças, entre outros.

Esse cenário de economia globalizada traz para as empresas brasileiras – em especial as de pequeno e médio porte – um grande desafio: estruturar-se para se defender das ameaças de países que, além de competir em seus próprios mercados, passam a atuar em outras localidades. Considerando esse contexto, o professor Santini preocupou-se em trazer para esta obra conceitos e realidades que, certamente, servirão não só a professores e alunos, mas também a empresários.

Temos que continuar com o aculturamento, acreditar e investir em profissionais que levem às empresas os modernos conceitos transmitidos em sala de aula, pois criar e capacitar empresas brasileiras é uma iniciativa que deve sempre contar com estímulos, que é justamente o objetivo desta obra.

Prof. Nelson Ludovico, Ph D.
Pós-doutor em Relações Internacionais
Organizador da Série Gestão Empresarial

Estrutura do livro

O livro está estruturado em cinco partes e dez capítulos:

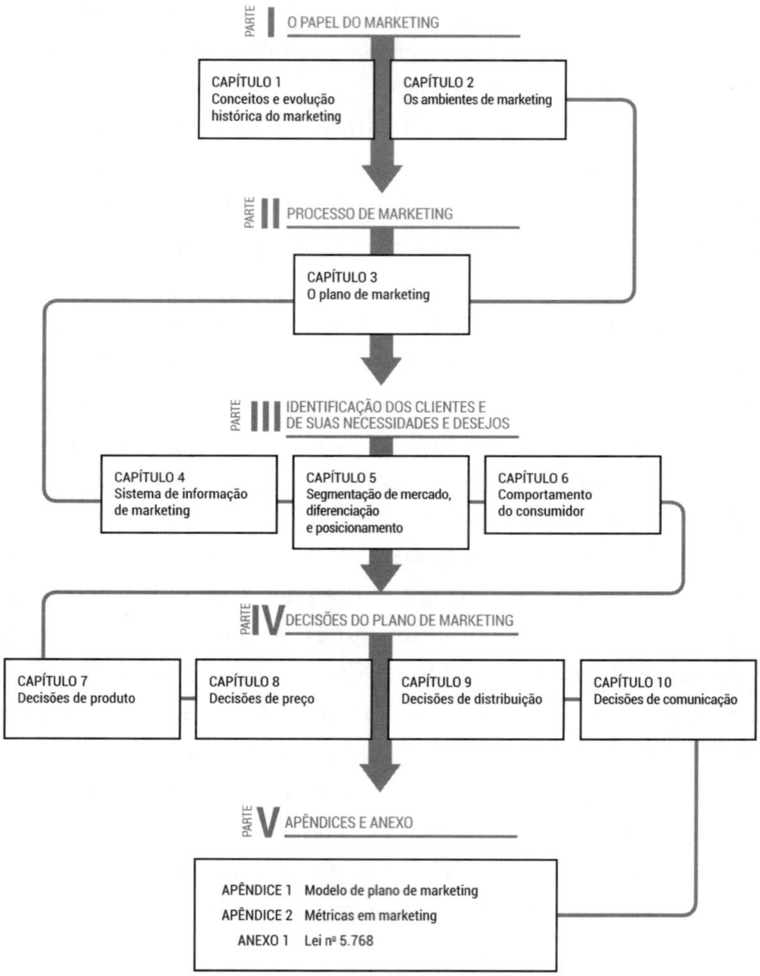

A Parte I do livro analisa o papel do marketing nas organizações, sejam elas privadas, públicas ou sem fins lucrativos. O Capítulo 1 aborda os conceitos de marketing e sua evolução ao longo do tempo, ao passo que o Capítulo 2 destaca os ambientes que influenciam as decisões de marketing de uma organização: interno, externo e o microambiente.

A Parte II do livro investiga, por meio do plano de marketing, abordado no Capítulo 3, como a organização deve ordenar suas decisões. Nesse capítulo, insere-se a proposta de aprendizado do livro: a elaboração de um plano de marketing, incluindo o diagnóstico por meio da análise SWOT e da matriz BCG, a determinação dos objetivos, o emprego da pesquisa de mercado, a escolha do cliente e as decisões de produto, preço, praça (distribuição) e promoção (comunicação).

A Parte III do livro aborda a identificação do cliente, suas necessidades e seus desejos. O Capítulo 4 trata do sistema de informação de marketing, no qual são analisados as fontes e os usos das informações relevantes às decisões, sejam elas primárias – por meio da pesquisa de mercado –, sejam secundárias – por meio do sistema de informação de marketing. O Capítulo 5 trata da segmentação dos clientes-alvos, sejam eles de produtos de consumo ou de produtos industriais. Já o Capítulo 6 trata do comportamento do consumidor e do comprador industrial (*business-to-business*), também denominado empresarial ou organizacional. Além disso, aborda as influências internas – como motivação, personalidade, percepção, aprendizagem e atitude – e as externas, ou seja, o comportamento de consumo, por meio da análise da família, dos grupos de referência, da cultura e da classe social.

A Parte IV do livro dedica-se às decisões do composto de marketing que contribuem diretamente para a conquista dos objetivos da organização. O Capítulo 7 cuida das decisões de produto, envolvendo benefícios, decisões de compra, marca, embalagem, ciclo de vida do produto e novos produtos. O Capítulo 8, por sua vez, trata das decisões de preço e envolve seus objetivos, a determinação dos custos, as políticas e os métodos de preço, e, também, os descontos. Já o capítulo 9 aborda as decisões de distribuição, o que inclui canais como varejo, atacado e agentes. Trata, ainda, do sistema de distribuição, dos conflitos de canais e da logística. Por fim, o Capítulo 10 estuda as formas de comunicação de marketing, como propaganda, promoção de vendas, relações públicas, vendas pessoais, *merchandising* e marketing direto.

A Parte V, que é composta dos apêndices e do anexo, tem a pretensão pedagógica de propor um modelo de plano de marketing, entre vários existentes. A elaboração de um plano mercadológico norteará o curso de marketing, facilitando o entendimento da teoria abordada. No Apêndice 2, estão colocadas as principais métricas de marketing. No anexo 1, consta a lei nº 5.768, que rege as ações de promoção de vendas no Brasil.

Estrutura dos capítulos

Cada capítulo foi construído da seguinte forma:

Objetivos de cada capítulo: destacados no início de cada capítulo, os objetivos refletem o conteúdo dos principais pontos de controle de aprendizados.

- **Quadros, tabelas e figuras:** esses elementos são utilizados para ilustrar os conceitos abordados, facilitando o processo de aprendizagem do leitor, seja ele estudante ou profissional da área.
- **Resumos dos capítulos:** ao final de cada capítulo, existe uma síntese dos principais conceitos abordados.
- **Questões para revisão e discussão:** estão propostas questões, ao final de cada capítulo, que refletem seu conteúdo.

Elaborando um projeto

Para o aluno aplicar o conhecimento adquirido, a proposta principal será a elaboração de um plano de marketing. Ao executar o projeto, além de estimular a participação em aula, haverá aumento em seu aprendizado, pois ele poderá ver de perto as dificuldades de se tomar decisões de marketing em uma atividade prática.

Apêndices e anexo

Os apêndices trazem um plano de desenvolvimento de marketing e as fórmulas matemáticas necessárias em marketing, ao passo que o anexo traz uma cópia da Lei nº 5768, que rege as promoções de vendas no Brasil.

Público-alvo

Este livro foi elaborado inicialmente para estudantes da disciplina de marketing em cursos de tecnologia, graduação e pós-graduação, bem como em cursos de administração, comunicação, relações internacionais, entre outros que contenham a disciplina.

Como se trata de uma introdução aprofundada do tema, pode ser utilizado ainda por:

- Executivos responsáveis pela elaboração dos planos de marketing de sua organização.
- Empresários das mais diversas formações profissionais encarregados do desenvolvimento da função de marketing em novas organizações.
- Dirigentes de organizações públicas ou sem fins lucrativos que desejam criar ou aprimorar a atividade em suas organizações.

Sumário

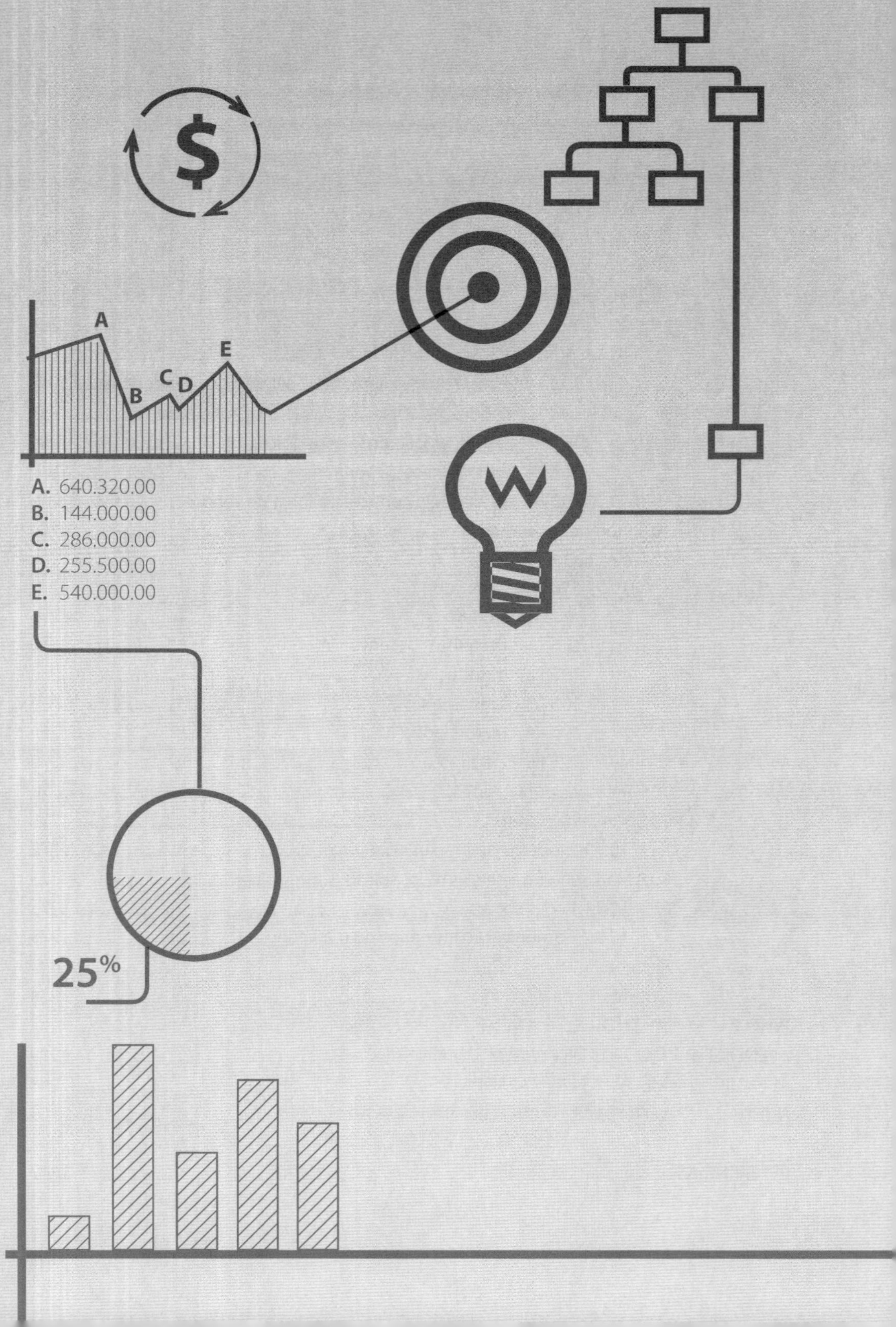
$
A
B
C
D
E
A. 640.320.00
B. 144.000.00
C. 286.000.00
D. 255.500.00
E. 540.000.00
25%

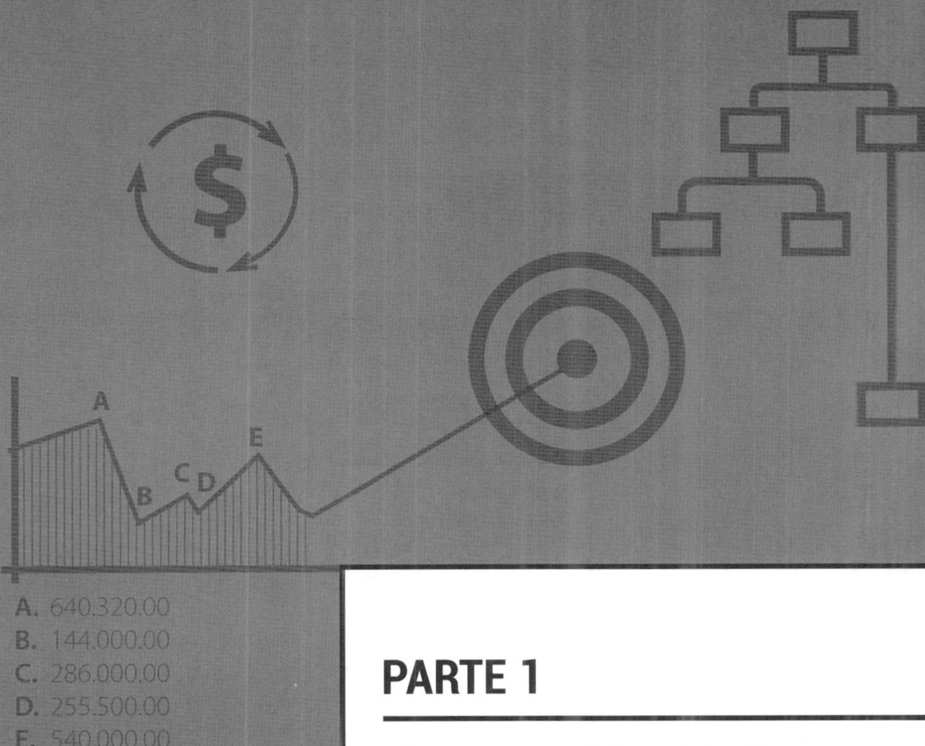

PARTE 1

O PAPEL DO MARKETING

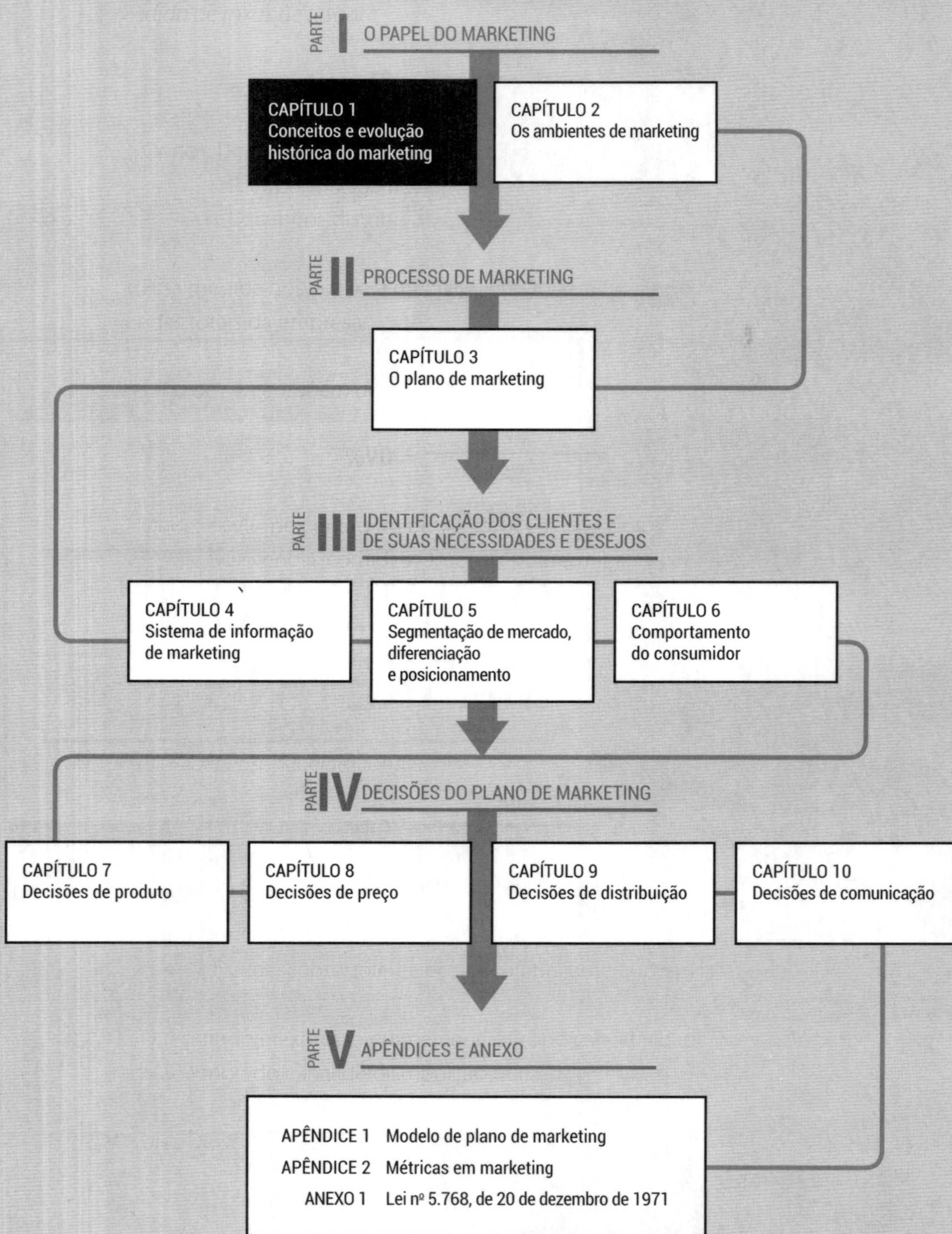
PARTE I O PAPEL DO MARKETING
CAPÍTULO 1 Conceitos e evolução histórica do marketing
CAPÍTULO 2 Os ambientes de marketing
PARTE II PROCESSO DE MARKETING
CAPÍTULO 3 O plano de marketing
PARTE III IDENTIFICAÇÃO DOS CLIENTES E DE SUAS NECESSIDADES E DESEJOS
CAPÍTULO 4 Sistema de informação de marketing
CAPÍTULO 5 Segmentação de mercado, diferenciação e posicionamento
CAPÍTULO 6 Comportamento do consumidor
PARTE IV DECISÕES DO PLANO DE MARKETING
CAPÍTULO 7 Decisões de produto
CAPÍTULO 8 Decisões de preço
CAPÍTULO 9 Decisões de distribuição
CAPÍTULO 10 Decisões de comunicação
PARTE V APÊNDICES E ANEXO
APÊNDICE 1 Modelo de plano de marketing
APÊNDICE 2 Métricas em marketing
ANEXO 1 Lei nº 5.768, de 20 de dezembro de 1971

1

CONCEITOS E EVOLUÇÃO HISTÓRICA DO MARKETING

Objetivos do capítulo

Após a leitura deste capítulo, você será capaz de:

- Explicar a importância de estudarmos marketing;
- Identificar as diferentes abordagens conceituais de alguns dos principais autores da área;
- Conhecer a evolução histórica e as escolas de marketing;
- Entender a função marketing e sua relação com as demais funções da organização.

1.1 O que marketing não é?

Normalmente, encontramos três abordagens para a palavra marketing utilizadas por muitos de seus críticos e por alguns de seus adeptos:[1]

- Marketing, numa visão mercantilista, como sinônimo de propaganda, publicidade ou de vendas, ou seja, uma ferramenta de meios de venda. Nessa abordagem, o marketing seria aplicado em mercados de grande consumo, caracterizando uma dimensão de ação, ou seja, de conquista de mercados.
- Marketing utilizado como métodos de previsão e de estudos de mercado, complexos e reservados às grandes empresas, sendo, por isso, inacessíveis às pequenas e médias empresas. Caracteriza uma dimensão de análise, ou seja, de compreensão de mercados.
- Marketing como o grande corruptor, responsável pela sociedade de consumo, isto é, "de um sistema de vendas no qual os indivíduos são objeto de uma exploração comercial por parte do vendedor".[2] Para vender mais, seriam criadas novas necessidades. A alienação dos consumidores por causa do vendedor. Caracteriza uma dimensão de cultura, ou seja, um estado de espírito.

Não podemos atribuir a marketing um poder que ele não possui. Ele não tem o poder de fazer que o consumidor aceite tudo o que se propõe em razão de ações de comunicação, concebidas sem nenhuma preocupação em satisfazer suas

1 LAMBIN, J. J. *Marketing estratégico*. Lisboa: McGraw-Hill, 2000.

2 LAMBIN, 2000, p. 4.

necessidades. Esse mito persiste embora saibamos que a maioria das novas marcas e dos novos produtos fracassa, o que demonstra claramente a resistência do mercado às ações sedutoras dos fabricantes ou produtores.

1.2 Conceitos de marketing

Marketing tem sua origem do latim "*mercari*", palavra que significa comércio e que era utilizada para definir o ato de comercializar produtos na Roma Antiga. No entanto, foi somente por volta de 1940, nos Estados Unidos, que a prática do marketing cresceu, por causa da necessidade de se incrementar vendas, acompanhando o crescimento da industrialização.

O primeiro registro da palavra marketing no mundo ocorreu nos Estados Unidos em 1902,[3] como resultado da união da palavra *market* (mercado) com a terminação do gerúndio na língua inglesa "ing", que caracteriza movimento permanente. Resumindo, podemos dizer que a palavra marketing significa mercado em movimento ou ação exercida no mercado.

A maioria dos autores que escreve sobre o tema costuma definir marketing, mas, sem nos atrevermos a tanto, abordaremos alguns dos principais autores e suas respectivas definições.

A primeira definição de marketing registrada é da *American Marketing Association* (AMA),[4] em 1950, afirmando que se trata do "desempenho das atividades de negócios que dirigem o fluxo de bens e serviços do produtor ao cliente ou usuário". Em 2004 a AMA evolui seu conceito de marketing, incluindo a preocupação das organizações com o relacionamento com os clientes, afirmando que "marketing é uma função organizacional e um conjunto de processos para criar, comunicar e distribuir valor aos clientes e para administrar o relacionamento com estes de maneira que beneficie a organização e seus *Stakeholders*".[5]

Em 2008, essa mesma associação redefine o conceito, ressaltando a importância do valor na oferta de bens e serviços, afirmando que "marketing é a atividade, conjunto de instituições e processos para criar, comunicar, distribuir e efetuar a troca

3 AJZENTAL, A. *Histórico do pensamento de marketing*. São Paulo: Saraiva, 2010.

4 AMA – American Marketing Association – *The American Marketing Association Releases New Definition for Marketing* – Press Release – Chicago – 14 jan. 2008. Disponível em: <http://www.marketingpower.com/AboutAMA/Documents/American%20Marketing%20Association%20Releases%20New%20Definition%20for%20Marketing.pdf>. Acesso em: 21 fev. 2012.

5 *Stakeholders*: formadores de opinião.

de ofertas que tenham valor para consumidores, clientes, parceiros e a sociedade como um todo".

Richers[6] afirma que "marketing são as atividades sistemáticas de uma organização humana, voltada para a busca e realização de trocas com seu meio ambiente, visando benefícios específicos". Já Las Casas,[7] ressaltando sua preocupação com as necessidades e os desejos dos consumidores, afirma que marketing pode ser definido como uma área do conhecimento que "engloba todas as atividades concernentes às relações de troca, orientadas para a satisfação dos desejos e das necessidades dos consumidores, visando alcançar determinados objetivos de empresas ou indivíduos, e considerando sempre o ambiente de atuação e o impacto que essas relações causam no bem-estar da sociedade".

Kotler, por sua vez, define marketing como um processo social "por meio do qual pessoas e grupos de pessoas obtêm aquilo de que necessitam e que desejam com a criação, oferta e livre negociação de produtos e serviços de valor com outros". Levitt,[8] numa visão simplista e completa, diz que marketing é "a arte de conquistar e manter o cliente".

Observamos a evolução dos conceitos nas abordagens feitas pelos vários autores e percebemos que eles evoluem à medida que as prioridades dos consumidores evoluem. Como essa é uma área dinâmica, podemos dizer que ainda surgirão muitas propostas de definições de marketing. O Quadro 1.1 demonstra essa evolução no conceito de marketing.

Quadro 1.1 Evolução da definição dos conceitos de marketing

AUTOR	ANO	DEFINIÇÃO
AMERICAN MARKETING ASSOCIATION	1935	"O desempenho das atividades empresariais que dirigem o fluxo de bens e serviços dos produtores até os consumidores"
PETER DRUCKER	1954	"Uma força poderosa a ser considerada pelos administradores"
OHIO STATE UNIVERSITY	1965	"O processo na sociedade pelo qual a estrutura da demanda para bens econômicos e serviços é antecipada ou abrangida e satisfeita por meio de concepção, promoção, troca e distribuição física de bens e serviços". ▶

6 RICHERS, Raimar. *Marketing*: uma visão brasileira. São Paulo: Negócio Editora, 2000.

7 LAS CASAS, A. L. *Marketing de serviços*. São Paulo: Atlas, 2006.

8 LEVITT, T. Marketing myopia. *Harvard Business Review*, jul./ago, 1960.

PHILIP KOTLER E SIDNEY LEVY	1969	"O conceito de marketing deve abranger também as instituições não lucrativas."
DAVID LUCK	1969	"Marketing deve limitar-se às atividades que resultam em transações de mercado."
PHILIP KOTLER E GERALD ZALTMAN	1969	"A criação, a implementação e o controle de programas calculados para influenciar a aceitabilidade das ideias sociais, envolvendo considerações de planejamento de produto, preço, praça e pesquisa de marketing."
ROBERT BARTLS	1974	"Se marketing é para ser olhado como abrangendo as atividades econômicas e não econômicas, talvez o marketing como foi originalmente concebido reapareça em breve com outro nome."
ROBERT HAAS	1978	"É o processo de descobrir e interpretar as necessidades e os desejos dos consumidores para as especificações de produto e serviço, criar a demanda para esses produtos e serviços e continuar a expandir essa demanda."
AMERICAN MARKETING ASSOCIATION	1985	"É o processo de planejar e executar a concepção, preço, promoção e distribuição de ideias, bens e serviços para criar trocas que satisfaçam objetivos individuais e da organização."
PHILIP KOTLER E GARY ARMSTRONG	1998	"Marketing é a entrega de satisfação para o cliente em forma de benefício."
PHILIP KOTLER	1999	"Marketing é a ciência e a arte de conquistar e manter clientes e desenvolver relacionamentos lucrativos com eles."
PHILIP KOTLER	2000	"Marketing é o processo por meio do qual pessoas e grupos de pessoas obtêm aquilo de que necessitam e que desejam com a criação, oferta e livre negociação de produtos e serviços de valor com outros."
AMERICAN MARKETING ASSOCIATION	2004	"Marketing é uma função organizacional e um conjunto de processos para criar, comunicar e distribuir valor aos clientes, e para administrar o relacionamento com clientes de forma que beneficie a organização e os seus *stakeholders*."
AMERICAN MARKETING ASSOCIATION	2007	"Marketing é a atividade, conjunto de instituições e processos para criar, comunicar, distribuir e efetuar a troca de ofertas que tenham valor para consumidores, clientes, parceiros e a sociedade como um todo."

Fonte: Las Casas apud Serrano.

1.3 Aplicações de marketing

Podemos agrupar os campos de ação de marketing em três grandes domínios:[9]

a. Marketing de bens de consumo (*business-to-consumers*, ou B2C): destinado a trocas entre organizações e indivíduos ou famílias consumidoras;

b. Marketing de bens industriais, também denominados empresariais ou organizacionais (*business-to-business*, ou B2B): quando os atores do processo de troca são empresas ou organizações.

c. Marketing social: quando os envolvidos são organizações sociais, sem fins lucrativos, como universidades, museus etc.

Dessa forma, podemos observar que marketing se aplica a bens, serviços, pessoas, ideias e pode ser utilizado desde localidades turísticas até igrejas de uma forma geral e instituições de ensino.

1.4 O composto mercadológico

Existem várias estratégias que enumeram as principais variáveis de marketing. Como verificaremos a seguir, todas elas nos conduzem à mesma conclusão: são o conjunto de elementos que compõe as atividades de marketing.

1.4.1 Os 4Ps: Jerome McCarthy[10]

A mais utilizada delas foi divulgada por McCarthy, com base na teoria desenvolvida por Neal Borden, professor de Harvard, e envolve os 4Ps, também conhecido como composto mercadológico ou composto de marketing, ou, ainda, mix de marketing:

- *Product* **(produto):** características de algo oferecido ao mercado, como um bem, serviço, ideia, pessoa etc., para aquisição, uso ou consumo que possua valor de troca e satisfaça as necessidades e os desejos. O produto

9 LAMBIN, 2000.

10 Estratégia proposta por volta de 1953, nos textos do professor Neil Borden, da Harvard Business School e aprimorada por E. Jerome McCarthy, da Universidade de Michigan, em seu livro *Basic Marketing* – a managerial approach. Homewood, Illinois: Richard D. Irwin, 1960.

é composto dos seguintes itens: marca, embalagem, rótulo, design, cores e aromas, qualidade, garantia, entre outras.

- *Price* **(preço):** envolve as variáveis que refletem o custo de produção do produto e diz respeito à quantidade de dinheiro ou outros recursos que as empresas cobram por suas ofertas. Fazem parte do preço as linhas de financiamento, prazo e condições de pagamento, bem como descontos.
- *Place* **(praça, distribuição ou ponto de venda):** está relacionada a localização física, armazenamento, cobertura geográfica, canais de distribuição, estoque, tipos e níveis de intermediários, logística, entre outros aspectos. São os meios utilizados para que os produtos e serviços sejam entregues aos mercados.
- *Promotion* **(comunicação, promoção, composto de comunicação, composto promocional ou estratégias de comunicação):** processo utilizado pelas organizações para informar, estimular e lembrar os clientes dos atributos e benefícios de seus produtos e serviços. Inclui propaganda, relações públicas, venda pessoal, promoção de vendas, *merchandising* (ponto de venda) e marketing direto.

A estratégia proposta por McCarthy reflete a óptica das organizações sobre como dirigir suas ofertas ao mercado. Observamos aí uma contradição com a visão central de marketing, que busca entender o ponto de vista do consumidor.

A contrapartida surgiu na proposta de Lauterborn,[11] denominado 4Cs.

1.4.2 Os 4Cs de Robert Lauterborn

Contrapondo-se a McCarthy, Lauterborn propôs, em 1990, uma nova visão para o mix de marketing, , abordando as estratégias na perspectiva do cliente. Para ele, os 4Ps poderiam ser substituídos por 4Cs: *Consumers Wants and needs, Cost To Satisfy, Convenience to buy* e *Communication*, que podemos traduzir como necessidades e desejos do cliente, custo da satisfação, conveniência para comprar e comunicação.

A equivalência entre as propostas é apresentada no Quadro 1.2:

11 LAUTERBORN, R. New marketing litany: 4p'S passe, C-words take over. *Advertising Age*, New York, v. 61, n. 41, p. 26, out. 1990.

Quadro 1.2 Comparação das propostas de Lauterborn e McCarthy

4Cs	4Ps
Visão do CLIENTE	Produtos
CUSTO para o cliente	Preço
CONVENIÊNCIA para o cliente	Praça
COMUNICAÇÃO	Promoção

1.2.3 Os 4As: Raimar Richers[12]

Em 1970, Raimar Richers desenvolveu um modelo composto de quatro fases: análise, adaptação, ativação e avaliação. Denominado sistema integrado de marketing, ficou mais conhecido como os 4As do marketing, contrapondo-se aos 4Ps de McCarthy (produto, preço, praça e promoção).

As fases e atividades que compõe os 4As são:

- **Análise:** é a fase em que se identifica as forças vigentes no mercado, utilizando o sistema de informação de mercado e de pesquisa de mercado. As forças são: política, sociedade, legislação, tecnologia e concorrência.
- **Adaptação:** é a fase de adaptação dos produtos ou serviços às necessidades levantadas na fase de análise, a qual é realizada por meio do posicionamento do produto e envolve design, atributos, marca, embalagem, preço e serviços oferecidos aos clientes.
- **Ativação:** também chamado de composto promocional, essa é a fase de concretizar os planos. Envolve distribuição, força de vendas, propaganda, *merchandising*, relações públicas e promoção de vendas.
- **Avaliação:** é a fase de análise dos esforços realizados e das forças e fraquezas organizacionais, e também das oportunidades e ameaças. É também chamada de auditoria de marketing e procura identificar o impacto ambiental externo (representado pelas oportunidades e ameaças) e interno (representado pelos pontos fortes ou forças e pontos fracos ou fraquezas).

12 RICHERS, Raimar. *Marketing*, 2000.

Essas diferentes abordagens de marketing nos levam à seguinte reflexão: qual empresa ou organização faz marketing há mais tempo? E, coincidentemente, é uma das maiores organizações do mundo, senão a maior? Quando faço essa pergunta aos meus alunos, normalmente eles respondem algumas marcas ou empresas como a Coca-Cola, Apple, McDonalds, Nike e, eventualmente, outra organizações.

Quando os questiono no que eles pensaram ao ouvir a pergunta ou qual foi a primeira coisa que veio à mente deles, costumam afirmar que foi embalagem, ou o logotipo, ou a marca, ou, ainda, o produto em si. Outros visualizam a propaganda, que tem a ver com comunicação. Outros, ainda, afirmam que essas empresas estão em todos os lugares, o que nos leva a distribuição (Figura 1.1).

Figura 1.1 Iceberg *versus* Marketing

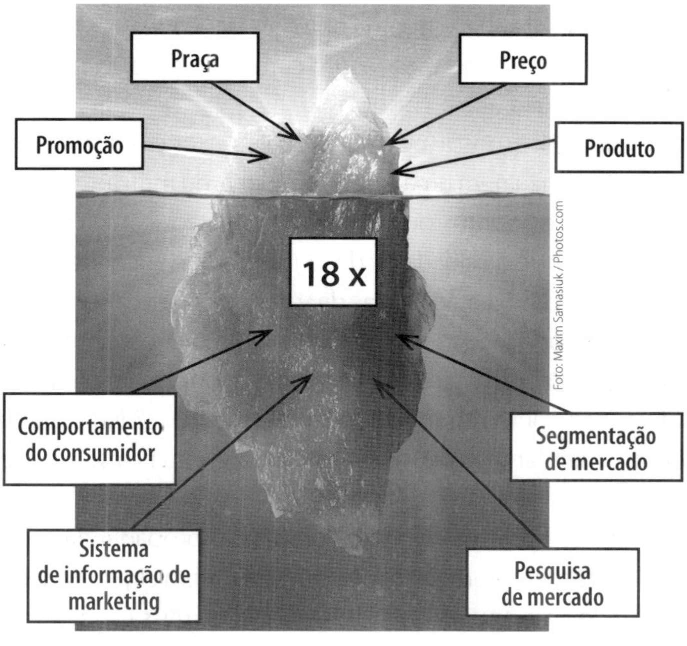

Podemos verificar que invariavelmente as respostas nos remetem a produto, preço, praça e promoção. Se atentarmos para a Figura 1.1, podemos considerar que essa estratégia é a parte visível do marketing, que denominaremos "gestão de marketing". Podemos afirmar que gestão de marketing é o conjunto de atividades que os responsáveis devem desenvolver no âmbito de produto, preço, praça e promoção com o objetivo de atender aos desejos e às necessidades dos consumidores, visando proporcionar lucro para as organizações ou pessoas que fazem a oferta.

Mas, da mesma forma que o iceberg é dividido pelo nível das águas, o que nos esconde o nível do marketing? Ela oculta o que chamaremos de "fundamentos do marketing" e que envolve o sistema de informações de marketing, a pesquisa de mercado, o comportamento do consumidor e a segmentação de mercado. Cada um desses itens é utilizado em forma de diagnóstico, nos quais a organização deve fazer antes de tomar suas decisões. Sendo assim, podemos afirmar que fundamentos de marketing é o levantamento de informações, a análise sistemática e contínua das necessidades e dos desejos dos consumidores, o desenvolvimento de produtos e serviços que atendam a consumidores específicos e que apresentem ao produtor uma vantagem competitiva em relação aos concorrentes. Esse trabalho de base é que vai nos permitir tomar as atitudes corretas em relação a produto, preço, praça e promoção, e, geralmente, não é visível aos consumidores e concorrentes.

Com o objetivo de ilustrarmos a importância do diagnóstico nas decisões das empresas, podemos estabelecer uma analogia do iceberg com o marketing, estimando em 18 vezes sua importância, assim como a relação da parte submersa do gelo com o volume daquilo que é visível.

Agora, voltando à nossa pergunta, qual é a organização que melhor faz marketing no mundo? Imaginem uma cidade pequena, ou mesmo de tamanho médio, onde estão localizados os pontos de vendas (distribuição) comerciais mais valiosos? Geralmente estão no centro da cidade ou do lugarejo, onde encontramos a praça, o coreto, uma ou duas agências bancárias, lojas de varejo, o correio, a sorveteria e a igreja.[13]

Se observarmos as cidades a distância, pelo menos até o início do século XX, verificaremos que a construção mais visível era a torre da igreja; sendo assim, podemos considerar isso como um *display* (ação de *merchandising* – comunicação). O logotipo (produto) mais famoso do mundo é a cruz, e essa fica sobre a torre (*display*) da igreja.

Ao refletirmos sobre qual a mídia de massa (propaganda – comunicação) mais antiga que existe, pensaremos no sino, que era – e em alguns lugares ainda é – o instrumento utilizado para anunciar aos fiéis o início da missa, as horas e até mesmo chamar a população para algum evento importante. Com isso, podemos nos questionar: afinal, o que a igreja vende? A resposta é: elas vendem a salvação ou o céu, e procuramos aquelas com cujos dogmas mais nos identificamos.

Se observarmos os fundamentos de marketing, nenhuma organização tem isso tão bem elaborado como a Igreja Católica. Quando pensamos em pesquisa de mercado, podemos dizer que, por força do Direito Canônico, o centro de pesquisa

13 Informação obtida e aprimorada, a partir de uma palestra do publicitário Alex Periscinoto.

mais confiável que existe é o confessionário, pois o entrevistador – nesse caso o padre – não pode romper o sigilo sacramental da confissão.

Além disso, o comportamento do consumidor é constantemente revisto pelo centro de pesquisa, e dificilmente você encontra duas igrejas próximas uma da outra, demonstrando um domínio grande de segmentação de mercado, respeitando a área de influência de cada local. A Igreja Católica tem 2000 anos e possui, em torno de, 1,2 bilhão de clientes, segundo o Vaticano.[14]

1.5 Evolução histórica do marketing

Vamos refletir um pouco e voltar no tempo. Foi com o desenvolvimento do comércio e com uma situação econômica favorável que surgem as primeiras atividades de marketing. O comércio teve seu início com a troca, que é considerada a primeira forma de comercializar.

Os fenícios[15] fizeram do comércio sua principal forma de atividade econômica; mas, no Império Romano, em virtude do crescimento da legislação elaborada pelos juristas romanos, ocorreu o desenvolvimento do comércio beneficiado pelas ligações com os continentes asiático e africano.

No início do século VIII ocorrem as invasões islâmicas no continente europeu, prejudicando as atividades comerciais e obrigando os habitantes a explorar a agricultura. Surgem, assim, os latifúndios e a consequente perda dos mercados externos. No século X ressurgem os comerciantes na Europa, constituídos principalmente por ladrões e vagabundos, embora alguns cavalheiros também praticassem.

A classe média aparece na Europa por volta do século XII, com os burgos, que se dedicavam ao artesanato. E é nesse mesmo período que provavelmente surgem os primeiros estudos sobre as motivações dos consumidores, numa contribuição de São Tomás de Aquino e seus seguidores. Esse período é denominado Escolástica.

A Inglaterra, no final do século XIV, tinha uma sociedade voltada para a produção e para os ainda pequenos negócios. Surge em Veneza, na Itália, em 1494, o primeiro estudo contábil, como um capítulo de um livro de matemática criado pelo monge franciscano Luca Bartolomeo de Pacioli, denominado dupla partida. Os séculos XV e XVI são descobertos os mercados do Oriente e das Américas, pela criação de processos de produção com os altos-fornos, pela invenção da contabilidade, pela ampliação dos serviços postais, pelo surgimento da Bolsa de Antuérpia.

14 Anuário Pontifício, 2010.

15 SIMÕES, R. *Marketing Básico*. São Paulo: Saraiva, 1976

O mercantilismo é a principal característica dos séculos XVII e XVIII, e o expoente da atividade econômica era o comerciante, em especial o exportador. Em 1760, surge a Primeira Revolução Industrial, que teve início na Inglaterra e se estendeu para a Europa a partir de 1830; nesse período, a matéria-prima essencial era o ferro e o carvão, sua principal fonte de energia.

Essa revolução se deu em quatro fases.[16] E primeira delas tem como principal característica a mecanização da indústria e da agricultura, e entre as transformações ocorridas nesse período podemos citar o aparecimento da máquina de fiar (Hargreaves, em 1767), do tear hidráulico (Arkwright, em 1769), do tear mecânico (Cartwright, em 1785) e do descaroçador de algodão (Whitney, em 1792). Com essa mecanização, o trabalho do homem passou a ser substituído por máquinas.

A segunda fase se caracteriza pela aplicação da força motriz à indústria, principalmente com a invenção da máquina a vapor (Watt, em 1776). Essa aplicação do vapor às máquinas propicia grandes transformações nas oficinas – que se transformam em fábricas – nos transportes, nas comunicações e na agricultura. Na terceira fase, temos o desenvolvimento do sistema fabril, no qual o artesão e sua pequena oficina patronal dão lugar ao operário, às fábricas e às usinas, baseadas na divisão do trabalho.

Por fim, na quarta fase já é possível contemplar o espetacular avanço dos transportes e das comunicações, visto que a navegação (Fulton, em 1807), a locomotiva a vapor (aperfeiçoada por Stenphenson em 1829) e as pioneiras estradas de ferro (Inglaterra, em 1825, e Estados Unidos, em 1829) fazem que as distâncias diminuam. Além disso, o telégrafo elétrico (Morse, em 1835), o selo postal (Inglaterra, em 1840) e o telefone (Bell em 1876) facilitam as comunicações.

Essa fase foi a responsável pela passagem da sociedade rural para a urbana e do trabalho artesanal para o assalariado nas organizações fabris. O importante era produzir com o menor custo possível, pois tudo que se fazia era consumido.[17]

O Quadro 1.3, apresentado a seguir, sintetiza as causas, características e a justificativa do local onde ocorreu a Primeira Revolução Industrial.

16 CHIAVENATO, Idalberto. *Introdução à Teoria Geral da Administração*. São Paulo: Campus, 2002.

17 ROCHA, A.; CHRISTENSEN, C. *Marketing:* teoria e prática no Brasil. São Paulo: Atlas, 1999.

Quadro 1.3 Síntese da Primeira Revolução Industrial

CAUSAS	POR QUE NA INGLATERRA?	CARACTERÍSTICAS
Acúmulo de riquezas ocorrido durante a Revolução Comercial. Aparecimento de novos mercados em virtude da expansão colonialista e do aumento da população da Europa. Urbanização crescente e intensificação das atividades comerciais. Necessidade do desenvolvimento mecânico no campo da produção.	Instituições políticas favoráveis à indústria. Liberdade de comércio pela extinção dos monopólios. Condições favoráveis de clima e posição geográfica. Experiência em comércio exterior. Ligações comerciais com o novo mundo. Abundância de carvão mineral. Desenvolvimento do sistema capitalista.	Mecanização da indústria e da agricultura. Desenvolvimento de formas de energia aplicada à indústria. Desenvolvimento do sistema fabril. Desenvolvimento dos sistemas de transportes e comunicação. Crescimento do capitalismo.

De 1860 até 1914[18] ocorre, nos Estados Unidos, a Segunda Revolução Industrial. Dessa vez, a matéria-prima essencial foi o aço, por ser um material industrial básico, mais durável e mais flexível que o ferro. Aqui, o vapor deixa de ser a principal fonte de energia e é substituído pela eletricidade e pelos derivados de petróleo. Nesse período também se pode notar o desenvolvimento do maquinário automático e um alto grau de especialização do trabalho, o crescente domínio da indústria pela ciência e as transformações radicais nos transportes e nas comunicações. O Quadro 1.4 sintetiza as características e as causas dessa revolução.

Quadro 1.4 Características e causas da Segunda Revolução Industrial

CARACTERÍSTICAS	CAUSAS
Campo tecnológico: processos industriais de alta produção e economicidade. Campo administrativo: codificação dos estudos feitos e criação de uma doutrina administrativa.	Desenvolvimento do novo processo na fabricação do aço (1856). Aperfeiçoamento do dínamo (1873). Invenção do motor de combustão interna (Daimler - 1873).

18 CHIAVENATO, 2002.

Seguindo essa lógica histórica, podemos dizer que as práticas de marketing existem desde que o homem começou a comercializar, comprando e vendendo, mas não se limitavam a isso. De certa forma, eles criavam relacionamentos em suas transações, satisfazendo seus consumidores e obtendo lucro, o que permitiu que sobrevivessem.

A evolução nos permite classificar três etapas de marketing:

Era de produção, caracterizada por uma procura maior do que a oferta. Como a grande maioria das indústrias anteriores a essas duas revoluções eram artesanais e limitadas com relação à produção, tudo o que se produzia era vendido sem esforço das fábricas. As ideias dos empresários e a disponibilidade de recursos eram fatores fundamentais na venda.

Era de vendas, caracterizada por uma procura igual à oferta. Com as revoluções, o surgimento de novas matérias-primas e fontes de energia, a produção cresce de forma vertiginosa, não sendo acompanhada pela procura por esses produtos. Diante disso, as empresas são obrigadas a utilizar técnicas mais agressivas de vendas para "desovar" o estoque que se acumulava.

Era de Marketing, caracterizada por uma oferta maior que a procura. Concomitante às revoluções industriais, o desenvolvimento do conhecimento e da tecnologia acelera os meios de produção, provocando excesso de oferta no mercado. Os empresários percebem a necessidade de se conquistar e manter seus clientes por um longo período, o consumidor passa a ser mais valorizado e os produtos e serviços começam a ser confeccionados com base em suas necessidades e desejos.

1.6 Escolas do pensamento de marketing[19]

Uma das carências no estudo da evolução do pensamento de marketing é a falta de uma análise e avaliação das diversas teorias propostas. Não existe uma crítica elaborada a essas teorias que possa sustentar a proposição de outros modelos, pois

19 AJZENTAL, 2010; MIRANDA, C. M. C; ARRUDA, D. M. O. A evolução do pensamento de marketing. Fortaleza: *Revista Interdisciplinar de Marketing*. v.3, p. 40-57, jan./jun. 2004.

a existência e o conteúdo das escolas desenvolvidas no passado são desconhecidas ou ignoradas pela maioria dos autores. O Quadro 1.5 traz uma síntese da evolução das escolas de marketing.

Quadro 1.5 Evolução do pensamento em marketing[20]

ESCOLAS	CARACTERÍSTICAS	PRINCIPAIS AUTORES
DE *COMMODITY*[21]	• Primeira escola da disciplina de marketing. • Foco nas transações e vendas de objetos.	Charles Parlin (1914) Melvin Copeland (1923) L. Aspinwall (1958)
FUNCIONAL	• Foco nas atividades necessárias para executar as transações de marketing e nos métodos de execução dessas transações. • Classificação das funções de marketing que deram origem aos 4Ps.	Arch Shaw (1912) Edmond McGarry (1950) L. Weld (1916) H. Vanderbluf (1921) E. Jerome McCarthy (1960)
REGIONAL	• Criada por volta de 1930. • Os autores perceberam o marketing como uma forma de atividade econômica para reduzir a lacuna espacial entre compradores e vendedores. O foco estava nas transações entre vendedores e consumidores de uma dada região. • Analisava em que pontos consumidores estariam mais dispostos a fazer suas compras. • As principais áreas estudadas foram o varejo, o mercado atacadista e os centros de atividades econômicas das regiões.	D. Revzan (1961) W. Reilly, (1931) Paul Converse (1943) E. T. Grether (1930)

20 AJZENTAL, 2010; Miranda e Arruda, op. cit.

21 O termo *commodity* significa mercadoria e refere-se a produtos sem diferenciação.

INSTITUCIONAL	• Considerada, ao lado das escolas de *commodity* e funcional, um dos pilares do pensamento de marketing. • Criada por volta de 1910, pois os consumidores urbanos não compreendiam o *markup* que pagavam sobre os produtos agrícolas. • Atinge o auge no período de 1954 a 1973. • Foco na função de comercialização pelos intermediários. • Surge o primeiro manual de marketing, escrito por Weld. • Homens de negócios partiram para o trabalho de pesquisa em universidades e vice-versa.	L. Weld (1916) Ralph Butler (1923) Ralph Breyer (1934) Wroe Alderson (1954) B. McCammon (1963) Balderston (1964) Bucklin (1965) B. Mallen (1973)
FUNCIONALISTA	• Criada por volta de 1930. • Considera que os mercados são heterogêneos, tanto do ponto de vista da oferta quanto da demanda. • Compreende marketing como um sistema de estrutura inter-relacionada e interdependente da dinâmica de relacionamento. • Alderson defende a existência de três tipos de sistemas, o atomístico, o mecânico e o ecológico e não considerava o canal de marketing um sistema comportamental organizado.	Wroe Alderson (1945) S. Hunt (1989)
GERENCIAL	• Criada no final dos anos 1940 e início dos anos 1950. • O marketing reconhece a interdependência natural entre os consumidores e os gestores de marketing. • Segundo o marketing *concept*, o consumidor deveria ser o centro da prática de marketing. • Foco na determinação das necessidades dos consumidores, no mix de marketing, na segmentação de mercado, na miopia de marketing.	Neil Borden (1950) Wendel Smith (1956) E. Jerome McCarthy (1960) Theodore Levitt (1960) Philip Kotler (1987)
DO COMPORTAMENTO DO CONSUMIDOR	• Criada no início da década de 1950. • Aprofunda os estudos sobre as motivações do consumo. • Foco nos mercados consumidores, na informação demográfica de quantos e quem são esses consumidores. • Ênfase nos produtos de consumo, finalizados e bens duráveis.	G. Katona (1953) Lazarsfeld (1955) Festinger (1957) A. Maslow (1954) Philip Kotler (1967) J. March e H. Simon (1958)

▶ **ATIVISTA**	• Surgiu por volta da década de 1970. • Representa uma orientação crítica, e muitas vezes tendenciosa, sobre os efeitos do Marketing no ambiente. • Foco no desequilíbrio da força entre vendedores e consumidores, no mau uso do marketing pelas empresas individuais e em assuntos do bem-estar e satisfação do consumidor. • Propõe integrar o marketing clássico, o marketing social e o marketing societal.	Beem (1973) Gardner (1976) Russo (1976) Jacoby e Small (1975) Preston (1976)
DO MACROMARKETING	• Criada no início dos anos 1960. • Foco nas atividades de marketing e instituições sociais. • Caracteriza-se pelo desenvolvimento na área do relacionamento entre o marketing e a sociedade. • Surgiu como consequência do crescente interesse da função dos negócios na sociedade. • O marketing deve ser aplicado a todas as transações sociais, não apenas às transações econômicas. • Identificação do marketing público como um dos novos mercados nesse período.	R. Holloway e R. Hancock (1964) G. Fisk (1967) Shawver e Nickels (1979) S. Hunt e J. Burnett (1982)
DA DINÂMICA ORGANIZACIONAL	• Surgiu no final dos anos 1950 e meados dos anos 1960. • Foco no bem-estar do consumidor e nas necessidades dos membros dos canais de distribuição, como os fabricantes, atacadistas e varejistas. • Os temas abordados pela escola envolvem poder, conflito e cooperação.	V. Ridgeway (1957) Bruce Mallen (1963) L. Stern (1969) Ronaldo Gorman (1969)
SISTÊMICA	• Emergiu nos anos 1960. • Marketing considerado um subsistema dentro da sociedade, dividido em outros subsistemas, como o mercado e os canais de distribuição. • Foco nas respostas às mudanças do meio ambiente.	K. Boulding (1956) J. Forrester (1958) A.Kuhn (1963) L. Bertalanffy (1968) Howard (1983) G. Dowling (1983)

▶

▶ **DAS TROCAS SOCIAIS**	• Surgiu no início dos anos 1960. • Marketing político e marketing aplicado a religiões como novas áreas de marketing. • característica crítica do conceito de troca era o papel principal atribuído às percepções e às preferências dos atores nas trocas, na determinação do ponto ótimo da transação. • Foco nas trocas entre vendedores e consumidores e na perspectiva interativa com respeito às transações de mercado. • Alguns autores defendem que a força que há por trás da troca é a necessidade de satisfação.	W. MacInnes (1964) Alderson e Martin (1965) P. Kotler (1972) R. Bagozzi (1974) F. Houston e J. Gassenheimer (1987)
MARKETING DE RELACIONAMENTO	• Surgiu por volta dos anos 1980. • Foco na criação de lealdade e na satisfação e retenção de clientes.	Berry et al (1983) Jackson (1985) Spekman e Johnston (1986)
CYBERMARKETING	• Emergiu com forças no final da década de 1990 e início de 2000. • Considerado um instrumento facilitador de marketing. • Foco na possibilidade de trabalhar a personalização em massa, proporcionar rapidez no processamento de transações e permitir alta interatividade com os clientes.	Rowsom (1998) Rosembloom (1999) Poel e Leunis (1999) Graham (2000) McCune (2000)
MARKETING EXPERIENCIAL	• Emergiu no final da década de 1990 e início de 2000. • Foco nas sensações que os produtos possam proporcionar aos clientes, e não meramente nas necessidades dos consumidores.	Schmitt (1999)
DEBATE ATUAL	• Surge no início de 2000. • Foco na visão de marketing como um processo econômico e social contínuo em que *operant* recursos são os parâmetros. • Preocupação de se entender a disciplina de marketing como um todo. • O marketing está em constante evolução (Lush).	R. Lusch (2007) J. Sheth e C. Uslay (2007) G. Gundlach (2005) G. Zinkhan e B. Willians (2007)

Fonte: Adaptado com base em AJZENTAL, 2010 e MIRANDA e ARRUDA, 2004.

É importante destacar o artigo *Marketing Myopia* (Miopia em Marketing), que foi publicado por Theodore Levitt, ex-professor de Harvard, na edição de julho/agosto de

1960 da *Harvard Business Review* e reconhecido pela própria revista, quando comemorou 75 anos, em 1997, como um dos 10 artigos mais importantes de sua história.

Levitt chama a atenção para o perigo que correm as organizações voltadas para o produto ao orientar sua produção sem se preocupar com a satisfação do cliente, utilizando afirmações fortes, exemplos adequados e um estilo contundente. Tomando como exemplo as ferrovias, ele revela que eram as crenças dos executivos que ofuscavam sua visão de negócio. Entre essas crenças, o autor destaca:

- que a população em expansão e mais rica assegura o desenvolvimento;
- que o principal produto da empresa não possui um substituto competitivo;
- que o aumento da produção propiciará rápido declínio do custo unitário;
- opção por um produto que se preste à experimentação científica cuidadosamente controlada, ao aperfeiçoamento e à redução dos custos de produção.

Podemos afirmar que Levitt é um dos pioneiros a enfatizar a relação entre clientes e necessidades na teoria de marketing. Ele contribui de forma decisiva na construção do pensamento empresarial, inserindo as seguintes reflexões:

- A importância de se identificar o negócio da empresa;
- Ficar atento constantemente às necessidades e desejos dos clientes;
- Inovar sempre.

O foco não deve estar nas vendas de curto prazo, mas na relação de longo prazo com os clientes, pois o marketing é uma guerra de percepções, e não uma guerra entre produtos e serviços. Ser percebido como único é o melhor caminho para se vencer essa guerra, e a vitória se dá na mente de clientes e de futuros clientes ou *prospects*.

Algumas empresas se destacaram nesse processo, como a *South West Airlines*, que criou o modelo *lowcost*, ou de baixo custo. As companhias aéreas que adotaram esse modelo procuraram oferecer algo mais simples e barato do que a concorrência, mas com a mesma funcionalidade. A Gatorade, em um mercado que não existia, o de bebidas esportivas, ou a H2OH! com "zero" açúcar. Ou, ainda, os computadores Dell, que utilizavam um canal inovador para distribuir seus equipamentos. Em suma, temos que tomar cuidado com conceitos preestabelecidos.

1.7 Entendendo o mercado

Quatro conceitos são básicos para o entendimento de marketing: necessidades, desejos, demandas e satisfação. As necessidades humanas podem ser explicadas como carências dos seres humanos em suas formas mais básicas, como a fome, o frio etc. Trata-se de necessidades de alimento, vestuário, abrigo e segurança, de convívio social e de afeto, e, portanto, não são criadas pelo marketing, uma vez que são inerentes à condição humana.

Desejos são as formas como as necessidades são materializadas de acordo com as influências que recebemos, como a cultura e nossa personalidade. Uma boa parte dos brasileiros saciaria sua fome com arroz e feijão, os italianos com uma macarronada e os japoneses, com sushi e sashimi, por exemplo. E é justamente nesse momento que empresas procuram influenciar seus clientes, para que eles supram suas necessidades com produtos ou serviços produzidos por ela.

Demanda é a disponibilidade financeira ou poder de compra que temos para adquirir o produto ou serviço que queremos a fim de eliminarmos nossa necessidade – buscamos adquirir produtos que nos dê mais satisfação. O brasileiro, por exemplo, necessita de recursos financeiros para adquirir arroz e feijão para saciar sua fome.

Como podemos verificar, surge um quarto conceito muito importante para o mercado: o de satisfação. Podemos dizer que satisfação do cliente é a qualidade que ele percebe referente ao desempenho do produto ou serviço comparado com sua expectativa em relação a esse item. Se o desempenho daquilo que ele adquiriu não atender as suas expectativas, ele ficará desapontado ou insatisfeito – uma sensação negativa. No entanto, se o produto ou serviço adquirido por ele atender as suas expectativas, o cliente terá uma sensação de prazer e ficará satisfeito com aquilo que comprou.

Como as expectativas variam de pessoa para pessoa, quanto maior o nível desta, mais difícil será atendê-la. Entretanto, é importante lembrar que quem cria essa expectativa é a própria empresa, por meio de sua comunicação com o mercado. Sendo assim, se a empresa quiser destacar a qualidade de seu produto ou serviço, é essencial que ambos a atendam, porque dificilmente alguém torna a comprar aquilo que não atendeu as suas expectativas.

Podemos observar o modelo básico de satisfação do cliente na Figura 1.2. Já a Figura 1.3 apresenta essa relação de maneira sistêmica.

Figura 1.2 Modelo básico de satisfação

Fonte: GIOIA et. al., 2006, p. 23.

Em geral, as empresas que aplicam o marketing de maneira correta buscam informações no mercado e, com base nessas informações, elas desenvolvem bens e serviços – ou seja, entregam esses bens e serviços a seus compradores e recebem dinheiro. Esse processo é consolidado pela comunicação que essa empresa faz ao mercado de que dispõe do produto ou serviço que ele quer adquirir. Esse sistema acontece dentro do ambiente de marketing, que será exposto no Capítulo 2.

Figura 1.3 Sistema simples de marketing

Fonte: Adaptado de KOTLER; KELLER, 2006, p. 9.

1.8 Valor

Os consumidores buscam constantemente soluções para suas necessidades e desejos, portanto, se as organizações quiserem obter sucesso, precisam desenvolver e entregar produtos e serviços que os atendam. Com o aumento constante do número de empresas no mercado, o cliente tem encontrado uma variedade cada vez maior de alternativas para satisfazer suas necessidades. Com isso, as empresas que conseguirem concentrar maior valor à sua oferta terão sua preferência.

O consumidor, ao adquirir um produto ou serviço, leva em consideração o custo com o benefício obtido. Assim, podemos dizer que valor é a diferença entre benefício recebido com a aquisição do produto ou serviço e os custos que o cliente teve para adquiri-lo, e pode ser representado pela seguinte equação:

Valor para o cliente = Benefícios percebidos – custos percebidos

Quanto maior o resultado dessa equação, melhor são as chances de escolha e satisfação; quando o resultado for próximo a zero ou negativo, o sentimento que prevalecerá será o de insatisfação ou desapontamento. Isso explica por que um consumidor, ao comprar uma caixa de amido de milho na vendinha ou armazém mais próximo de sua casa, tem consciência de que está pagando um pouco mais caro que no supermercado e, mesmo assim, não deixa de comprá-lo pela comodidade ou urgência na utilização daquele produto.

Podemos observar na Figura 1.4 as posições de valor na visão do cliente resultantes do cruzamento da percepção da qualidade e da percepção de preço.

Figura 1.4 Mapa de valor

		PERCEPÇÃO DE QUALIDADE		
		BAIXA	**MÉDIA**	**ALTA**
PERCEPÇÃO DE PREÇO	**ALTO**	Roubo	Não vale o preço	Valor / prêmio
	MÉDIO	Não vale o preço	Vale o que se paga	Bom negócio
	BAIXO	Uma pechincha	Bom negócio	Bom negócio

Fonte: GIOIA et al., 2006, p. 28.

O que as empresas buscam constantemente é a fidelização do cliente. Dentro de uma óptica simplista, podemos dizer que a fidelização ocorre quando temos um produto de qualidade, cujo valor é percebido claramente pelo cliente como preço justo e que ele esteja disposto a pagar, disponibilizado no local onde o cliente queira adquiri-lo, e que ele saiba disso por meio de uma comunicação eficaz. A soma desses esforços proporcionará a retenção do cliente.

O valor do cliente para a empresa deve ser medido pela soma de todas as suas transações realizadas ao longo de sua vida além das indicações que ele pode vir a fazer, e não apenas por uma única transação.

Podemos imaginar que um consumidor tenha um gasto médio mensal de 500 reais em um supermercado. Ele começou a fazer suas compras aos 25 anos, assim que se casou, e deverá viver, em média, mais 55 anos, uma vez que a idade média dos brasileiros é de 78 anos e tende a subir. Durante sua vida, ele gastará no supermercado 330 mil reais, isso sem contar as todas pessoas com as quais ele falará sobre o supermercado e que poderão vir a se tornar clientes.

O cliente fidelizado tende a comprar por mais tempo, adquirem mais tanto novos produtos como atualizações, falam favoravelmente da empresa e de seus produtos, são fiéis à marca e menos sensíveis ao preço; além disso, oferecem ideias sobre produtos ou serviços à empresa e reduzem os custos das transações que as empresas têm com eles.

ELABORANDO UM PROJETO

Vamos dividir a sala em grupos de trabalho para que estes elaborem um plano de marketing. O primeiro passo é definir um produto ou serviço, que pode ser um produto ou serviço novo criado por eles. Se já pensou em montar um negócio, esse pode ser o primeiro passo; se não, procure escolher um produto ou serviço de que tenha conhecimento ou então tente procurar alguém para te ajudar com algumas informações.

A partir da definição do produto ou serviço, tomando por base o modelo de plano de marketing proposto no Apêndice 1, os alunos começarão a elaborar o projeto, que deverá ser apresentado no final do semestre letivo.

Resumo

É importante salientar o que marketing não é e, além disso, destacar alguns conceitos dessa área e sua evolução ao longo do tempo, desde uma abordagem do processo de troca até a criação de valor e manutenção de relacionamento entre produtores e consumidores. Distinguir as aplicações de marketing B2B, B2C e marketing social e as estratégias de marketing: os 4Ps, os 4As e os 4Cs, e acompanhar a evolução histórica das abordagens de marketing, seus autores e os anos de publicação de suas obras.

Questões para discussão

Algumas questões exigirão dos alunos uma pesquisa extra. Para isso, eles podem utilizar alguns recursos para aprofundar o tema, como a internet ou a biblioteca.

1. A evolução nos permite classificar três etapas de marketing: Era de Produção, Era de Vendas e Era de Marketing. A orientação para a produção ainda é praticada hoje? Se sim, identifique-as.
2. Em sua opinião, por que a evolução do conceito de marketing passou de um processo simples de troca para a criação de valor e relacionamento com os clientes e consumidores? Justifique sua resposta.
3. **(Provão 1999)** Maria comprou uma geladeira que, após dois meses de funcionamento, apresentou um pequeno defeito que inviabilizou seu uso. Assinale a opção que retrata a solução desse problema dentro da filosofia do conceito de marketing.
   a. Maria foi gentilmente atendida e informada que, de acordo com os procedimentos, a visita do técnico aconteceria no prazo de uma semana. Ela comunicou a sua aflição pela premência de ter a geladeira funcionando. Entretanto, o prazo do conserto não foi cumprido.
   b. Maria, após tentar, durante três dias, comunicar-se com a empresa para efetuar sua reclamação, foi atendida e informada de que o técnico faria o conserto em 24 horas. No dia seguinte o técnico colocou a geladeira em funcionamento.
   c. Maria ligou para um telefone especial para reclamações, indicado pela empresa. A sua mensagem foi registrada em uma secretária eletrônica que garantia solução no prazo de 24 horas. Maria teve a geladeira consertada após três dias.

d. Maria conseguiu, após diversas tentativas, entrar em contato com a empresa. A sua ligação foi passada para três pessoas, pois cada uma dizia não ser responsável pela solução daquele problema. Finalmente obteve o conserto da geladeira em dois dias.

e. Maria, com um número de telefone especial para reclamações, conseguiu ser atendida de maneira educada e cortês. A informação é de que o conserto ocorreria o mais rápido possível, no máximo dentro de 24 horas. O conserto aconteceu na manhã seguinte.

4. **(Enade 2012)** O endomarketing consiste em ações de marketing dirigidas para o público interno da empresa e sua finalidade é promover os valores destinados a servir o cliente entre os empregados e os departamentos. Essa noção de cliente, por sua vez, transfere-se para o tratamento dado aos empregados comprometidos com os objetivos da empresa. Dessa forma, o endomarketing contribui decisivamente para a formação de um ambiente empresarial favorável ao uso do conhecimento e dos valores compartilhados por todos que compõem a organização.

(Adaptado de BEKIN, S. F. *Endomarketing: como praticá-lo com sucesso*. São Paulo: Pearson Prentice Hall, 2004).

Considerando esse contexto, avalie as afirmações seguintes.

I. O comprometimento dos empregados implica a adesão aos valores e objetivos da empresa.

II. Por meio do comprometimento dos empregados, a empresa desenvolve o trabalho em equipe.

III. O comprometimento dos empregados se dá por intermédio de um contexto marcado pela cooperação e pela integração de vários setores da empresa.

É correto o que se afirma em:

a. I, apenas.

b. III, apenas.

c. I e II, apenas.

d. II e III, apenas.

e. I, II e III.

5. **(Enade 2012)** O conceito de marketing de relacionamento como estratégia para manter clientes relevantes para a empresa, tornando-os clientes fiéis ou leais, firmou-se a partir da década de 1990 e solicificou-se com a constatação de que o custo da conquista de clientes é superior ao da manutenção (estima-se que cerca de 5 vezes em média), o que sugere a busca da rentabilidade apoiada na lealdade (manutenção) do cliente. Com base nessa ideia, várias empresas ao redor do mundo têm desenvolvido programas de fidelidade como uma ferramenta do marketing de relacionamento, na perspectiva de aproveitar os benefícios decorrentes do aumento do envolvimento do cliente com a empresa.

(Adaptado de SHAPIRO, B.; SVIOKLA, J. *Mantendo clientes*. São Paulo: Makron Books, 1995).

Considerando que no marketing de relacionamento a empresa obtém diversos benefícios por se relacionar com seus clientes no longo prazo e, assim, obter sua lealdade, avalie as afirmações a seguir.

I. Clientes leais são mais propensos a testar novos produtos e(ou) serviços da empresa.
II. Clientes leais estão mais dispostos a relevar eventuais erros de sua marca preferida.
III. Clientes leais consomem menos recursos de marketing, vendas e suporte, já que compram mais da empresa.

É correto o que se afirma em:

a. I, apenas.
b. III, apenas.
c. I e II, apenas.
d. II e III, apenas.
e. I, II e III.

6. (Enade 2012) Criador de conceitos como marketing social, mega marketing, entre outros, Kotler defende agora um novo patamar no mundo dos negócios: o marketing 3.0, no qual as companhias realmente compreendem seus clientes e partilham dos mesmos valores. "Nessa fase, a empresa se preocupa com a situação do mundo e quer contribuir para melhorá-lo", pontua Kotler. O autor avalia que 70% das empresas estão em um estágio de marketing 1.0, 25% já estão no marketing 2.0 e apenas 5% vivem o marketing 3.0. Mas essa realidade não é exclusiva do Brasil. As práticas de marketing estão evoluindo de forma gradativa. Considerando que há 60 anos o marketing não existia, Kotler avalia que a mudança acompanha a evolução dos próprios mercados. Isso porque, no passado, havia escassez de produtos. Logo, não havia a necessidade de uma estrutura de marketing, mas, sim um "desmarketing", como o autor caracteriza, ou seja, era preciso a redução da demanda. De acordo com Kotler, as empresas que não acreditam no valor de um trabalho sustentável, acabam contribuindo para sua inviabilidade no longo prazo. "Se negligenciarmos a sustentabilidade, voltaremos à era de escassez. Se não fizermos o que é certo, entraremos na era do 'desmarketing'", posiciona-se. Tendo a visão clara de que o marketing é a ciência de gerenciamento da demanda, Kotler acredita que o modelo tradicional tende a minguar com o tempo. Isso abre espaço para práticas de criação, comunicação e transmissão de valores aos clientes.

"O marketing 1.0 era centrado no produto; o marketing 2.0 era orientado para o cliente e, agora, o marketing 3.0 é orientado por valores", explica. Mais que isso, Kotler diz que "estamos em uma era em que a cultura da sua empresa é o conjunto de valores que você representa para seus clientes".

(Disponível em: <http://br.hsmglobal.com/artigos>. Acesso em: 10 jul. 2012, adaptado).

Com base na situação descrita anteriormente, avalie as asserções a seguir e a relação proposta entre elas.

I. As empresas estão evoluindo na forma de pensar, agir e implementar o marketing, e, nesse processo evolutivo, a empresa muda o foco, do produto para o cliente, e, desse, para valores. O marketing 3.0 proposto por Kotler representa a mudança de comportamento das empresas na busca de práticas adequadas para um mundo melhor.

PORQUE

II. O foco e a orientação por valores decorrem da necessidade organizacional de ser sustentável e de desenvolver sua responsabilidade social, especialmente em um mundo no qual os clientes, informados e conscientes, buscam novos valores.

Acerca dessas asserções, assinale a opção correta.

a. As asserções I e II são proposições verdadeiras, e a II é uma justificativa da I.

b. As asserções I e II são proposições verdadeiras, mas a II não é uma justificativa da I.

c. A asserção I é uma proposição verdadeira, e a II é uma proposição falsa.

d. A asserção I é uma proposição falsa, e a II é uma proposição verdadeira.

e. As asserções I e II são proposições falsas.

7. **(Petrobras 2011)** O departamento de marketing de uma empresa tem uma série de funções relacionadas diretamente com a organização, dentre as quais:

a. determinação de que o mercado global não pode interferir nas estratégias de administração de marketing de uma empresa.

b. impossibilidade de atuar em parceria com entidades sem fins lucrativos.

c. escolha de mercados-alvo, visando a manter e multiplicar clientes por meio da correta gestão da produção dos produtos e serviços da empresa.

d. responsabilidade de determinar a demanda por produtos e serviços da empresa.

e. desenvolvimento de estratégias e planos de marketing necessários para uma administração de marketing bem-sucedida.

8. **(Petrobras 2011)** O marketing, juntamente com suas ferramentas e funções, tem como papel fundamental promover:

a. atuação exclusiva em mídias inovadoras e digitais.

b. gerenciamento ajustado entre oferta e demanda.

c. foco na produção em escala.

d. entendimento das oportunidades existentes apenas para venda de novos produtos e serviços.

e. modelo restrito de estudo das necessidades dos clientes.

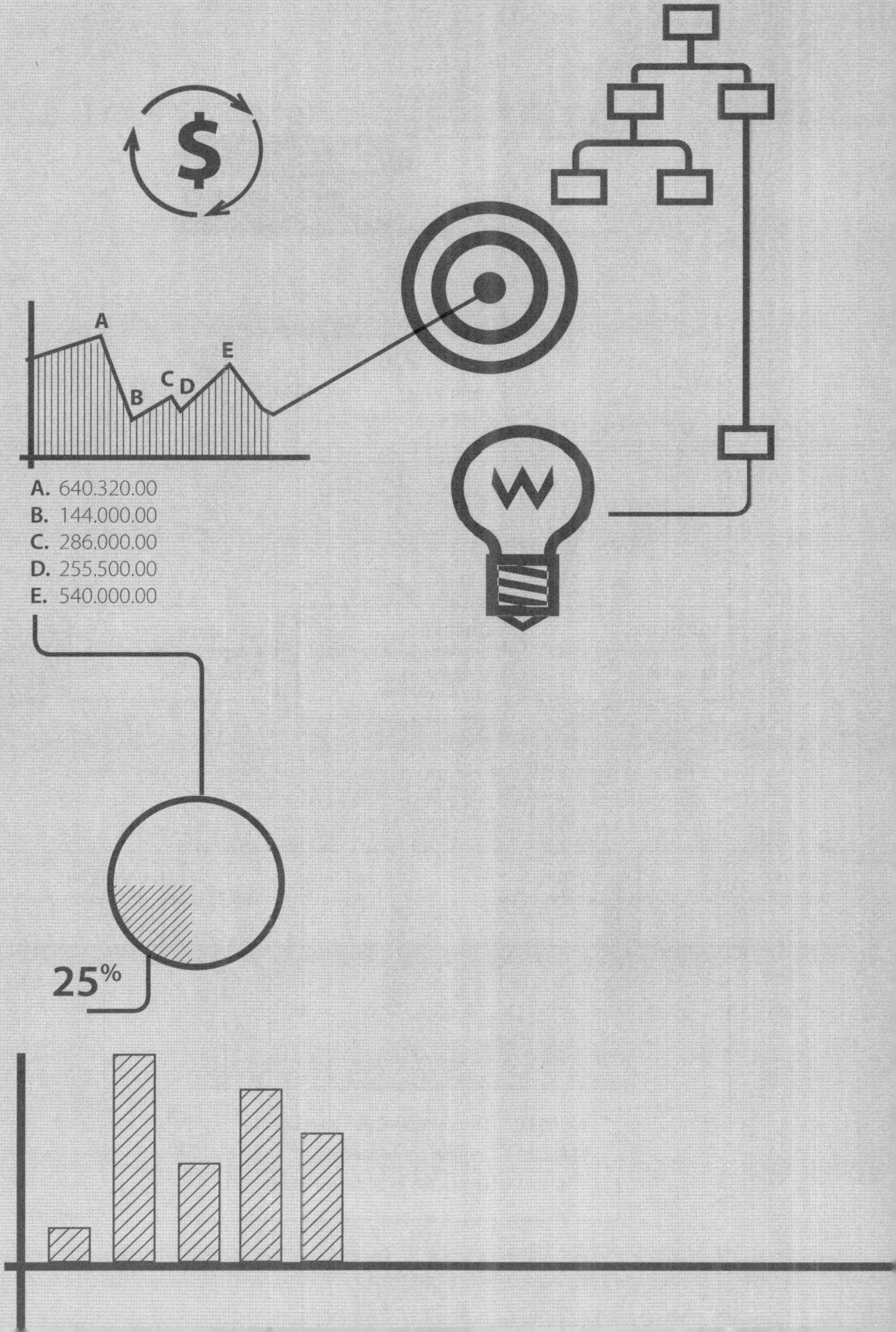
A
E
C
D
B
A. 640.320.00
B. 144.000.00
C. 286.000.00
D. 255.500.00
E. 540.000.00
25%

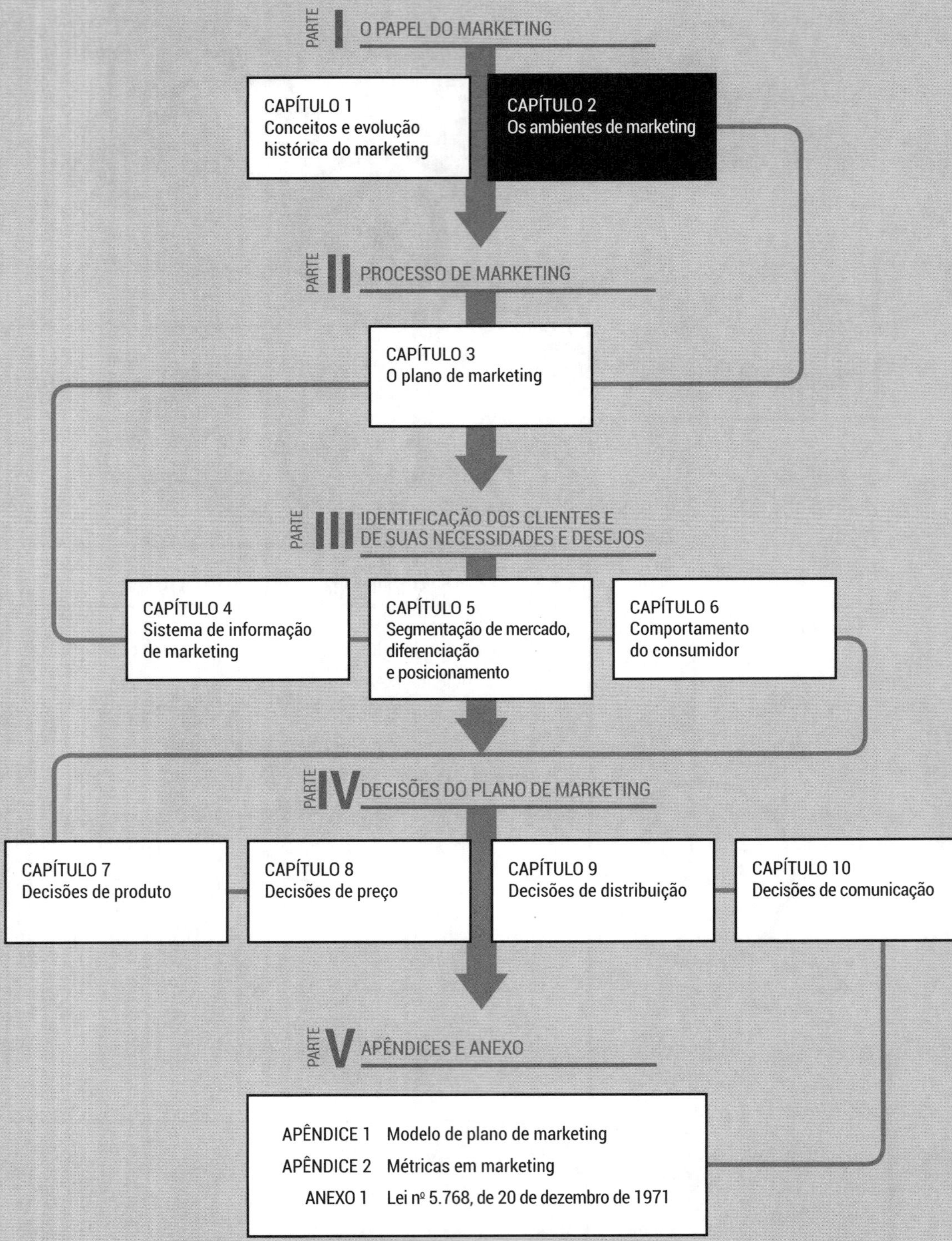
PARTE I O PAPEL DO MARKETING
CAPÍTULO 1 Conceitos e evolução histórica do marketing
CAPÍTULO 2 Os ambientes de marketing
PARTE II PROCESSO DE MARKETING
CAPÍTULO 3 O plano de marketing
PARTE III IDENTIFICAÇÃO DOS CLIENTES E DE SUAS NECESSIDADES E DESEJOS
CAPÍTULO 4 Sistema de informação de marketing
CAPÍTULO 5 Segmentação de mercado, diferenciação e posicionamento
CAPÍTULO 6 Comportamento do consumidor
PARTE IV DECISÕES DO PLANO DE MARKETING
CAPÍTULO 7 Decisões de produto
CAPÍTULO 8 Decisões de preço
CAPÍTULO 9 Decisões de distribuição
CAPÍTULO 10 Decisões de comunicação
PARTE V APÊNDICES E ANEXO
APÊNDICE 1 Modelo de plano de marketing
APÊNDICE 2 Métricas em marketing
ANEXO 1 Lei nº 5.768, de 20 de dezembro de 1971

2

OS AMBIENTES DE MARKETING

Objetivos do capítulo

Após a leitura deste capítulo, você será capaz de:

- Distinguir os ambientes que interagem com a empresa;
- Descrever os microambientes com os quais as empresas se relacionam;
- Identificar os ambientes externos à empresa;
- Entender como as mudanças ambientais influenciam as decisões de marketing.

Como vimos, devemos constantemente nos esforçar para construirmos relacionamentos duradouros e vantajosos com nossos clientes. Para isso, devemos conhecer profundamente o ambiente de marketing em que nossa empresa está inserida. São três[1] os ambientes que cercam a empresa: o ambiente interno da própria empresa, o microambiente ou mercado, e o macroambiente ou ambiente socioeconômico, conforme observado na Figura 2.1.

Figura 2.1 Ambientes da empresa

EMPRESA	MERCADO	AMBIENTE SOCIOECONÔMICO
Produto Preço Praça Promoção Áreas funcionais da empresa como: RH, Finanças, Produção, entre outras.	Consumidor Concorrente Fornecedor Intermediários	Economia Legislação Tecnologia Cultura Política etc.

Todas as organizações recebem influências de todas as variáveis observadas na Figura 2.1, em maior ou menor escala, de forma direta ou indireta. Por essa razão,

1 KOTLER , P; ARMSTRONG, G. *Princípios de Marketing*. Porto Alegre: Bookman, 2007. p. 54-73.

devemos observar constantemente a situação do ambiente que cerca a empresa, pois as mudanças podem ser rápidas e, geralmente, imprevisíveis.

2.1 Ambiente interno da empresa

O ambiente interno da empresa é formado pelas áreas funcionais da organização e pelos elementos que compõem o marketing, e a comparação dessas áreas funcionais e dos elementos que compõem o marketing de nossa empresa com os dos nossos concorrentes gerarão nossos pontos fortes (forças) e os pontos fracos (fraquezas) do plano de marketing, conforme veremos no Capítulo 3. Cada elemento destacado na Figura 2.2 será observado nos capítulos seguintes.

Figura 2.2 Elementos do composto de marketing

Fonte: KOTLER e KELLER, 2006, p. 17.

Em "produto", podemos investigar no mix (variedade) de produtos, qualidade, design, características, marca, embalagem, serviços, garantias, bem como o ciclo de vida e a classificação do bem ou serviço quanto ao critério de compra. Já em "preço", comparamos descontos, concessões, prazos de pagamento e condições de financiamento; além disso, também devemos observar itens como política de preço, método, estratégias, custos, *payback* e ponto de equilíbrio.

Em "praça", ou distribuição, verificamos canais, cobertura, variedades, locais, estoque e transporte, ao passo que em "promoção", ou comunicação, as estratégias analisadas são propaganda, promoção de vendas, *merchandising*, vendas, relações públicas e marketing direto.

2.2 Mercado

Faz parte do ambiente mercadológico o mercado ou microambiente de marketing, que é composto de fornecedor, dos intermediários, pelos concorrentes e dos consumidores ou *stakeholders*. Embora mantenhamos um relacionamento constante com o mercado, nós não o controlamos; sendo assim, as decisões do mercado podem resultar em ameaças ou oportunidades de negócio para nossa empresa.

2.2.1 Fornecedores

Fornecedores são indústrias que têm empresas como clientes e que fornecem matéria-prima, suprimentos, propaganda, serviços de informação ou de apoio etc. As questões que devemos observar são:

- Quem são?
- Qual seu poder de troca?
- Quais as tendências dos fornecedores atuais?
- Quem serão nossos fornecedores futuros?
- Qual será seu poder de troca futuro?

2.2.2 Intermediários

Os intermediários compõem o sistema de distribuição dos produtos da empresa analisada – por exemplo os atacadistas, agentes de vendas, representantes e varejistas. Devemos estar atentos a:

- Quem são?
- Qual seu poder de troca?
- Quais as tendências atuais dos distribuidores?
- Quem serão nossos distribuidores no futuro?
- Qual será seu poder de troca futuro?

2.2.3 Concorrentes

Os concorrentes podem ser classificados como diretos ou indiretos. Os concorrentes diretos são aqueles que competem no mesmo mercado, oferecendo, geralmente, produtos parecidos e com preços na mesma faixa. Já os indiretos são aqueles que oferecem aos mesmos consumidores produtos ou serviços que substituem os ofertados por nós.

Devemos estar constantemente atento às ações por eles praticadas. Mas algumas empresas ignoram a existência dos concorrentes indiretos, e isso pode representar uma séria ameaça à sua sobrevivência. Com relação aos concorrentes, devemos analisar:

- Quais produtos ou serviços, atualmente, competem diretamente com os nossos?
- Quais produtos ou serviços podem, atualmente, substituir os nossos?
- Quais as tendências dos concorrentes atuais?
- Quem serão nossos concorrentes futuros?
- Qual será o grau de rivalidade futuro?

Embora tecnicamente as ações dos concorrentes gerem ameaças ou oportunidades para nossa empresa, uma vez que nós os monitoramos, mas não controlamos suas ações, acredito que ação bem-sucedida do concorrente demonstra incompetência nossa para fazer o que deveria ter sido feito, uma vez que essa ação fará que ele tenha uma vantagem competitiva sobre nós, gerando, automaticamente, uma fraqueza (ponto fraco) em nossa análise ambiental.

2.2.4 *Stakeholders*

Além dos clientes finais e intermediários, as empresas têm relações com diversos públicos, que não estão diretamente interessados nos produtos da empresa, mas que têm outros interesses nela – como acionistas, governo, mídia – ou são diretamente afetados pelas operações da empresa – como comunidades locais. Esses públicos devem ser alvos de ações de marketing bastante direcionadas. Quando o assunto são os *stakeholders*, devemos monitorar:

- Quem são?
- Qual sua opinião a respeito de nossos produtos ou serviços?
- Como estão organizados?
- Quais meios se utilizam para se comunicar?
- Como agem?
- O que esperam?

2.3 Macroambiente ou variáveis incontroláveis

A empresa, seus fornecedores, os intermediários de mercado, clientes, concorrentes e públicos operam em um grande macroambiente, com forças e megatendências que criam oportunidades e ameaças para a empresa e para seus concorrentes. A análise do macroambiente consiste na seleção das tendências macroambientais que possam causar impactos nos mercados e na empresa, bem como no horizonte de tempo de planejamento.

Essas forças são incontroláveis, e a empresa deve monitorá-las constantemente e responder a elas, visto que geram ameaças ou oportunidades para as empresas e afetam todas elas indistintamente.

Essas forças podem ser imprevisíveis ou não, dependendo do grau de profundidade em que é executada sua análise e acompanhamento, portanto, as empresas que se destacam no mercado são aquelas que interagem melhor com seu ambiente mercadológico.

2.3.1 Variáveis de origem econômica

As variáveis econômicas correspondem às características da economia nacional e global, e é de suma importância analisar as tendências das variáveis econômicas que afetam a demanda e a oferta de produtos e serviços nos mercados em que a empresa atua ou pretende atuar. Essa análise envolve questões como o crescimento econômico, a distribuição de renda, os investimentos em infraestrutura, a disponibilidade de crédito, as taxa de juros e os rendimentos de aplicações, o câmbio, a inflação, as crises, recessões e os efeitos de planos econômicos governamentais, os padrões de gasto do consumidor e o mercado de ações.

As fontes que podem ser consultadas a respeito são as associações de classe, publicações, estudos existentes, entrevistas de clientes, fornecedores e distribuidores. Tomemos como exemplo a crise que afetou o mundo em 2008. Embora no início seus efeitos tenham sido, de certa forma, amenizados aqui no Brasil por uma série de decisões tomadas pelo Banco Central na época, pode ter sido uma das causas do pequeno crescimento do país em 2012.

Para você ter uma ideia mais clara sobre como isso é feito, tente imaginar-se daqui a dois anos como dirigente da organização onde trabalha; em seguida, destaque as tendências econômicas, as oportunidades e seus impactos, e também as ameaças e seus impactos.

2.3.2 Variáveis de origem político-legal

As variáveis de origem político-legal estão relacionadas à análise das tendências relativas a leis, códigos, instituições governamentais e correntes ideológicas que possam afetar a empresa. Embora com variação de intensidade de país para país, as decisões e ações governamentais afetam diretamente a prática dos negócios.

Embora existam muitas diferenças entre as esferas públicas e privadas, há uma íntima relação entre as duas – ou seja, uma existe em função da outra e as decisões de uma interferem na atuação da outra. Envolvem questões sobre leis e políticas públicas, código de defesa do consumidor, regras e exigências sanitárias e fiscais, regulamentação governamental (projetos de lei em andamento) e o crescimento de grupos de interesse público (correntes ideológicas emergentes).

As principais fontes de informações são as agências governamentais, as legislações federal, estadual e municipal, incluindo portarias e normas, associações de classe e empresas de relações públicas.

Por exemplo, com a descoberta do pré-sal, toda a política de exploração do petróleo no país foi revista, e algumas mudanças na legislação do setor afetaram empresas, cidades e estados. Para alguns, o resultado dessas mudanças gerou ameaças (por exemplo, diminuição das receitas de royalties advindos da extração do petróleo); para outros, proporcionou oportunidades de aumento da receita. Para que você tenha uma ideia de como isso funciona na prática, tente fazer o seguinte exercício: primeiro, tente imaginar-se daqui a dois anos como dirigente de uma organização. Em seguida, procure destacar quais são as tendências político-legais, as oportunidades e ameaças e o impacto desses dois pontos.

2.3.3 Variáveis de origem tecnológica

As variáveis de origem tecnológica são as de maior impacto nas organizações em razão da velocidade e da profundidade das transformações no mundo da tecnologia. Aqui, são feitas análises das tendências relativas ao conhecimento científico e humano sobre máquinas, processos operacionais, novas matérias-primas, entre outras áreas do conhecimento e sua influência nas organizações. Esse tipo de análise envolve a velocidade da mudança e da informação, a programabilidade, a informatização, as patentes e as inovações, e as informações podem ser obtidas de diversas fontes, entre elas os escritórios de patentes, *experts* na indústria, universidades, pesquisas e publicações especializadas no tema.

Uma evidência concreta da importância dessas variáveis tecnológicas é o aumento das vendas pela internet (e-*commerce*), que de certa maneira obrigou a maioria das empresas a ter um site e comercializar seus produtos por ele. A utilização da rede desequilibrou a relação fornecedor-consumidor a favor destes, obrigando os fornecedores a manter vigilância constante a respeito de sua marca e de seus produtos e serviços na internet, propiciando ao consumidor o levantamento de informações importantes que norteiam sua decisão de compra. Para sentir como isso é feito na prática, da mesma maneira como foi feito anteriormente, imagine-se como gestor de uma organização daqui a dois anos e analise as tendências tecnológicas, bem como as oportunidades e as ameaças (e, com certeza, os impactos delas).

2.3.4 Variáveis de origem socioculturais

Trata-se da análise das tendências relativas aos gostos, preferências, hábitos e atitudes das pessoas que direcionam a decisão de compra para determinados bens e serviços em detrimentos de outros, que se manifesta em praticamente todas as variáveis do macroambiente de marketing. E é a própria sociedade que define e molda essas crenças, esses valores e as normas em um contexto geral, bem como as mudanças de demanda por determinados produtos, como cigarros com baixo teor de nicotina, alimentos lights e funcionais, empresas sociais e ambientalmente responsáveis.

É importante nos lembrarmos de que a cultura é formada por subculturas com comportamentos distintos entre si. Por exemplo, os consumidores do nordeste brasileiro têm hábitos diferentes dos consumidores do sul do país – os gaúchos adoram churrasco e tomam chimarrão, ao passo que os baianos adoram acarajé. Na cidade de São Paulo, as diferenças são bem próximas e claras. No centro da cidade, no bairro da Liberdade, por exemplo, prevalecem os hábitos orientais, com lojas, restaurantes e festas típicas de países como Japão e China. Próximo dali, no bairro do Bexiga, prevalecem os hábitos italianos – principalmente no que diz respeito aos alimentos –, com forte presença de cantinas e padarias especializadas em pães e antepastos típicos do país.

Avaliar as variáveis de origem sociocultural envolve, entre outros fatores, as mudanças nas crenças, nos valores e nas normas sociais, a relação das pessoas consigo mesmas e com os outros e, também, os hábitos, a moda e os costumes.

Entre as diversas fontes de informação, podemos citar os jornais e as revistas – tanto os de bairro quanto os de grande circulação –, e podemos também optar por especialistas do assunto, fazer observação pessoal e pesquisas de campo. Mais uma vez, tente se imaginar daqui a dois anos como gerente de uma organização e procure destacar as tendências socioculturais, bem como os impactos de oportunidades e ameaças.

2.3.5 Variáveis de origem demográfica

As variáveis de origem demográfica são compostas das características da população em geral. Em outras palavras, trata-se da análise das tendências relativas a características da população de uma região ou país que podem afetar as atividades das organizações. Essa análise envolve questões como o crescimento populacional, o nível de escolaridade, a diminuição dos casais tradicionais, a mudança na constituição das famílias, o aumento do número de homens e mulheres solteiros, a diminuição do número de nascimentos e o aumento do número de mulheres que compõem o mercado de trabalho e dos habitantes das áreas urbanas.

As informações podem ser obtidas por meio das pesquisas do IBGE (Censo e PNAD), das pesquisas de mercado e em periódicos como revistas e jornais, associações de classe, entre outras. Agora, o exercício é imaginar-se daqui a dois anos dirigindo uma organização e procurando destacar as tendências demográficas, as oportunidades e as ameaças, e o impacto desses fatores na organização.

2.3.6 Variáveis de origem natural

Trata-se da análise dos recursos naturais disponíveis para a organização ou que são afetados por sua atuação. Aqui, devem ser observados, entre outros fatores, a escassez (ou não) de matéria-prima, o aumento nos custos de produção, o prejuízo na qualidade dos produtos etc. Esses fatores também podem provocar a sazonalidade da demanda por determinados produtos e serviços – produtos como sorvete, guarda-chuva, alimentos, entre outros, são exemplos que podem nos ajudar a compreender melhor essa variável. Para analisarmos essas variáveis, precisamos considerar questões como alterações climáticas, estações do ano, chuvas e secas, tempestades, pragas, fontes de energia etc.

Com relação à obtenção de informações, são fontes importantes os institutos de meteorologia, o Ministério da Agricultura, periódicos – como revistas e jornais –, entre outros. Aqui, mais uma vez, para você entender como isso ocorre na prática, pense que daqui a dois anos você será gerente de uma empresa e precisará considerar aspectos como as tendências naturais e as oportunidades e ameaças que estas trazem, bem como os impactos delas em sua empresas.

ELABORANDO UM PROJETO

Com os grupos formados e o produto ou serviço decidido, observe o ambiente em que a empresa está inserida, analisando quem são seus concorrentes diretos e indiretos. Além disso, procure aprofundar-se no diagnóstico, pois ele é a chave para o sucesso de seu plano.

Resumo

Toda empresa está inserida em três ambientes: interno – que envolve suas áreas funcionais, além de produto, preço, praça e composto promocional –, mercado – composto de consumidores, concorrentes, fornecedores e intermediários –

e externo – composto de variáveis incontroláveis, como economia, legislação, tecnologia, cultura, demografia, entre outros. Todas as empresas sofrem influência de todas as variáveis incontroláveis, obrigando-nos a permanecer o tempo todo monitorando suas alterações e tendências.

Questões para discussão

Algumas questões exigirão dos alunos uma pesquisa extra. Para isso, eles podem utilizar alguns recursos para aprofundar o tema, como a internet ou a biblioteca.

1. Quais mudanças recentes na variável demográfica são relevantes para uma empresa que produz artigos voltados para crianças?

2. Baseado no ambiente cultural, defina o que uma empresa de moda feminina poderia vender nos países do Oriente Médio?

3. Faça uma pesquisa e compare o comportamento das gerações Y (nascidos entre 1980 e 1990) e a Z (nascidos entre 1990 e 2000).

4. Se você fosse montar um negócio agora, pensando nos próximos dez anos, em qual ramo atuaria? Justifique.

5. **(Provão 2002)** A tabela a seguir apresenta a distribuição etária da população de um país, em percentual, ao longo do tempo (com previsão para os próximos 20 anos). Nesse país, a taxa de crescimento populacional prevista é zero.

ANO / FAIXA ETÁRIA	1940	1960	1980	2000	2020
0 a 9 anos	330	331	226	118	112
10 a 19 anos	224	222	224	220	119
20 a 39 anos	330	228	229	334	336
40 a 64 anos	112	114	115	220	223
65 anos ou mais	44	55	66	88	110

Como resultado da análise do quadro anterior, um fabricante de:

a. sabão em pó troca a abordagem de propaganda comparativa dos seus comerciais por um tom jocoso.
b. balas e doces decide abrir uma rede de lojas próximas a colégios.
c. fraldas infantis passa a produzir, também, fraldas geriátricas.
d. bicicletas lança uma linha esportiva para esportes radicais.
e. refrigerantes descontinua a sua linha *diet*.

6. **(Provão 2001)** Segundo Michael Porter, uma das cinco forças que exercem influência sobre a rentabilidade média de um setor é a ameaça de entrada de novos concorrentes. Essa ameaça tende a ser mais significativa quando:

a. existe escassez de matéria-prima.
b. há muitos distribuidores escoando a produção do setor.
c. as empresas do setor operam sob a forma de licenciamento.
d. o setor é mais segmentado.
e. o setor caracteriza-se pela posse de ativos caros.

7. **(Enade 2006)** Muitas empresas brasileiras têm tentado exportar seus produtos, mas a exportação pode requerer que estes sejam adaptados. Sobre isso, analise as afirmativas a seguir.

Produtos importados sempre devem ser analisados à luz da cultura local.

PORQUE

A decisão de compra é influenciada, entre outros fatores, pelo nível de conhecimento do consumidor a respeito do produto que compra.

Analisando as afirmações apresentadas anteriormente, conclui-se que:

a. as duas afirmações são verdadeiras, e a segunda justifica a primeira.
b. as duas afirmações são verdadeiras, e a segunda não justifica a primeira.
c. a primeira afirmação é verdadeira e a segunda, falsa.
d. a primeira afirmação é falsa e a segunda, verdadeira.
e. as duas afirmações são falsas.

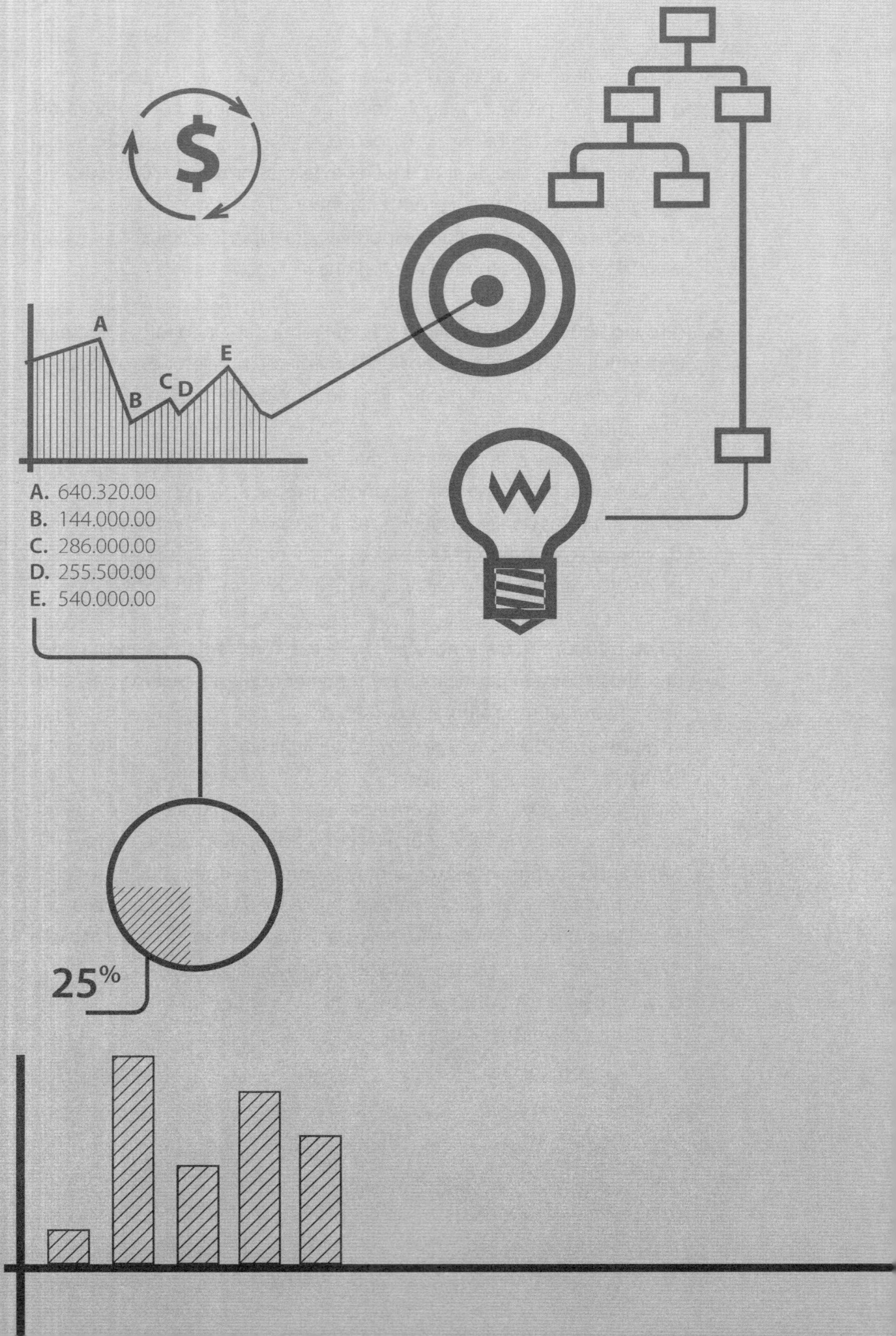
A
B
C
D
E
A. 640.320.00
B. 144.000.00
C. 286.000.00
D. 255.500.00
E. 540.000.00
25%

PARTE II

PROCESSO DE MARKETING

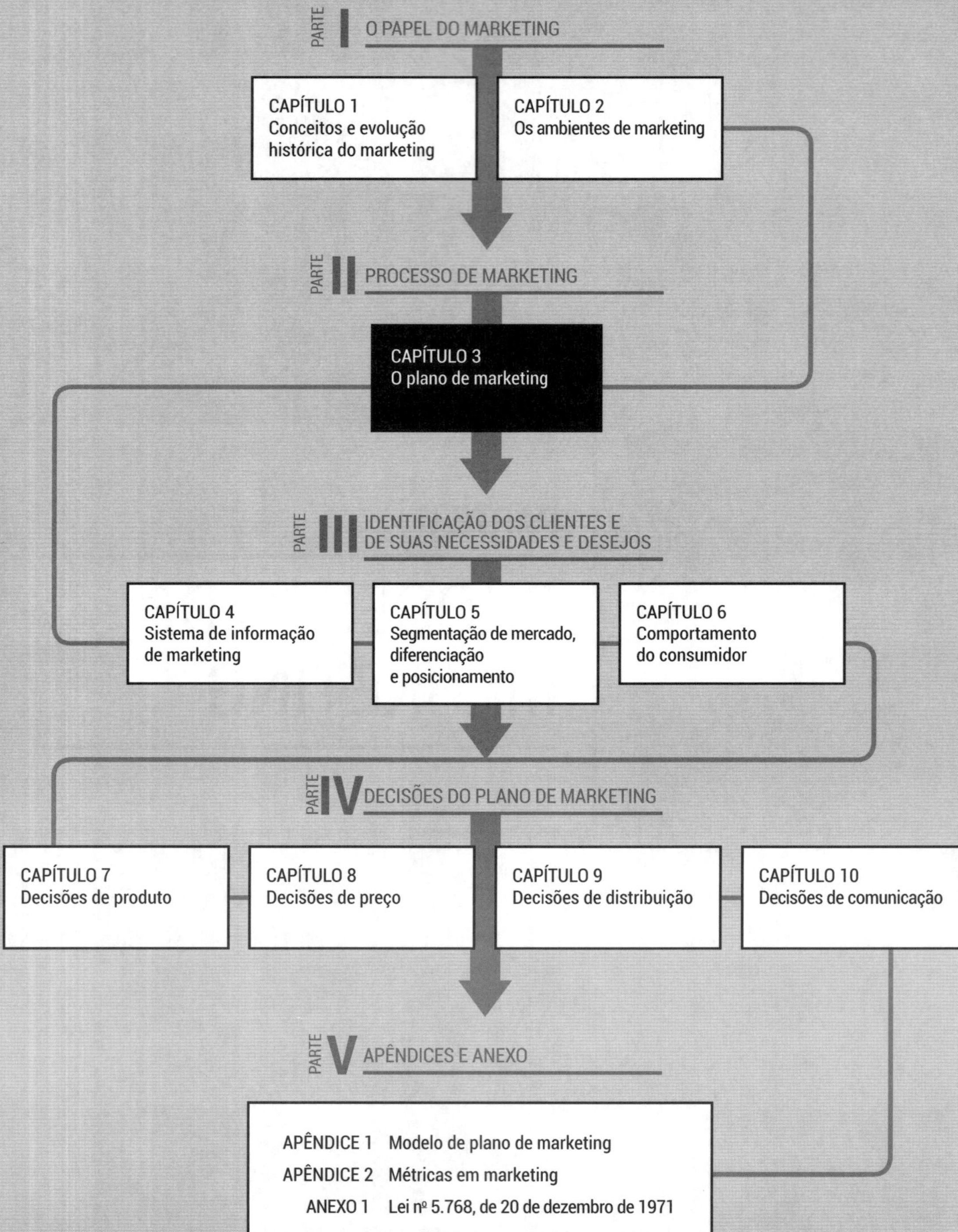
PARTE I O PAPEL DO MARKETING
CAPÍTULO 1 Conceitos e evolução histórica do marketing
CAPÍTULO 2 Os ambientes de marketing
PARTE II PROCESSO DE MARKETING
CAPÍTULO 3 O plano de marketing
PARTE III IDENTIFICAÇÃO DOS CLIENTES E DE SUAS NECESSIDADES E DESEJOS
CAPÍTULO 4 Sistema de informação de marketing
CAPÍTULO 5 Segmentação de mercado, diferenciação e posicionamento
CAPÍTULO 6 Comportamento do consumidor
PARTE IV DECISÕES DO PLANO DE MARKETING
CAPÍTULO 7 Decisões de produto
CAPÍTULO 8 Decisões de preço
CAPÍTULO 9 Decisões de distribuição
CAPÍTULO 10 Decisões de comunicação
PARTE V APÊNDICES E ANEXO
APÊNDICE 1 Modelo de plano de marketing
APÊNDICE 2 Métricas em marketing
ANEXO 1 Lei nº 5.768, de 20 de dezembro de 1971

3

O PLANO DE MARKETING

Objetivos do capítulo

Após a leitura deste capítulo, você será capaz de:

- Entender a importância da elaboração de um plano de marketing;
- Descrever o processo de planejamento de marketing;
- Identificar os passos para a construção de um plano de marketing;
- Elaborar um plano de marketing.

O que as organizações pensam em termos de futuro deve ser materializado em um programa de ação denominado plano, o qual deve deixar claro quais são os objetivos que a empresa tem, as estratégias que serão utilizadas e as ações que serão praticadas. O objetivo da elaboração de um plano é organizar o futuro da empresa, e sua estrutura deve responder às seguintes questões:

- Qual a missão da empresa?
- Em que mercado pretende atuar?
- Qual é o posicionamento buscado nesse mercado?
- Quais atrativos os produtos ou serviços precisam ter?
- Quais são as forças e fraquezas de nossa empresa?
- Aonde a empresa quer chegar?
- Quem é seu cliente?
- O que fazer para chegar onde a empresa quer, envolvendo decisões de produto, preço, praça (distribuição) e promoção (comunicação)?

As empresas ou organizações, mesmo as mais resistentes à elaboração de um plano de marketing, necessitam de algumas informações fundamentais para sua sobrevivência e crescimento, como qual será o investimento necessário para o negócio, quanto será necessário produzir e quantos funcionários serão necessários. Mas é importante enfatizar que tais questões não serão respondidas se não houver uma previsão de vendas para a empresa.

Além das vantagens já expostas, o plano permite descrever não só a missão, mas também os valores, a filosofia e a visão da organização, e explicar de onde a organização sai, como e aonde quer ir. Ademais, coordena as ações necessárias para atingir seus objetivos, facilita o acompanhamento das decisões tomadas e seus resultados, aumenta a flexibilidade de reação no surgimento de situações inesperadas e, também, permite um controle maior do que é executado.

O plano de marketing é acompanhado de algumas objeções, as quais alimentam a resistência de algumas empresas em utilizá-lo, principalmente as de pequeno porte. Entre essa objeções, podemos destacar:

- Dificuldade no acesso a informações como tendência de mercado, intenções dos concorrentes, participação de mercado, inovações tecnológicas, entre outras. A existência de um "sistema de informação de marketing" (SIM), como observaremos no capítulo a seguir, facilitará o acompanhamento das informações necessárias para o desenvolvimento do plano.
- A imprevisibilidade do futuro, o que nos leva a fazer a seguinte pergunta: Por que formular um plano se o futuro é imprevisível? Devemos levar em conta que a previsão não é um fim em si mesma, mas uma situação que permite a construção de um cenário do que poderia ocorrer no futuro e suas possíveis consequências para a organização, o que nos permite manter a vigilância e, assim, aumentar nossa sensibilidade e nosso poder de reação.
- O temor da falta de flexibilidade que um ambiente complexo exige. O plano, embora formal, não é autoritário. Na verdade, ele é flexível e exige um constante acompanhamento após sua elaboração, além de permitir uma interpretação rápida nas condições em que a empresa está inserida e a implementação de ações para a correção de rumo.

3.1 A hierarquia dos planos

O plano de marketing é um plano tático, e para que você possa entendê-lo, observe a Figura 3.1:

Figura 3.1 Hierarquia dos planos

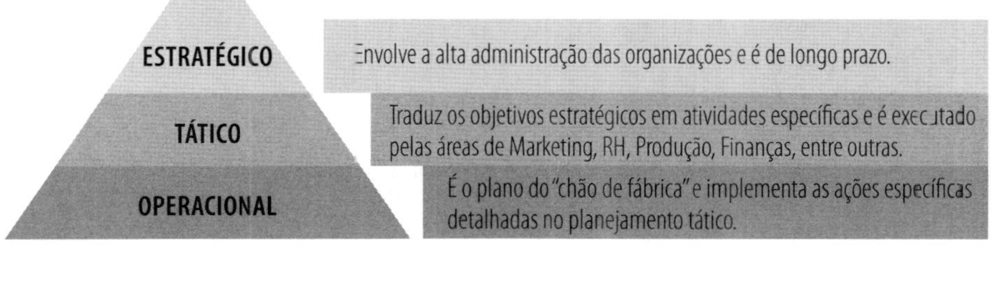

O planejamento estratégico estabelece a finalidade do negócio, a visão, a missão e os valores da organização, bem como analisa os clientes em potencial e estabelece o mercado-alvo e escolhe o foco estratégico que será adotado. Esse planejamento possui um tempo mais longo, em torno de cinco anos, dependendo da empresa.

Já o planejamento tático é executado pelas áreas funcionais da empresa, como Marketing, Recursos Humanos, Produção, Finanças, Logística, entre outras, e normalmente dura por volta de um ano. O planejamento operacional, por sua vez, é de curto prazo e executado pelas áreas operacionais da empresa, e envolve os planos de vendas, de produção e de promoção, entre outros.

3.2 Redação do plano

Todos os planos são elaborados a partir da seguinte sequência: (1) levantamento de informações; (2) lista de problemas e oportunidades; (3) determinação de objetivos; (4) desenvolvimento de estratégia; (5) determinação do orçamento; e (6) projeção de vendas e lucros.

De maneira sistêmica, esses conteúdos podem ser apresentados da seguinte maneira (Quadro 3.1):

Quadro 3.1 Sequência de elaboração do plano de marketing

CONTEÚDO DO PLANO	PLANO DE MARKETING	
	FERRAMENTAS	ESTRUTURA
Declaração da visão, missão e valores Análise da empresa • Estilo dos executivos • Perfil dos consumidores • Objetivos estratégicos • Principais produtos e serviços • Distribuição de recursos	• Informações internas	**Sumário executivo**

<table>
<tr>
<td>Análise do Ambiente Externo
Oportunidades X Ameaças
• Análise do macroambiente
• Análise do mercado consumidor
• Análise das tendências de evolução do mercado</td>
<td>• Sistema de Informação de Marketing
• Pesquisas de mercado
• Pesquisas de dados secundários ambientais
• Pesquisas de dados secundários setoriais</td>
<td rowspan="2">Diagnóstico de Marketing
(situação atual)

"onde estamos?"</td>
</tr>
<tr>
<td>Análise do ambiente interno
Pontos Fortes X Pontos Fracos
• Clientes
• Fornecedores
• Substitutos
• Concorrentes
• Entrantes</td>
<td>• Pesquisa de mercado
• Database
• Análise SWOT
• Benchmarking
• Matriz de Porter</td>
</tr>
<tr>
<td>Determinação dos objetivos de Marketing
• Faturamento
• Market share
• Vendas
• Conquista de clientes
• Lançamento de produtos</td>
<td>• Matriz BCG
• Ciclo de vida
• Séries históricas
• Estimativa de demanda
• Previsões financeiras</td>
<td>"para onde queremos ir?"

"que resultados desejamos atingir?"</td>
</tr>
<tr>
<td>Estratégias de Marketing
• Estratégias de competição
• Segmentação de mercado
• Diferenciação
• Posicionamento
• Mix de marketing</td>
<td>• Estudos de segmentação
• Estudos de posicionamento
• Matriz de Porter
• Matriz BCG</td>
<td>Objetivos e estratégias de Marketing

"quais as melhores formas de atingir os objetivos?"</td>
</tr>
<tr>
<td>Mix de Marketing
• Produtos e serviços
• Preço
• Promoção
• Vendas</td>
<td>• Inovações
• Elasticidade de preço
• Pesquisas de mercado
• Território de vendas
• Modelos de distribuição
• Logística</td>
<td>Ações operacionais de Marketing

"quais ações de marketing devem ser empreendidas, por quem e quando?"</td>
</tr>
</table>

Orçamento • Planejamento das ações para o primeiro ano • Planejamento para o segundo ano	• Controle contínuo • Política de investimento	**Recursos** *"financeiros* *tecnológicos* *humanos*
Monitoramento • Avaliação das margens de contribuição por produtos • Retorno de vendas • Desempenho	• Controle contínuo • BSC • Sistema de informações	**Controle Operacional**

Fonte: Adaptado do material de aula dos professores Mario Cunha e José Eduardo Nasser, da FGV.

3.3 Levantamento de informações

Essa etapa de levantar informações envolve diversos pontos, como veremos a seguir.

3.3.1 Análise interna

Para que possamos realizar uma análise interna, é importante identificarmos as características da organização. Para isso, descreva de maneira resumida os seguintes fatores:

- **A empresa e seu negócio:** é importante conhecermos a empresa ou organização para que possamos nos atentar ao tipo de negócio que estamos desenvolvendo.
- **A visão:** o responsável por estabelecer a visão da empresa é dono do negócio ou da alta direção; ela expressa aonde queremos chegar e como queremos ser vistos daqui a cinco ou dez anos e, por isso, deve ter um conteúdo positivo, de modo que toda a organização seja motivada em torno dela.
- **A missão:** trata-se de uma declaração do que faremos para atingir a visão do negócio, a qual exprime a razão de ser da empresa e deve envolver os colaboradores, os fornecedores e os clientes. Para auxiliar sua formulação, devemos responder às seguintes questões:
    - Qual o ramo do negócio?
    - Como o faremos?
    - Para quem fazemos?

   - Qual a finalidade?
   - Onde fazemos?
- **Os produtos produzidos ou comercializados pela empresa:** no caso de um varejo, é importante destacar os principais produtos e serviços que a empresa produz ou comercializa.

3.3.2 Análise de marketing

A análise de marketing deve contemplar os seguintes pontos:

Segmento-alvo atendido: devemos estabelecer o perfil do cliente, suas características, seus desejos e suas necessidades, bem como suas razões para a compra, seus hábitos, onde ele costuma comprar, como toma a decisão, a quantidade que ele compra e seus papéis de compra: iniciador, influenciador, decisor, comprador e usuário.
Produto ou serviço (histórico, evolução, ciclo de vida, características, benefícios, marca, sac, qualidade etc.): é preciso descrever que produtos ou serviços a empresa comercializa, as marcas, os diferenciais propostos, o nível de qualidade, o valor agregado ao cliente e, também, os serviços de pré e pós-compra.
Preço (política de preço, estratégia de preço, comparação com a concorrência, margens de comercialização, descontos, condições de pagamento, financiamentos, estrutura de custos): devemos identificar os níveis de preços praticados, quais as margens de lucro, a estrutura de composição de preço dos produtos ou serviços, quais impostos incidem e, também, os prazos e as condições de pagamento praticados.
Ponto ou distribuição (local, canais utilizados, logística, relacionamento com os canais): procure definir onde está localizado, características do local (decoração, fachada, estacionamento, iluminação etc.), bem como quais serão os canais utilizados – varejo, atacado e agentes – e a participação de cada canal.
Promoção ou comunicação (público-alvo, agência utilizada, mídias, promoção de vendas, relações públicas, *merchandising*, equipe de vendas e ações praticadas, investimento feito): Aqui, a questão é definir como é feita a comunicação, mídias utilizadas, promoções, ações de *merchandising*, investimento feito.

3.3.3 Indicadores de desempenho

No que diz respeito aos indicadores de desempenho, é importante destacar o ponto de equilíbrio atual, o retorno sobre investimento (*return on investment* – ROI) e as margens de contribuição e de lucro. Há também outros fatores que precisam ser considerados, como veremos a seguir:

3.3.3.1 Análise externa

Ao realizar a análise interna dos indicadores de desempenho, foque nos seguintes elementos:

- **Clientes e usuários:** procure descrever o perfil do cliente, os desejos e as necessidades, os hábitos de consumo, a atitude e os papéis de compra.
- **Informações de mercado:** ao buscar informações de mercado, atente para o histórico do mercado em que a empresa atua, o tamanho do mercado, a participação dos concorrentes e o potencial de mercado.

3.3.3.2 Avaliação externa do mercado

Realizar uma análise externa do mercado implica levantar informações sobre o microambiente de marketing tendo em vista os seguintes pontos.

Fornecedores: tendo em vista que são as empresas que fornecem produtos e serviços para a nossa organização – matéria-prima, suprimentos, propaganda, serviços de informação ou de apoio etc. –, é de suma importância identificá-los, analisar seu poder de troca, verificar as tendências que os cercam e, também, se há fornecedores alternativos e seu poder de troca.

Intermediários: os intermediários são as organizações ou pessoas que atuam na distribuição e entrega dos produtos ou serviços que produzimos ou comercializamos, como atacadistas, agentes de vendas, representantes e varejistas. Também é importante que se verifique quem são, seu poder de troca, as tendências atuais dos distribuidores e potenciais distribuidores e seu poder de troca futuro.

Concorrentes: os concorrentes podem ser classificados em duas categorias: diretos ou indiretos. Os concorrentes diretos são aqueles que competem no mesmo mercado, oferecendo, geralmente, produtos parecidos e com preços na mesma faixa. Já os indiretos são que oferecem aos mesmos consumidores produtos ou serviços que substituem os

ofertados por nós. Ambos devem ser analisados com bastante seriedade e constantemente – ou seja, devemos analisar os produtos ou serviços que atualmente competem diretamente com os nossos, os que podem substituí-los e, também as tendências dos concorrentes atuais e futuros.
Clientes: São as pessoas ou organizações que adquirem nossos produtos para consumo próprio ou para agregar valor ao que produzem. Sendo assim, é importante que acompanhemos quem são, sua opinião a respeito de nossos produtos ou serviços, se estão organizados, os meios se utilizam para se comunicar, entre outros fatores – o resultado dessa análise pode ser sintetizado utilizando um quadro semelhante ao Quadro 3.2.

Quadro 3.2 Avaliação externa do mercado

VARIÁVEIS	TENDÊNCIAS	AMEAÇAS	OPORTUNIDADES
Clientes			
Fornecedores			
Concorrentes			
Intermediários			

As tendências podem gerar oportunidades e/ou ameaças, ou, ainda, ser neutra, isto é, não gerar nenhuma oportunidade ou ameaça para nossa organização. O que não pode acontecer é identificarmos ameaças ou oportunidades sem a respectiva tendência.

3.3.3.3 Avaliação externa do ambiente

Essa é a análise das variáveis incontroláveis que cercam nossa organização ou empresa. Para ser bem-sucedida, é preciso identificar as tendências econômicas, como inflação, variação cambial, níveis de consumo e poupança, padrões de gastos do consumidor, entre outras, bem como acompanhar os aspectos legais, como as exigências legais, a legislação em trâmite, alterações nos tributos, taxas e contribuições, registro de marcas e patentes, código de defesa do consumidor, principalmente os princípios da vulnerabilidade (art. 4º e 47º), da transparência (art. 54º), da informação (art. 4º, 6º, 12º e 40º), da segurança do produto ou serviço (art. 6º, 10º e 14º), da solidariedade (art. 7º, 13º e 34º), do acesso à justiça (art. 5º e 6º), da defesa coletiva (art. 81º) e da boa-fé objetiva (art. 4º, 30º e 51º).

É necessário também conhecer os avanços da tecnologia e o impacto em nossa empresa, o que envolve acompanhar a velocidade das mudanças e da informação, a programabilidade e o grau de informatização e suas tendências. Mas não é apenas isso. Preocupe-se também em identificar as mudanças nas crenças, nos valores e nas normas sociais, a relação das pessoas com outras pessoas e consigo mesmas, os hábitos, a moda e os costumes, pois esses são pontos importantes para uma iniciativa de antecipar tendências.

A avaliação externa do ambiente engloba também analisar as alterações demográficas – como o crescimento da população, seu composto etário, os grupos educacionais, padrões de moradia, envelhecimento da população, a evolução das classes sociais e suas tendências – e, também, estudar o ambiente natural – como a disponibilidade ou escassez da matéria-prima, produção de energia, custo da energia, a preocupação com a sustentabilidade.

As informações obtidas nessa pesquisa podem ser sintetizadas em um quadro como o Quadro 3.3.

Quadro 3.3 Avaliação externa-ambiente

VARIÁVEIS	TENDÊNCIAS	AMEAÇAS	OPORTUNIDADES
Economia			
Político/legal			
Tecnologia			
Socioculturais			
Demográfico			
Natural			

As ameaças e oportunidades destacadas nos Quadros 3.2 e 3.3 devem ser transcritas na matriz *Swot* (que em português também é conhecida como Fofa – Forças, Oportunidades, Fraquezas e Ameaças).

3.3.3.4 Concorrentes

Devemos comparar os atributos de nossos produtos e serviços com aqueles oferecidos por nossos principais concorrentes. Para facilitar, podemos elaborar um quadro comparativo de análise de atributos, como o Quadro 3.4 (esse quadro deve ser adaptado às necessidades de cada empresa).

Quadro 3.4 Comparativo de análise de atributos

EMPRESA	MARCA	PORTFÓLIO	QUALID.	PREÇO	PONTOS VENDA	VENDA	COMUNIC.	MÉDIA
Nossa	4	5	4	3	3	3	4	3,71
A	3	2	5	2	2	5	3	3,14
B	2	4	2	2	5	3	2	2,85
C	3	5	3	4	2	3	3	3,28

A cada atributo que especificamos, devemos atribuir uma nota de 1 (a mais baixa, pior atributo) a 5 (a mais alta, melhor atributo). Após as notas serem dadas, tira-se a média. Essa análise nos ajudará a encontrar as vantagens e as desvantagens competitivas de nossa empresa, e uma síntese poderá ser feita no quadro vantagens e desvantagens competitivas (Quadro 3.5).

Quadro 3.5 Vantagens e desvantagens competitivas em relação a cada concorrente

CONCORRENTES	VANTAGENS COMPETITIVAS DE MINHA EMPRESA	DESVANTAGENS COMPETITIVAS DE MINHA EMPRESA

As vantagens competitivas da empresa podem ser transportadas para a análise Swot (ou Fofa) como ponto forte, e as desvantagens competitivas, como ponto fraco.

3.4 Lista de problemas e oportunidades

A análise *Swot* possui quatro partes: pontos fortes e fracos que se refere à nossa empresa, também chamadas de variáveis controláveis (produto, preço, praça e promoção); e ameaças e oportunidades, relacionadas ao ambiente no qual a empresa está inserida, extraídas das variáveis incontroláveis. Essa análise deve ser feita sob a perspectiva dos consumidores, como mostram os Quadros 3.6 e 3.7.

Quadro 3.6 Fatores internos (forças e fraquezas) e fatores externos (oportunidades e ameaças)

<table>
<tr><td rowspan="2">FATORES INTERNOS</td><td>Strenghts
Forças/
pontos fortes</td><td>Algo que a empresa faça bem ou aumente sua competitividade.
Vantagens internas da organização em relação aos objetivos (competências centrais/essenciais).</td></tr>
<tr><td>Weaknesses
Fraquezas/
pontos fracos</td><td>Algo que a empresa faça mal ou diminua sua competitividade.
Desvantagens internas da organização com relação aos objetivos.</td></tr>
<tr><td rowspan="2">FATORES EXTERNOS</td><td>Opportunities
Oportunidades</td><td>Aspectos positivos do ambiente que envolve a organização com potencial de trazer-lhe vantagens.</td></tr>
<tr><td>Threats
Ameaças</td><td>Aspectos negativos e riscos do ambiente que envolve a organização com potencial para comprometer as vantagens que ela possui.</td></tr>
</table>

Quadro 3.7 Quadro matriz *Swot*

AMEAÇAS	OPORTUNIDADES
PONTOS FRACOS	PONTOS FORTES

A receita dada é a seguinte: utilize as forças, elimine as fraquezas, explore as oportunidades e evite as ameaças. O fator que limita a análise *Swot* é sua previsibilidade, que é útil até sua construção, não permite nenhum tipo de projeção e exige um monitoramento contínuo.

Nesse ponto, cabe uma recomendação pessoal: em reuniões de *budget* ou de orçamento nas empresas é comum os gerentes não conseguirem a verba que julgam necessária para atingir seus objetivos e corretamente seguem a receita dada: procuram usar suas forças, eliminar as fraquezas, explorar as oportunidades e evitar as ameaças, o que exige muito investimento de qualquer plano.

Partindo do princípio de que em todo mercado sempre há um líder e os demais o seguem ou tentam ser diferentes para conquistar determinados nichos de mercado, que o líder, dentre todos os concorrentes é o que possui a menor quantidade de pontos fracos e que normalmente os recursos para investimentos são escassos, procure concentrar seus esforços em "eliminar os pontos fracos". Se, depois disso, ainda dispusermos de recursos, poderemos investir no restante da receita básica.

3.5 Determinação dos objetivos

O objetivo expressa o que queremos alcançar e em quanto tempo. Ele deve ser sempre quantitativo, se possível para os três anos seguintes, e qualitativo, no sentido de vinculá-lo à qualidade. Isso pode ser expresso de algumas maneiras. Veja uma, exemplo de objetivos quantitativos.

	ANO 1	ANO 2	ANO 3
FATURAMENTO (MIL R$)	12.000	14.000	19.000
VENDAS (QDE)	6.000	7.000	9.500
PARTICIPAÇÃO DE MERCADO (%)	5	5,5	8

Já uma empresa de *callcenter* poderia levar em consideração a qualidade quando estabelecesse seus objetivos (exemplo de objetivos qualitativos).

	ANO 1	ANO 2	ANO 3
QUANTIDADE DE CHAMADAS EM ESPERA	40	30	15
TEMPO DE ESPERA (EM SEGUNDOS)	100	80	40
SATISFAÇÃO DO ATENDIMENTO (EM %)	50	80	90

Inserir números nos objetivos da empresa facilita o controle destes, uma vez que permite a criação de parâmetros. Portanto, nunca deixe de quantificar seus objetivos.

3.6 Desenvolvimento da estratégia

As estratégias não são desenvolvidas de qualquer maneira. Para que seja bem-sucedida, há alguns fatores que devem ser considerados, como veremos a seguir.

3.6.1 Organização da empresa

O plano de marketing é dinâmico, isto é, deve ser monitorado constantemente. Em geral, as organizações o aprimoram, alteram ou completam. A empresa elabora um plano novo geralmente por dois motivos: por ser nova no ramo ou porque desenvolveu um produto novo, ou, então, porque o plano anterior não está mais atendendo às expectativas da empresa. Essa situação nova pode ou não afetar a estrutura da organização e do departamento de marketing, e envolve, entre outras coisas, funcionários, tarefas, responsabilidades e extinção ou criação de cargos, novas tarefas. Além disso, é importante ressaltar que a manutenção da estrutura anterior ou a construção da nova estrutura deve ser especificada.

3.6.2 Segmento de mercado

São dois os mercados que a empresa pode atuar: de consumo e industrial ou empresarial. Além disso, também pode optar por atuar concomitantemente em ambos. O importante é que ela tenha estratégias específicas que atendam suas expectativas para cada mercado e, como não poderia deixar de ser, ambos os mercados devem ser definidos de forma que possamos quantificá-los, identificá-los e nomeá-los.

3.6.2.1 Mercado de consumo

Os consumidores são pessoas físicas que adquirem o produto para uso próprio, por isso devem ser especificadas de acordo com os seguintes fatores:

- Características geográficas: pode ser feito por região, centros urbanos, suburbanos ou rurais, cidades, municípios, estados ou países.
- Variáveis demográfico-socioeconômicas: pode ser especificada por idade, sexo, raça, nacionalidade, renda, educação, ocupação, tamanho da família, ciclo familiar, classe social, religião (essas variáveis permitirão dimensionar o mercado – nossa base da dados é o censo do IBGE ou suas atualizações anuais, denominadas PNAD).
- Variáveis psicográficas: envolve o levantamento de informações que especifiquem a personalidade (autoritários, ambiciosos, sociáveis etc.), o estilo de vida (atividades, interesse, opinião), a atitude (favorável ou não favorável) e a percepção (como consumidores percebem o produto mais técnico menos técnico, útil ou menos útil status ou econômico, a quaisquer outros atributos). Essa variável exige pesquisa de mercado e uso de técnicas avançadas de estatística.
- Aspectos relacionados ao produto: Informações sobre o uso do produto ou serviço (intensidade alta, média ou baixa), sensibilidade ao preço (mais sensíveis ou menos sensíveis), lealdade à marca (leais, não leais, muito leais etc.) e benefícios procurados (*status*, economia, conveniência etc.).
- Variáveis comportamentais: Conhecimentos sobre influência na compra (criança, esposa, amigos etc.), hábitos de compra (frequência, quantidade, locais, dias da semana) e intenção de compra (indecisos, propensos, interessados, desejosos).

3.6.2.2 Mercado industrial

Os clientes ou usuários são empresas, organizações ou pessoas que utilizam os produtos ou serviços para produzir produtos ou serviços, ou, ainda, para agregar valor ao que produzem. Também é possível classificar esse mercado por tamanho (grandes, médias e pequenas empresas), região onde está localizada (norte, nordeste; sul; capital; interior; São Paulo; Rio; Santana; Brasil) e tipo de usuário do produto (indústria de plásticos, alimentícia, farmacêutica, escolas, hospitais etc.). Após definir o segmento de mercado em que pretendemos atuar, devemos definir nosso posicionamento, lembrando que consumidor refere-se ao mercado de consumo, ao passo que cliente refere-se ao mercado industrial ou empresarial.

3.6.3 Pesquisa de marketing

A pesquisa de marketing oferece um suporte muito importante para a tomada de decisão dos executivos da empresa. A primeira pesquisa que as empresas ou organizações devem fazer é sobre seu cliente, ou seja, pesquisa de segmentação de mercado, visto que com base no resultado dessa pesquisa é possível traçar o perfil do cliente, o que permitirá dimensionar o potencial de mercado em que a empresa atua ou pretende atuar. O questionário aplicado, os resultados tabulados e a análise dos resultados deverão ser inseridos no apêndice do plano. E lembre-se: pesquisa de marketing não é um custo, mas sim um investimento.

3.6.4 Composto de marketing

O composto de marketing contempla os seguintes elementos:

Produto ou serviço: devemos descrever os benefícios do produto, a classificação do produto quanto ao critério de compra, o ciclo de vida do produto e da marca, marca do produto (histórico, razões para a escolha, validade da marca), layout da logomarca, embalagem: desenvolvimento da embalagem, desenho ou modelo, razões para escolha; serviços a garantias: assistência técnica, SAC etc.; e a qualidade, que inclui políticas de qualidade, composição do produto.
Preço: devemos descrever os objetivos de preço, a estratégia de preço, determinar a demanda, a estrutura dos custos, a análise dos preços dos concorrentes, a política de preços adotada, o método utilizado para a determinação do preço e descontos não promocionais.
Praça: devemos descrever no caso de serviços, definição do ponto e o local, atmosfera, instalações, layout e, no caso de produtos, canais utilizados, tipos, armazenagem, logística, relacionamento com os canais.
Promoção: devemos descrever a propaganda que será utilizada, como mídias, plano de mídia; a promoção de vendas: tipos de promoção, cronograma; *merchandising*: peças de *merchandising*; relações públicas: de que forma irá utilizá-la; venda pessoal: planejamento, organização, direção e controle da equipe de vendas; e marketing direto (Quadro 3.8).

Quadro 3.8 Estratégias e ações de comunicação

PROPAGANDA	PROMOÇÃO	RELAÇÕES PÚBLICAS	VENDA PESSOAL	*MERCHANDISING*	MARKETING DIRETO
Anúncios Mídias Cartazes Encartes Filmes Outdoors *Tie in* Audiovisuais	Adesivos Amostras Brindes Concursos Sorteios Cuponagem Vales-brindes Patrocínio	Entrevistas Eventos Feiras Jornal da empresa Filantropia Publicações *Lobby* Mídias especiais Website	Ações de pré-venda Ações de pós-venda Convenções Incentivos	Vitrines Displays Cartazetes Luminosos	E-mail marketing Telemarketing Compra pela TV Compra pela Internet

3.6.4.1 Plano de ações referente a produto/preço/praça e promoção

Definir o que? Quando? Onde? Quanto? Como? Isto é: o que vocês vão fazer, quando vão fazer, onde farão e quanto custará. Para isso, elabore uma planilha eletrônica utilizando como base o modelo apresentado no Quadro 3.9.

Quadro 3.9 Plano de ações

	OBJETIVOS	ESTRATÉGIAS	AÇÕES
PRODUTO			

	OBJETIVOS	ESTRATÉGIAS	AÇÕES
PREÇO			

PRAÇA	OBJETIVOS	ESTRATÉGIAS	AÇÕES

PROMOÇÃO	OBJETIVOS	ESTRATÉGIAS	AÇÕES

Por exemplo, vamos imaginar que nossa empresa, um bar localizado em São Paulo, denominado Boteco do Tio Sam, cuja inauguração está prevista para o mês de maio de 2014. Na elaboração de nossa análise *Swot*, percebemos que nossa marca é desconhecida. Sendo assim, a nossa matriz *Swot* seria composta da seguinte maneira (Quadro 3.10):

Quadro 3.10 Matriz *Swot* do Boteco do Tio Sam

AMEAÇAS	OPORTUNIDADES
PONTOS FRACOS • Marca desconhecida	**PONTOS FORTES**

Para eliminarmos esse ponto fraco, uma das decisões que podemos tomar envolve a promoção ou comunicação (que estão dentro do mix de marketing). Como estratégia, poderíamos fazer propaganda e publicar anúncios em revistas, jornais, rádio e TV, entre outras. Poderíamos também utilizar da estratégia de relações públicas, programando um evento de inauguração. Sendo assim, nosso plano de ação ficaria da seguinte maneira (Quadro 3.11):

Quadro 3.11 Plano de ações Boteco do Tio Sam

	OBJETIVOS	ESTRATÉGIAS	AÇÕES
PROMOÇÃO	1 – Tornar a marca conhecida	1.1 – Propaganda	1.1.1 – Fazer 12 anúncios na Revista *Veja São Paulo*, nos meses de Março, Abril e Maio de 2014. 1.1.2 – Fazer 8 anúncios no encarte Divirta-se do jornal *O Estado de São Paulo*, nos meses de abril e maio de 2014. 1.1.3 – Fazer 8 anúncios no encarte Variedades do jornal *Folha de S.Paulo*, nos meses de abril e maio de 2014
		1.2 – Relações Públicas	1.2.1 – Evento de inauguração em maio de 2014.

Como você pode ver, todas as ações estão quantificadas e temporizadas, isto é, deixam claro "quanto" vamos fazer e "quando" vamos fazer. Imaginando que essas ações fossem suficientes para tornar nossa marca conhecida, a análise *Swot* ficaria da seguinte forma (Quadro 3.12):

Quadro 3.12 *Swot* Boteco do Tio Sam

AMEAÇAS	OPORTUNIDADES
PONTOS FRACOS	**PONTOS FORTES**
• Marca desconhecida (1.1.1, 1.1.2, 1.1.3, 1.2.1)	

Como se pode perceber, as ações são "amarradas" aos nossos pontos fracos, e uma vez que todas as decisões tenham sido tomadas, podemos elaborar uma planilha de controle contendo as informações do plano. Na coluna 1, destacamos as ações que serão tomadas, devidamente identificadas; na coluna 2, detalhamos cada ação, especificando suas etapas; na coluna 3, nomeamos o responsável pela ação; e, nas colunas de 4 a 15, destacamos os 12 meses logo após a elaboração do plano de marketing – na última linha dessas colunas destacamos o total do investimento necessário por mês de utilização. Por fim, na coluna 16 colocamos o total do investimento na ação (Quadro 3.13).

Quadro 3.13 Planilha de controle de ações Boteco do Tio Sam (em mil R$)

1	2	3	4	5	6	7	8	...	16
Ações	Detalhamento	Resp.	1	2	3	4	5	...	Total
1.1.1 *Veja*	Anúncios na revista *Veja SP*	Fernanda			80	80	80		240
1.1.2 *Estadão*	Anúncio no encarte semanal "Divirta-se"	Fernanda				40	40		80
1.1.3 *Folha*	Anúncio no encarte semanal "Variedades"	Fernanda				40	40		80
1.2.1 Inauguração	a) Contratação DJ	Gabriel	50						
	b) Contratação das hostess	Gabriel	20						
	c) Floricultura	Gabriel		20					
	d) Brindes	Gabriel		30					
	etc.								
	Total								120
Total			70	50	80	160	160		520

Em nosso exemplo, para inaugurarmos o Boteco do Tio Sam, necessitaríamos investir R$ 520 mil em marketing. Porém, ao conferirmos nossos recursos, percebemos que dispomos de apenas R$ 400 mil. O que poderia ser feito? A solução seria cortar alguns investimentos. Após uma análise, decidiu-se por:

- Reduzir o investimento na contratação do DJ para a inauguração;
- Reduzir o investimento na contratação de hostess para a inauguração;
- Reduzir o investimento na decoração para a inauguração;
- Cancelar os anúncios na *Folha de S.Paulo*.

Nossa planilha ficaria da seguinte maneira (Quadro 3.14):

Quadro 3.14 Planilha de controle de ações Boteco do Tio Sam (em mil R$)

Ações	Detalhamento	Resp.	1	2	3	4	5	...	Tota
1.1.1 *Veja*	Anúncios na revista *Veja SP*	Fernanda			80	80	80		240
1.1.2 *Estadão*	Anúncio no encarte semanal "Divirta-se"	Fernanda				40	40		80
1.1.3 *Folha*	Anúncio no encarte semanal "Variedades"	Fernanda				00	00		00
1.2.1 *Inauguração*	a) Contratação DJ	Gabriel	30						880
	b) Contratação das hostess	Gabriel	10						
	c) Floricultura	Gabriel		10					
	d) Brindes	Gabriel		30					
	etc.								
	Total								
Total			40	40	80	120	120		400

E nossa análise *Swot* ficaria assim (Quadro 3.15):

Quadro 3.15 *Swot* Boteco do Tio Sam

AMEAÇAS	OPORTUNIDADES
PONTOS FRACOS • Marca desconhecida (1.1.1, 1.1.3, 1.2.1)	**PONTOS FORTES**

Isso é o que denominamos de "caminho de volta". Como já foi dito, o plano de marketing é dinâmico e requer atenção constante, o que significa que deve ser acompanhado constantemente e que todas as decisões devem estar bem entrelaçadas.

3.6.4.2 Determinação do orçamento

Devemos especificar todos os investimentos de marketing e de comunicação que faremos. No caso do Boteco do Tio Sam, esse valor seria de R$ 400 mil. Depois de calculados devemos inseri-lo no preço.

3.6.4.3 Viabilidade financeira

As projeções financeiras geralmente são feitas para os primeiros 12 meses, podendo ser estendida para três anos. É preciso estabelecer:

- Investimento inicial;
- Ponto de equilíbrio;
- Projeção de vendas para os próximos 12 meses;
- Fluxo de caixa com descrição das despesas para os próximos 12 meses.
- Lucro bruto;
- Demonstrativo de resultados;
- *Payback* (retorno sobre o investimento e retorno médio de investimento);
- Margem de lucro etc.

3.6.4.4 Mecanismos de controle e plano de contingência

É preciso definir os mecanismos que serão utilizados para monitorar as ações implementadas. Para isso, podemos utilizar as seguintes análises: vendas, canais de distribuição, cobertura de mercado, ações de comunicação, faturamento etc. O fato de termos nossos objetivos quantificados facilitará a implantação de mecanismos de controle.

O plano de contingência também pode ser chamado de plano "B" e deve ser colocado em prática quando os objetivos não forem alcançados. Normalmente, quando se comercializam produtos voltados para o mercado de consumo, o plano "B" é uma ação de promoção; por outro lado, quando se comercializam produtos voltados para o mercado industrial, temos uma ação de relações públicas ou de vendas. No tocante às ações de contingência, estas devem estar especificadas, pois necessitarão de um investimento que deve estar previsto antecipadamente.

ELABORANDO UM PROJETO

A partir do diagnóstico feito anteriormente, elabore a matriz *SWOT*.

Resumo

Todo o processo de marketing deve ser documentado, e esse documento, denominado plano de marketing e que deriva do planejamento estratégico, norteará as decisões que serão tomadas. Esse planejamento envolve: análise interna da organização, diagnóstico do ambiente de mercado, elaboração da *Swot*, determinação dos objetivos, preferencialmente quantificados, e definição da estratégia (que inclui segmentação de mercado, aplicação de pesquisas, definição dos produtos, determinação de preços, definição dos canais de distribuição e elaboração das estratégias de comunicação). O orçamento necessário deve conter a elaboração do plano de contingência e a definição dos mecanismos de controle.

Questões para discussão

Algumas questões exigirão dos alunos uma pesquisa extra. Para isso, eles podem utilizar alguns recursos para aprofundar o tema, como a internet ou a biblioteca.

1. **(Enade 2009)** De acordo com uma visão conservadora dos negócios, em tempos de crise não se podem fazer apostas arriscadas. É preciso proteger as posições estabelecidas, cortar custos desnecessários e esperar o mercado se restabelecer. Para enfrentar a crise econômica mundial, a presidência da rede de hotéis Tucuman, adotando uma postura conservadora, decidiu fazer alguns cortes no orçamento de marketing para o próximo ano. A fim de racionalizar seus investimentos e buscar a sustentabilidade futura de seus negócios, o presidente do grupo determinou que o diretor de marketing priorizasse as unidades mais importantes e cortasse os investimentos nas menos expressivas para a estratégia da rede. Entre os funcionários, existe o temor de que uma política agressiva de redução de custo implique demissões em massa.

Matriz BCG do Grupo Empresarial Tucuman

Com base na análise do *portfólio* de negócios do Grupo Tucuman, utilizando a matriz BCG representada na figura, que decisões de investimento deve tomar o diretor de marketing para cada unidade hoteleira, a fim de seguir as diretrizes da presidência?

2. Por que é importante elaborar o plano de marketing na ordem estabelecida no modelo apresentado no Apêndice 1?

3. O que é plano de contingência e por que ele é importante na elaboração do plano de marketing?

4. Por que é importante quantificar os objetivos de marketing?

5. **(Provão 2002)** A Nutripetiz, uma grande empresa brasileira atuante na área de alimentação infantil, realizou no fim de 2001 uma análise *Swot* (forças, fraquezas, oportunidades e ameaças) do ambiente interno e externo, como pré-requisito para a elaboração de um plano estratégico para 2002. Uma possível conclusão dessa análise é:

a. a acentuada queda no número de nascimentos nos últimos anos no país, computada pelo IBGE, constitui uma fraqueza da Nutripetiz.
b. a grande economia de escala, obtida pela Nutripetiz na produção de suas extensas linhas de produtos, constitui uma oportunidade para a empresa.
c. a baixa qualidade dos serviços de pós-venda prestados pela Nutripetiz, registrada por seu *call center*, constitui uma ameaça à Nutripetiz.
d. a avidez por produtos de alimentação infantil, demonstrada pelos supermercados, constitui uma força da Nutripetiz.
e. a crescente atenção dos pais ao valor nutritivo dos alimentos de seus filhos, observada em uma pesquisa, é uma oportunidade para a Nutripetiz.

6. **(Provão 1999)** "Doce é o nosso negócio"
Com essa frase, a *Candy Life* vende bombons e balas que são distribuídos por supermercados, minimercados e armazéns de bairro. Os lucros declinantes levaram seu diretor de marketing a optar pelo desenvolvimento de um novo produto: uma nova goma de mascar que ajuda a combater as cáries. Optou-se, também, por uma embalagem tradicional de cores escuras que fosse associada às propriedades medicinais do produto. O fracasso desse lançamento levou a empresa a realizar uma pesquisa.

As quatro frases a seguir resumem algumas opiniões de consumidores sobre o produto:

I. "A goma que eu uso tem gosto bom. O sabor desta é horrível."

II. "Não vou pagar tudo isso por uma goma de mascar. Ela não deve valer tanto assim."

III. "Nunca vi este produto em nenhuma lanchonete que costumo frequentar."

IV. "Esta embalagem com cores escuras lembra remédio."

Correlacione as opiniões anteriores aos seguintes elementos do composto de marketing.

P - Distribuição

Q - Posicionamento

R - Preço

S - Produto

T - Receptividade

A relação correta é:

a. I - P; II - Q; III - T; IV - Q.

b. I - S; II - R; III - P; IV - S.

c. I - S; II - T; III - Q; IV - S.

d. I - T; II - R; III - Q; IV - T.

e. I - T; II - S; III - P; IV - T.

7. **(Provão 1999)** Visando a melhorar sua posição no mercado, a Fábrica de Chocolates Amélia optou pelo desenvolvimento de um plano de marketing, o qual apresenta as principais diretrizes das atividades a serem desenvolvidas. A sequência correta das três primeiras etapas do processo de planejamento de marketing é:

a. definição de objetivos; análise das oportunidades; formulação de estratégias.

b. definição de objetivos; formulação de estratégias; elaboração de planos.

c. análise das oportunidades; definição de objetivos; elaboração de planos.

d. análise das oportunidades; definição de objetivos; formulação de estratégias.

e. análise das oportunidades; formulação de estratégias; elaboração de planos.

8. **(Provão 1998)** Correlacione as afirmativas a seguir com os termos apresentados imediatamente após.

I. Os consumidores preferem os produtos de melhor qualidade, desempenho e aspectos inovadores. Portanto, as organizações deveriam esforçar-se para aprimorar seus produtos permanentemente.

II. Uma empresa deve determinar as necessidades, os desejos e os interesses dos mercados-alvo, e, então, proporcionar aos clientes um valor superior, de forma a manter ou melhorar o bem-estar desses clientes e da sociedade.

III. Os consumidores preferem os produtos acessíveis e baratos. A administração deveria, portanto, concentrar-se em melhorar seus processos de fabricação, bem como em melhorar a eficiência da distribuição.

IV. Para atingir as metas organizacionais é preciso determinar as necessidades e os desejos dos mercados-alvo, e, também, proporcionar aos clientes a satisfação esperada de forma mais eficiente que seus concorrentes.

V. Os consumidores só comprarão quantidades suficientes de produtos de uma empresa se ela preparar adequadamente o seu quadro de vendedores. Ela deverá também desenvolver um grande esforço de promoção.

P – Produção
Q – Vendas
R – Produto
S – Marketing
T – Marketing Social

A correlação correta é:

a. I - P, II - S, III - R, IV - Q e V - T.
b. I - Q, II - P, III - T, IV - R e V - S.
c. I - R, II - T, III - P, IV - S e V - Q.
d. I - S, II - Q, III - R, IV - T e V - P.
e. I - T, II - R, III - Q, IV - P e V - S.

9. **(Enade 2009)** Leia o trecho:

As vendas de uma concessionária de carros nos últimos cinco meses foram de 450, 750, 450, 400 e 350. A previsão para o próximo mês, utilizando o método de média móvel trimestral, é 400 unidades.

PORQUE

A média móvel trimestral é a média de todos os elementos de uma série temporal durante um ano.

A respeito dessas duas afirmações, é CORRETO afirmar que:

a. as duas afirmações são verdadeiras, e a segunda não justifica a primeira.
b. as duas afirmações são verdadeiras, e a segunda justifica a primeira.
c. a primeira afirmação é verdadeira, e a segunda é falsa.
d. a primeira afirmação é falsa, e a segunda é verdadeira.
e. as duas afirmações são falsas.

10. **(Enade 2012)** A Academia Viva Saúde atua de forma inovadora com o público da terceira idade, oferecendo sistema exclusivo de transporte para seus clientes. Ela não é a única em seu mercado de atuação. Outras três academias focam o mesmo público-alvo e todas, inclusive a Viva Saúde, dispõem de profissionais qualificados para trabalhar com as necessidades individualizadas de seus clientes. A Viva Saúde gostaria de estar instalada na avenida principal do bairro, mas uma lei de zoneamento urbano impede a construção de novos pontos comerciais nessa avenida. Isso traz alguns problemas de visibilidade para a academia, já que suas concorrentes estão localizadas em espaços mais visíveis, como *shoppings*, por exemplo. Outro fator a se destacar é que a prefeitura local está construindo um centro de convivência para a terceira idade, onde oferecerá, gratuitamente, além de outros serviços, uma academia. No entanto, após pesquisa, verificou-se que 70% da população da terceira idade da cidade não trocariam uma academia paga pela gratuita. Academia Viva Saúde, visando a construir seu quadro *Swot*, deve considerar que:

a. tem como oportunidade o diferencial de oferecer seus clientes um sistema de transporte.
b. o ponto fraco são os 30% da população da terceira idade da cidade que irão optar pelo centro de convivência da prefeitura.
c. constitui uma ameaça sua localização fora da avenida principal do bairro, porque funcionará em local de menor visibilidade que o de suas concorrentes.

d. seu ponto forte são os profissionais qualificados que disponibiliza a seus clientes, atendendo às necessidades individualizadas deles.
e. a lei de zoneamento urbano da cidade é uma ameaça porque a impede de se instalar na avenida principal do bairro, o que prejudica sua visibilidade.

11. **(Petrobras 2011)** No planejamento estratégico de uma organização, a declaração formal da missão tem como consequência a:
a. dispersão injustificada dos recursos disponíveis para o plano.
b. diferenciação do entendimento dos compromissos da organização por parte dos públicos de interesse.
c. definição das responsabilidades na execução do plano estratégico.
d. imposição das políticas organizacionais formuladas junto aos colaboradores.
e. inserção de propósitos conflitantes no planejamento estratégico.

PARTE III

IDENTIFICAÇÃO DOS CLIENTES E SUAS NECESSIDADES E DESEJOS

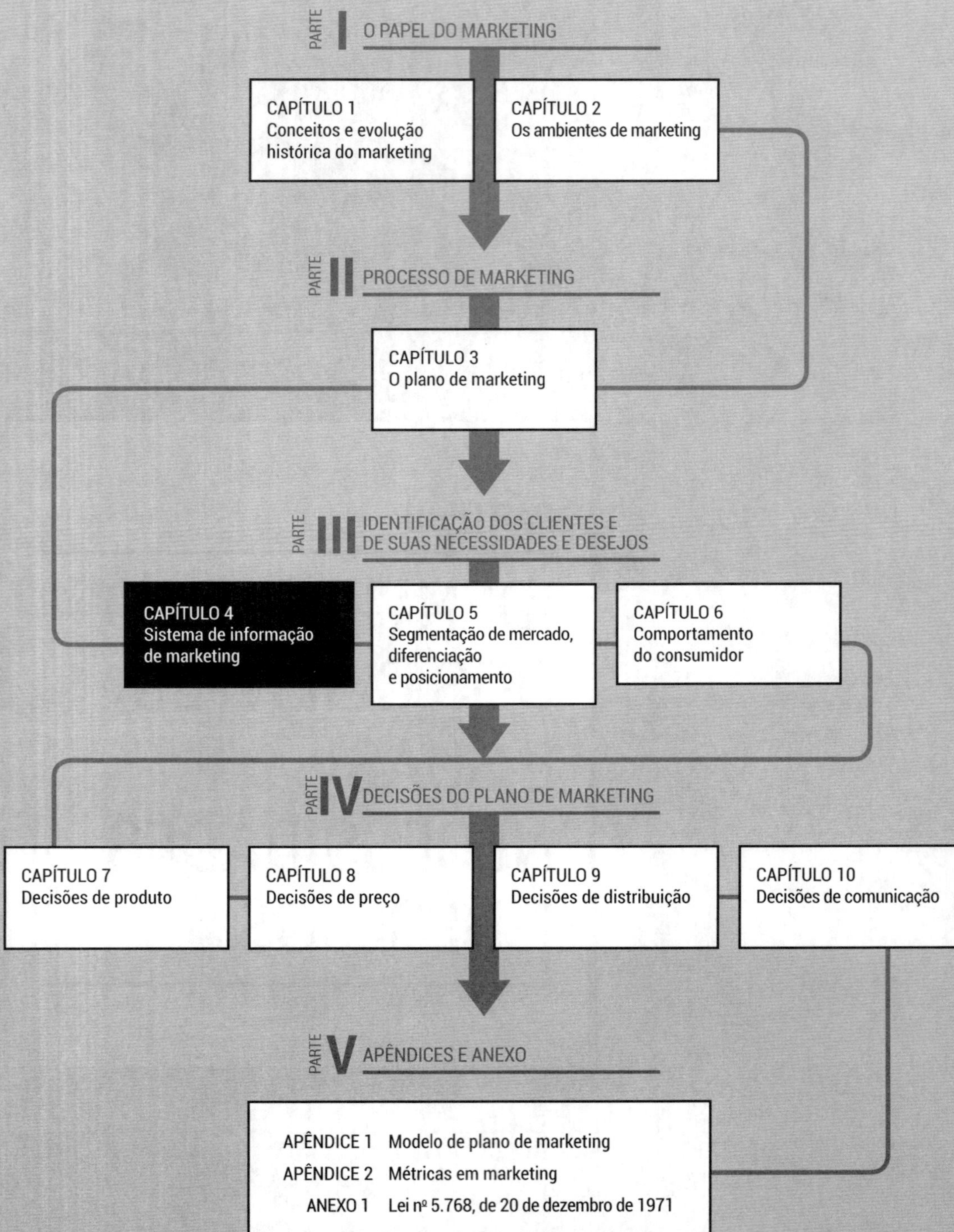
PARTE I O PAPEL DO MARKETING
CAPÍTULO 1 Conceitos e evolução histórica do marketing
CAPÍTULO 2 Os ambientes de marketing
PARTE II PROCESSO DE MARKETING
CAPÍTULO 3 O plano de marketing
PARTE III IDENTIFICAÇÃO DOS CLIENTES E DE SUAS NECESSIDADES E DESEJOS
CAPÍTULO 4 Sistema de informação de marketing
CAPÍTULO 5 Segmentação de mercado, diferenciação e posicionamento
CAPÍTULO 6 Comportamento do consumidor
PARTE IV DECISÕES DO PLANO DE MARKETING
CAPÍTULO 7 Decisões de produto
CAPÍTULO 8 Decisões de preço
CAPÍTULO 9 Decisões de distribuição
CAPÍTULO 10 Decisões de comunicação
PARTE V APÊNDICES E ANEXO
APÊNDICE 1 Modelo de plano de marketing
APÊNDICE 2 Métricas em marketing
ANEXO 1 Lei nº 5.768, de 20 de dezembro de 1971

4

SISTEMA DE INFORMAÇÃO DE MARKETING

Objetivos do capítulo

Após a leitura deste capítulo, você será capaz de:

- Entender as principais funções do sistema de informações de marketing (SIM);
- Identificar as principais informações geradas por um SIM;
- Reconhecer a estrutura de um sistema de informação e de inteligência de marketing;
- Diferenciar SIM de pesquisa de marketing;
- Entender os tipos de pesquisa de marketing;
- Apresentar as etapas e métodos de pesquisa de marketing.

4.1 Sistema de informação de marketing

Devemos nos cercar de toda informação possível a respeito de desejos e necessidades dos consumidores atuais e futuros, das ações e características de seus concorrentes, da evolução do mercado em vários níveis – local, regional, nacional e mundial – , das tendências de consumo e lançamento de novos produtos e serviços, dos pontos fortes e fracos da empresa, da evolução das vendas e dos lucros e, também, do comportamento das variáveis ambientais.

Para levarmos a contento tais informações, é fundamental termos um sistema de informações constante, consistente e atualizado, pois, a partir dele, a empresa poderá manter-se permanentemente atualizada, permitindo, assim, o acompanhamento do ambiente em que está inserida. Em outras palavras, termos um sistema de informação e inteligência de marketing é um dos fatores que nos diferenciam como empresa.

O sistema de informações de marketing (SIM) é composto de equipamentos, pessoas e normas de coleta, classificação, análise, avaliação e distribuição de informações que apoiam as decisões de marketing. Sendo assim, denominamos "inteligência de marketing" o conhecimento de quais informações são importantes e necessárias para a tomada de decisão de marketing.

A "pesquisa de marketing" é utilizada para obtermos aquela informação que o SIM não nos forneceu – em outras palavras, é uma forma sistemática de coleta, registro e análise de dados importantes para a empresa.

Um SIM coerente, atual e confiável faz que as empresas dependam menos do fator sorte, principalmente porque elas não vivem de grandes ideias que alguma pessoa tem de vez em quando. Em vez disso, a empresa deve ter uma estrutura de marketing que permita a criação de ações para alcançar seus objetivos, e todos os participantes dessa estrutura direcionam seus esforços para a concretização dessas ações.

O volume de informações que a empresa lida constantemente é muito grande e cresce de forma exponencial; e, para que elas possam ser utilizadas pelos executivos, é necessário que sejam administradas. São informações sobre volume de vendas atuais, os potenciais consumidores, produtos dos concorrentes, atendimento ao consumidor, informações técnicas dos produtos, aspectos legais, econômicos, tendências culturais e tecnológicas e, também, aspectos demográficos. Isso requer que tenhamos em nossas empresas um sistema de informações que possibilite o gerenciamento do fluxo dessas informações, bens, serviços e recursos das interações que a empresa faz com seus clientes, fornecedores e concorrentes no ambiente no qual está inserida. Nesse cenário, o que vai delimitar a quantidade de informação, qualificando-a e facilitando seu conhecimento para os executivos, é o sistema de inteligência aplicada (a Figura 4.1 traz um exemplo de como desenhar esse sistema).

Figura 4.1 Sistema de informação de marketing

Como se pode ver, o sistema de informações de marketing (que são oriundas de dados internos e externos) é um conjunto de políticas, normas e procedimentos que, de maneira contínua e organizada, busca coletar, classificar, analisar, avaliar, distribuir e armazenar informações que apoiam as decisões de marketing. Por sua vez, a inteligência de marketing nos dirá quais informações são importantes e, além disso, permitirá que as oportunidades e os problemas sejam identificados. Esses dados referem-se ao presente e ao passado, e podem detectar as tendências para o futuro.

Entre os dados internos que podem ser utilizados estão faturas, relatórios anuais, informações de vendas e de lucro, ciclo de vida do produto, SAC, entre outros. Mas quando o assunto são os dados externos, podemos citar como fontes de dados:

- **publicações de negócios:** revistas (como *Exame*, *Isto É Negócios*, *Conjuntura Econômica*) e jornais (*Valor Econômico*, *Estadão*, *Globo*, *Folha de S.Paulo*, entre outros) e seus bancos digitais;
- **serviços de pesquisa:** A.C.Nielsen, Ibope, Gallup;
- **grupos profissionais:** Sociedade Brasileira de Pesquisa de Mercado, Associação dos Profissionais de Propaganda, Ordem dos Advogados do Brasil, Associação dos Dirigentes de Vendas do Brasil etc;
- **relatórios do governo:** IBGE (com o Censo e a Pesquisa Nacional por Amostra de Domicílios - PNAD), Ipea, Sebrae.

É imprescindível que estejamos constantemente atentos a essas informações, uma vez que a todo momento surgem novos produtos, encurtando, assim, sua vida útil. Como se não bastasse esse dinamismo, os consumidores também estão mais exigentes, cientes de seus direitos, e agora contam também com cartões de crédito e débito, *smartphones* e *tablets* – estes últimos constituem poderosas ferramentas que, aliadas à internet, ajudam o consumidor a levantar informações sobre o produto ou serviço de seu interesse sem sair do lugar, o que sem dúvida desequilibrou a balança a seu favor, tornando o ato de compra mais simples. Esse é o tipo de informação que denominamos fontes secundárias.

4.2 Pesquisa de marketing

Imagine que você é dono de uma loja de calçados e em algum momento percebe que suas vendas estão caindo. Você pode buscar informações a respeito disso em diversas fontes (balancetes, controle de estoque, movimento diário do caixa, entre outras), e todas elas são parte do sistema de informações de marketing. Tais informações apontam a queda do faturamento, porém, não é possível identificar a causa dessa queda. Para isso, faz-se necessário realizar uma pesquisa de marketing para resolver um problema específico, geralmente relacionado àquela informação que não pode ser obtida por meio do SIM.

Pesquisa de marketing é uma forma sistemática de coleta, registro e análise de dados utilizada para identificar e definir oportunidades e ameaças de marketing, além de avaliar e monitorar ações de marketing, e que pode ser constante, na forma de painel ou resolver um problema pontual.

Podemos destacar que a pesquisa de marketing é um elo entre os consumidores e os responsáveis pelas decisões de marketing, fornecendo ao decisor informações que o ajudam nessa tarefa, uma vez que ajuda a detectar ameaças e oportunidades de mercado, pois age como um guia em nossas tomadas de decisões. Por ser sistemática, necessita de um método, ou seja, deve sempre ter um caráter científico.

As pesquisas de marketing geralmente são utilizadas para auxiliar o planejamento de marketing da empresa, oferecendo suporte para a construção da matriz *Swot* ou para a criação de cenários. Elas auxiliam na solução de problemas e podem servir para monitorar as ações de forma preventiva e são muito úteis para:

- Identificar as características do consumidor e as tendências de mercado;
- Analisar a participação de mercado e os preços da concorrência;
- Analisar os custos;
- Desenvolver e testar conceitos de produtos;
- Estudar produtos e serviços dos concorrentes;
- Estudar o desempenho dos canais de distribuição;
- Identificar os canais utilizados pelos consumidores;
- Estudar a eficácia da propaganda;
- Conhecer os meios de comunicação mais utilizados pelos consumidores para a obtenção de informações sobre nossos produtos e serviços;
- Estudar a imagem;
- Ter conhecimento da satisfação com os produtos e serviços da empresa;
- Verificar a preferência por alguma marca;
- Estudar a segmentação do mercado;
- Identificar a intenção de compra; e
- Identificar o comportamento de compra.

4.2.1 Etapas da pesquisa de marketing

A pesquisa de marketing deve obedecer a um processo formado por quatro etapas, conforme a Figura 4.2:

Figura 4.2 Etapas da pesquisa de marketing

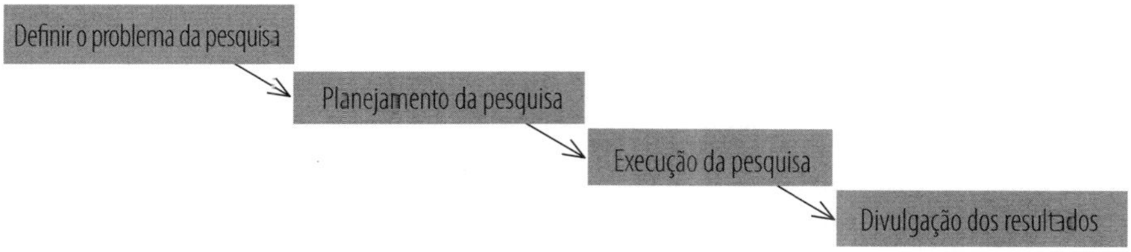

4.2.1.1 Definir problema da pesquisa

Fazemos pesquisa porque temos um problema para resolver. Se não há problema, não existe necessidade de se pesquisar. Sendo assim, reconhecer e formular de forma clara qual é o problema que temos definirá o valor da informação obtida com os resultados da pesquisa. Em outras palavras, o problema da pesquisa é a pergunta que queremos responder.

Após definir o problema, deve-se estabelecer os objetivos da pesquisa. Por ser um momento fundamental, a clareza é imprescindível, pois define aonde a pesquisa quer chegar e quando deve terminar. É preciso considerar o tempo e os recursos disponíveis (humanos, financeiros, tecnológicos e físicos) e, também, especificar quais são os objetivos.

Imagine a seguinte situação hipotética: uma empresa de varejo decide ampliar seu número de lojas na cidade de São Paulo. Assim, temos:

> **Problema da pesquisa:** Qual o melhor local para montarmos nossa nova loja?
> **Objetivos:** O objetivo principal é obter informações que permitam estabelecer a melhor localização para uma nova loja na cidade de São Paulo, ao passo que os objetivos específicos são identificar os locais disponíveis na cidade de São Paulo e determinar a quantidade de clientes potenciais para cada local identificado.

4.2.1.2 Planejamento da pesquisa

O segundo passo é planejar a pesquisa, e, para que esta seja confiável, deve ser planejada em todos os seus detalhes. Para isso, devemos utilizar o método científico que nos garantirá o que está sendo proposto sob a óptica da informação, pois exigirá cuidados com cada uma das etapas de seu processo.

Os procedimentos para a realização da pesquisa de marketing são:

- estabelecer a necessidade de dados e a definição das variáveis da pesquisa e seus indicadores.
- determinar as fontes de dados, que podem ser secundários e primários. As fontes secundárias, que podem ser dados úteis ou não, são as informações que já existem em algum lugar, obtidas mais rapidamente e com um custo mais baixo, ao passo que as fontes primárias são as informações coletadas para responder o propósito em questão. Mas o ideal é que ambas sejam relevantes, precisas, atuais e imparciais.

- estipular o método de pesquisa: esta fase envolve cinco decisões: 1) determinar o método de pesquisa; 2) estabelecer os métodos de coleta de dados; 3) determinar a população e a amostra da pesquisa; 4) planejar a coleta de dados; e 5) prever o processamento, análise e divulgação dos dados.

Determinar o método de pesquisa

Quanto ao problema de pesquisa, ela pode ser exploratória, descritiva e causal.

Exploratória: utilizamos a pesquisa exploratória quando buscamos informações sobre determinada situação ou tema – ou seja, quando não sabemos qual o problema que está afetando a empresa. Essa pesquisa pode ser feita a partir da consulta do banco de dados da empresa, bibliotecas, internet, entre outros – ou seja, já existem informações sobre aquilo que se deseja descobrir. Pode-se fazer um estudo de caso buscando soluções para o problema ou, então, tentar melhorar o desempenho. Além disso, podemos realizar uma pesquisa de campo.

Descritiva: envolve um número maior de entrevistados a partir da aplicação de um questionário ou de entrevistas pessoais, permitindo uma análise estatística. Ela descreve uma situação, e é o tipo de pesquisa mais utilizado em marketing, permitindo que sejam relacionados dados de natureza quantitativa ou qualitativa. Pode-se determinar, por exemplo:

Quem compra? – Estabelece o perfil do consumidor observando variáveis como idade, classe social, renda, gênero, profissão, nível educacional etc.

O que compra? – Permite identificar quais produtos ou serviços devem ser adquiridos para atender a necessidade do consumidor e sua opinião sobre marcas e produtos.

Quanto compra? – Determina a quantidade adquirida e a periodicidade da compra.

Como compra? – Estabelece o uso que o consumidor dá aos produtos, formas de uso, de descarte etc.

Onde compra? – Identifica os pontos de venda utilizados para a compra e os canais de distribuição mais adequados.

Quando compra? – Identifica as possíveis sazonalidades do produto ou serviço.

Por que compra? – Identifica os motivos de escolha e compra dos produtos e serviços adquiridos, e, ainda, se existe algum tipo de influência.

A pesquisa quantitativa geralmente é mais estruturada, podendo ser avaliada de forma numérica, porcentagens, médias etc. Utiliza-se de métodos estatísticos e exige a seleção de uma amostra da população, a partir da qual é possível extrapolar os resultados para o universo de mercado. Já a pesquisa qualitativa busca avaliar alguns aspectos de forma mais profunda e identificar as motivações que nos levam a consumir – percepções, valores, sentimentos, imagens e preconceitos que não são percebidos pelos consumidores. Normalmente, utilizamos entrevistas individuais e discussões em grupo, também denominadas *focus group*, ou grupos focais, e essas discussões devem ser monitoradas por um psicólogo ou um sociólogo, chamado de mediador.

Experimental: Testa a relação de causa e efeito por meio do controle das variáveis, porém sempre é preciso estabelecer uma medida antes e outra depois da manipulação da variável em estudo. Podemos utilizar esse método para medir o resultado de uma campanha de comunicação, na qual medimos, por exemplo, as vendas de um produto antes e depois da campanha. A diferença do resultado das vendas demonstrará o efeito da variável experimental, isto é, da campanha promocional. Essa pesquisa pode ser utilizada em alteração de preços, mudança de embalagem, novos pontos de venda, testes de mercado etc.

Estabelecer os métodos de coleta de dados

Os métodos mais utilizados para a coleta de dados são a observação, a entrevista, o interativo e o etnográfico, e existe a possibilidade de escolher somente um deles ou combiná-los.

No **método da observação**, o pesquisador permanece em algum lugar observando a reação dos consumidores no ponto de venda, por exemplo, para poder avaliá-lo. O cliente oculto – pessoas se passam por clientes e procuram identificar os aspectos que interessam ao comprador da pesquisa – também é uma forma de pesquisa por observação. As vantagens desse método é que ele permite detectar o comportamento natural de consumo, não interfere no processo de compra do cliente e pode analisar consumidores específicos; por outro lado, as desvantagens são que a interpretação é subjetiva, não evidencia os estímulos para a compra e não permite a generalização dos dados.

O **método da entrevista**, também conhecido como questionário ou contato, é o método de coleta de dados mais usado na pesquisa de marketing e é o que permite o maior número de coleta de dados, uma vez que as entrevistas podem ser feitas pessoalmente, por e-mail, por telefone, pelo correio ou por fax.

É necessário estabelecer um planejamento do trabalho, no qual se elabora um roteiro para a pesquisa, principalmente se for exigida a opinião do entrevistado. Esse roteiro pode ser estruturado ou não: no questionário estruturado, há uma sequência lógica na colocação das perguntas, ao passo que no questionário não estruturado a entrevista segue conforme as circunstâncias, devendo sempre ser conduzida para o objetivo da pesquisa.

As vantagens desse método são que ele permite o controle da amostra e também que se oriente o entrevistado; por outro lado, exige treinamento por parte do entrevistador, é caro e, às vezes, o acesso à amostra é difícil.

O **método interativo** utiliza a internet para contatar os consumidores, permitindo um maior controle sobre seus comportamentos de compra. Alguns sites de pesquisa permitem que se envie um link por e-mail para os entrevistados, por exemplo o enquete fácil (www.enquetefacil.com) e o *surveymonkey* (www.surveymonkey.com). As vantagens desse método são a grande abrangência da amostra, o acesso em tempo real e a obtenção de um grande número de informações; com relação às desvantagens, podemos citar o curto prazo da validade da informação, o alto índice de dispersão do entrevistado e o retorno não garantido.

Os métodos de observação, de entrevista e o interativo têm um problema em comum: dependem da memória do entrevistado, que se deteriora rapidamente e costuma ser distorcida pela consumação ou não da transação. É comum um consumidor afirmar ter visto um comercial em um momento em que a empresa não estava anunciando.

O **método etnográfico**, baseado na antropologia, consiste em colocar um observador colado em um consumidor, observando seu comportamento. Isso dá trabalho e é caro, além de ser enganoso, pois é difícil projetar os resultados do cliente específico para o universo de consumidores. Além disso, o cliente pode exibir um desejo inconsciente de agradar o pesquisador.

Com o avanço da tecnologia foi criado um novo instrumento de pesquisa e monitoramento denominado Monitoramento da Experiência em Tempo Real (*realtime experience tracking* – RET). Empresas como Unilever, Pepsico, HP, Microsoft, entre outras, estão utilizando esse método. Ele consiste basicamente no envio de um SMS com as seguintes informações:

- marca envolvida;
- ponto de contato (comercial na TV, ligação para o SAC, loja, folheto, internet ou casa de amigo);
- a impressão que a experiência deixou na pessoa (escala de 1 a 5);
- se foi persuasiva e deixou o cliente mais inclinado a escolher a marca na próxima vez (escala de 1 a 5).

Esse método exige do sujeito da pesquisa apenas o envio de uma mensagem com quatro caracteres, o que não ocupa seu tempo.

O levantamento é o elemento comum entre os métodos de coleta de dados, também chamado de *survey*. Para essa coleta, utilizamos um questionário, que é uma ferramenta importante para a coleta de informações dos entrevistados, uma vez que uniformiza o processo da pesquisa, padronizando as perguntas que serão feitas e sua sequencia. Sem essa uniformização não seria possível analisar a pesquisa.

Antes de aplicar o questionário, deve-se fazer o pré-teste, isto é, aplicá-lo a um grupo pequeno de entrevistados com o perfil da amostra e tabulá-lo. As dificuldades apresentadas, os erros e as respostas que não possibilitem a mensuração pretendida devem ser corrigidos. Essas perguntas podem ser abertas e/ou fechadas, dicotômicas de múltipla escolha, escala de Likert, entre outras.

Determinar a população e a amostra da pesquisa

São três os conceitos importantes: a amostra é uma parte da população, expressa em indivíduos ou objetos, isto é, quantas pessoas serão entrevistadas? A população é o total dos indivíduos ou objetos que se pretende estudar. Amostragem é o processo de se obter amostras do universo, isto é, como os entrevistados devem ser selecionados? As amostras podem ser de dois grupos: probabilísticas e não probabilísticas.

- **Amostras probabilísticas:** uma amostra é probabilística quando estabelece que todos os elementos da população têm chance igual de fazer parte da amostra. Ela pode ser uma ***amostra aleatória simples*** – que é o conjunto de dados extraídos aleatoriamente de uma população finita, previamente definida, na qual todos os elementos tenham a mesma probabilidade de serem escolhidos; uma ***amostra aleatória estratificada***, na qual a população inteira é dividida em estratos (subpopulações distintas), e dentro de cada estrato seleciona-se uma amostra de seus elementos, calcula-se a média e a variância amostral de cada estrato e ponderam-se as médias e as variâncias de todos os estratos para a obtenção das estimativas da média e das variâncias globais; ou uma ***amostra por agrupamento***, na qual se selecionam os grupos, denominados conglomerado (quarteirões de domicílios, para amostras de domicílios; turmas de escolas, para amostras de alunos etc.).
- **Não probabilísticas:** dizemos que a amostra pertence a esse grupo quando utilizamos de critérios subjetivos para selecioná-la, de acordo com os interesses do estudo. Como não utilizamos critérios estatísticos não podemos extrapolar os resultados obtidos para a população da amostra.

> Entre as amostragens não probabilísticas, podemos citar a amostra por conveniência – quando são selecionados os elementos de uma população dos quais é mais fácil obter informações –, a amostra por julgamento – na qual são selecionados os membros da população que apresentam maiores possibilidades de fornecer as informações procuradas, da maneira mais precisa possível – e a amostra por cotas – na qual é estabelecida uma amostra, podendo ser demográfica, geográfica, psicográfica e comportamental, que se identifique, em alguns aspectos, com o universo.

Para definirmos o tamanho da amostra, devemos considerar a relação custo-benefício – nesse caso, qual é o custo da informação que se quer e quanto se espera que ela seja decisiva para as decisões que devem ser tomadas. Sabe-se que quanto maior é a amostra, maior seu custo, mas, por outro lado, maior também é a confiabilidade na pesquisa.

Entre as várias fórmulas propostas para se calcular o tamanho da amostra, destacamos:

Para populações infinitas, onde $N \geq 100.000$

$$n = \frac{Z^2 \cdot p \cdot q}{e^2}$$

Para populações finitas, onde $N < 100.000$

$$n = \frac{Z^2 \cdot p \cdot q \cdot N}{(N-1) \cdot e^{2+} Z^2 \cdot p \cdot q}$$

Onde,
n = Tamanho da amostra
N = Tamanho da população
Z = Variável normal reduzida

> Para *NC* = 68,0%, ***z*** = 1
> Para *NC* = 95,0%, ***z*** = 1,96
> Para *NC* = 95,5%, ***z*** = 2
> Para *NC* = 99,7%, ***z*** = 3

e = Erro máximo admissível

Normalmente $3\% \leq e \leq 5\%$

p = Probabilidade de ocorrência da variável de interesse

q = Probabilidade de não ocorrência

$p + q = 100\ \%$

NC = nível de confiabilidade

O desvio-padrão utilizado determinará a margem de segurança da pesquisa, e, quanto maior for essa margem, maior a amostra.

Planejar a coleta de dados

Devemos pensar em todos os detalhes nessa etapa com o objetivo de minimizar os fatos que podem comprometer os resultados desejados com a pesquisa.

Nesse momento, adequamos nosso planejamento ao tipo de pesquisa e à metodologia estabelecida. Para isso, devemos definir a equipe de pesquisa envolvendo supervisores e entrevistadores, o perfil dos entrevistadores, a quantidade de entrevistadores necessários para a execução da pesquisa, a quantidade de entrevistas que cada pesquisador deverá fazer por dia, a localização dos entrevistadores no momento da coleta dos dados, os prazos de execução, o sistema de remuneração, o material que deverá ser utilizado, os procedimentos que deverão ser adotados pelos entrevistadores e supervisores, e, também, os procedimentos para a auditoria da pesquisa.

Previsão do processamento, análise e divulgação dos dados

Devemos estabelecer como os dados deverão ser processados, quais análises serão efetuadas para a obtenção das respostas procuradas pela pesquisa e como a divulgaremos. Fazem parte dessa etapa a previsão de gráficos, quadros etc., as variáveis que terão tabulação simples, as variáveis envolvidas em tabulação cruzada, as medidas estatísticas utilizadas (média, mediana, moda etc.), as variáveis e os testes estatísticos a que serão submetidos os dados e o formato do relatório de divulgação da pesquisa.

4.2.1.3 Execução da pesquisa

Muitas dificuldades podem surgir no trabalho de campo quando da execução da pesquisa, começando pela dificuldade de se encontrar pesquisadores capacitados para realizar os trabalhos. Os entrevistadores, após seu recrutamento, devem passar por um treinamento intensivo, para assegurar que suas atitudes e seus procedimentos sejam compatíveis com as dos entrevistados.

É preciso estar atento a algumas dificuldades que podem nos levar a erros. Sendo assim, cuidado:

Com o perfil dos entrevistadores. Eles não podem ter preconceitos quanto à raça, à religião, ao gênero etc., pois essa atitude pode constranger o entrevistado, modificando seu comportamento no momento da entrevista.

Com a apresentação pessoal do entrevistador. A forma de se vestir, o tipo de maquiagem, a barba ou o bigode, corte de cabelo, entre outras coisas, pode interferir na empatia necessária para a condução da entrevista. Sendo assim, é importante que o entrevistador construa um relacionamento agradável e prazeroso com o entrevistado, o que deve ser confirmado pela apresentação pessoal.

Com o encaminhamento das questões. Devem ser empregadas as técnicas corretas no encaminhamento das perguntas. O entrevistador deve garantir a confidencialidade das respostas; conhecer o instrumento de pesquisa antes de aplicá-lo e, também, deve formular todas as perguntas exatamente como estão escritas e na sequência apresentada; além disso, ele precisa utilizar técnicas para que não interfira nas respostas e anotar qualquer problema que ocorra na entrevista para poder, assim que possível, avisar seu coordenador ou supervisor.

Com a dificuldade do entrevistador em registrar a resposta e, concomitantemente, manter o entrevistado interessado. Esse é o maior desafio do entrevistador, mas o treinamento o ajudará a desenvolver essa habilidade, que inclui aprender a tomar notas, anotar na hora em que são ditas, utilizar as mesmas palavras do entrevistado, utilizar lápis e realizar a pesquisa num lugar que facilite as anotações.

Com os falsos preenchimentos dos questionários, de forma total ou parcial, ou, ainda, realizar pesquisas com indivíduos não indicados na amostra, pois isso é desonestidade e é difícil de ser detectado. É importante inserir um instrumento para que se possa conferir se a pesquisa foi realizada conforme o estabelecido.

Quanto à pesquisa por telefone, é importante destacar o timbre da voz, a facilidade de comunicação verbal, a capacidade de se estabelecer empatia pela voz e saber conduzir a pesquisa. De forma agradável.

Erros e vieses em pesquisas de Marketing

Os erros em pesquisa podem ser amostrais e não amostrais. Os erros amostrais acontecem por conta da escolha do tamanho e da seleção da amostra – isto é, quanto maior a amostra probabilística, menor a quantidade de erros. O viés aponta se a pesquisa é tendenciosa, portanto, uma amostra enviesada não foi bem selecionada e, por causa disso, a pesquisa fica comprometida.

Existem outros vieses que são gerados por erros não amostrais. Nesse caso, o pesquisador não tem controle. Esses erros são mensuráveis e crescem à medida que a amostra cresce. Podem se originar de um problema mal formulado; da escolha errada da população e/ou da amostra; instrumentos de coleta mal feitos; questionários mal preenchidos; perguntas mal elaboradas, entre outras causas.

A causa pode ser, ainda, os entrevistadores despreparados ou sem supervisão, que podem produzir viés por forjar as respostas ou não respeitar a metodologia. Os entrevistados também podem comprometer a pesquisa por não serem honestos nas respostas, responderem de forma incompleta, entre outras situações.

Recusa em responder, mudança de endereço e ausência provocam o que chamamos de erros das não respostas, o que dificulta a concretização da pesquisa dentro da metodologia estabelecida. O viés pode ocorrer no processamento e análise dos dados, mas a codificação, digitalização, tabulação e a interpretação dos dados podem produzir erros.

4.2.1.4 Divulgação dos resultados

Por melhor que seja a pesquisa, é necessário "vendê-la" aos interessados, e a melhor forma para isso é preparar um relatório de forma estruturada e entregá-lo aos interessados pela pesquisa. Ele deve ser conciso, objetivo, claro, preciso e completo, contendo todas as informações necessárias aos leitores. Deve também ser escrito de forma clara e de fácil entendimento, sem erros gramaticais – para isso, utilize frases curtas e na ordem direta, destacando os pontos relevantes da pesquisa.

É possível ordenar o relatório da seguinte forma:

1. **Página de rosto:** título da pesquisa, data, nome da empresa ou organização que patrocina a pesquisa e o nome da empresa ou do responsável pela pesquisa.
2. **Sumário da pesquisa:** títulos, subtítulos e páginas.
3. **Introdução:** com o conteúdo e os principais resultados da pesquisa.
4. **Corpo da pesquisa:** contendo apresentação, problema, objetivos, método e os resultados.

5. **Considerações finais:** contendo as conclusões, recomendações e limitações da pesquisa.
6. **Apêndice:** com o instrumento da coleta de dados, plano de amostragem e os quadros, as tabelas, os gráficos e as figuras que não foram incluídos no corpo da pesquisa.
7. **Referências:** podem ser bibliográficas ou eletrônicas.

> **ELABORANDO UM PROJETO**
> Dando continuidade à nossa atividade, chegou a hora de elaborarmos uma pesquisa. A ideia é que seja feita uma pesquisa de segmentação, procurando identificar seu cliente e seus hábitos de consumo. Leiam o próximo capítulo e elaborem as questões.

Resumo

Enquanto o sistema de informações de Marketing (SIM) é constante e obtido por meio de fontes secundárias, a pesquisa de marketing é pontual, feita para responder a um problema que o SIM não consegue e, geralmente, de fonte primária.

As publicações de negócios e setores, bem como os serviços de pesquisa, os grupos profissionais, os relatórios do governo e os bancos de dados digitalizados das publicações impressas são fontes externas para o SIM; mas, se a questão for buscar dados internos, podem ser utilizados faturas, relatórios anuais, informações de vendas e sobre o lucro, ciclo de vida do produto, SAC, entre outros.

As etapas para o desenvolvimento da pesquisa são:

- Definição do problema de pesquisa;
- Planejamento;
- Execução;
- Divulgação.

Quanto ao problema, a pesquisa pode ser:

- *Exploratória:* utilizada quando não sabemos qual o problema que está afetando a empresa.
- *Descritiva:* quando descreve uma situação.
- *Experimental:* testa a relação de causa e efeito por meio do controle das variáveis.

Quanto ao método para a coleta de dados, destacam-se o da observação, da entrevista, o interativo e o etnográfico.

Determinar a amostra da pesquisa e o seu tamanho é fator fundamental para o resultado e dá caráter científico. As amostras podem ser probabilísticas ou não probabilísticas, e o relatório final deverá conter página de rosto, sumário da pesquisa, introdução, corpo da pesquisa, considerações finais, apêndice e referências.

Questões para discussão

Algumas questões exigirão dos alunos uma pesquisa extra. Para isso, eles podem utilizar alguns recursos para aprofundar o tema, como a internet ou a biblioteca.

1. Quais as principais fontes de um sistema de marketing para a organização?

2. Quais as diferenças entre sistema de informação de marketing e a pesquisa de mercado? Exemplifique.

3. Exemplifique as abordagens de mercado.

4. Exemplifique a utilização de uma pesquisa que poderá ser realizada com a coleta de dados por meio do método etnográfico. Justifique.

5. **(Provão 2001)** Cinco empresas, cada qual por um motivo diferente, estão a ponto de encomendar uma pesquisa de marketing. Em qual das situações a seguir basta uma pesquisa qualitativa para atender ao objetivo desejado?
   - **a.** O hospital São Clemente deseja saber o índice de satisfação dos clientes com seus serviços.
   - **b.** A agência de publicidade Focus deseja avaliar o *recall* do público para a recente campanha publicitária que elaborou para o refrigerante Zynn.
   - **c.** Um fabricante de bebidas alcoólicas deseja saber em que ocasiões os consumidores tomam cada tipo de bebida.
   - **d.** Uma universidade deseja avaliar, juntamente com os alunos do ensino médio, o percentual de intenção de matrícula nas áreas técnica, humana, biomédica e social.
   - **e.** Uma emissora de TV deseja conhecer o perfil demográfico dos telespectadores de determinado programa.

6. **(Provão 1999)** Uma empresa quer lançar uma nova secadora de toalhas, que ainda não tem similar no mercado. Os proprietários da empresa conhecem muito pouco do mercado e, portanto, pretendem realizar uma pesquisa exploratória para conhecê-lo melhor. Isso significa que vão fazer:

a. descrição dos hábitos dos consumidores em relação ao uso de secadoras.
b. teste de mercado do novo produto.
c. geração de atributos e motivações de compra de uma secadora de toalhas.
d. identificação da mídia mais indicada para veicular mensagens publicitárias destinadas ao mercado-alvo.
e. hierarquização dos atributos do produto em termos de sua importância percebida pelos consumidores.

7. **(Provão 1999)** A pesquisa de marketing e os sistemas de informações de marketing são fontes de dados para conhecer melhor o consumidor e o desempenho da empresa em relação as suas estratégias de marketing, bem como auxiliar o profissional de marketing na tomada de decisão. Pode-se afirmar então que:

a. a busca de dados primários pelo profissional de marketing é imprescindível para tomar uma decisão de marketing sem riscos.
b. a decisão do tipo de pesquisa a ser aplicada deve considerar o custo desta e o nível de risco envolvido na solução do problema.
c. dados secundários se referem a informações não disponíveis no mercado e obtidos por meio de pesquisa específica, desenhada para a solução de um determinado problema.
d. com um bom sistema de informações de marketing, o profissional dessa área terá êxito em suas decisões estratégicas.
e. sem pesquisa quantitativa, não há condições de eliminar os riscos na tomada de decisão estratégica de marketing.

8. **(Enade 2009)** Pesquisadores da área de tecnologia da informação alertam para o fato de que sistemas de informação computadorizados são mais vulneráveis a destruição, erros, mau uso e crime que os sistemas manuais, em que a informação é geralmente guardada sob a forma de registros em papel. Analise as afirmativas a seguir, como formas possíveis de agregar segurança aos sistemas de informação computadorizados.

I. Guardar todos os seus bancos de dados e seus respectivos *backups* em uma só localidade.
II. Instalar sistemas de segurança de acesso, tais como *login* e senhas.
III. Instalar sistemas de proteção contra vírus e *hackers*.
IV. Desativar o sistema de criptografia de dados.

Estão CORRETAS somente as afirmativas:

a. I, II e III.
b. II, III e IV.
c. I, III e IV.
d. III e IV.
e. II e III.

9. **(Enade 2012)** Pesquisa realizada pelo Instituto X em todo o território nacional objetivou identificar quantos consumidores brasileiros utilizam e realizam compras pela internet. A pesquisa ouviu 2 mil consumidores em todo o país, com margem de erro de 2,2 pontos percentuais para mais ou para menos. O universo dessa pesquisa foi representado por amostras estratificadas de forma proporcional à população de cada unidade da federação. As pessoas entrevistadas foram selecionadas com base em cotas proporcionais, segundo as seguintes variáveis: população economicamente ativa, faixa etária e localização.

Com base nessas informações, avalie as afirmações a seguir.

I. O universo da pesquisa foi de 2 mil consumidores.
II. O objetivo das cotas foi garantir a representatividade do universo estudado.
III. A margem de erro diminuiria se a pesquisa tivesse entrevistado 5 mil consumidores.
IV. As entrevistas foram realizadas com a mesma quantidade de consumidores em cada estado.

É correto apenas o que se afirma em:

a. I e II.
b. I e IV.
c. II e III.
d. I, III e IV.
e. II, III e IV.

10. (Enade 2012) José é um pequeno empreendedor no segmento de entregas em domicílio. Ao assistir a uma palestra sobre marketing, percebeu que precisava realizar uma pesquisa de mercado para identificar até que ponto seus serviços agradavam aos clientes. Na palestra, ele entendeu que precisava aplicar uma pesquisa que estimulasse os entrevistados a pensar e falar livremente sobre os atributos de seus serviços, pois deseja que os clientes apresentem opiniões de forma espontânea.

Na situação descrita, com base na principal vantagem de cada metodologia de pesquisa, José deve realizar uma pesquisa do tipo:

a. qualitativa, que identificará os clientes a serem entrevistados por meio de critérios que sigam as regras de seleção da amostra a ser calculada.

b. quantitativa, que propiciará um correto dimensionamento estatístico das respostas dos clientes em relação ao tamanho do universo a ser explorado.

c. qualitativa, que analisará as opiniões colhidas junto aos clientes, de acordo com o roteiro aplicado, e que extrairá comentários, opiniões e frases mais relevantes.

d. quantitativa, que colherá as informações dos clientes por meio de questionário estruturado com perguntas claras e objetivas, que garantirá a uniformidade de entendimento dos entrevistados.

e. Qualitativa, que possibilitará entrevistar um número maior de clientes, garantindo precisão nos resultados, e permitirá construir gráficos para a amostra pesquisada, com números confiáveis.

11. (Petrobras 2011) Um sistema de informação de marketing (SIM) é constituído por uma série de procedimentos que dão apoio à tomada de decisões de marketing, à EXCEÇÃO da(o):

a. definição do problema.

b. proposta do preço final do produto.

c. conclusão acerca dos dados coletados.

d. pesquisa por observação.

e. desenvolvimento de objetivos.

12. **(Enade 2009)** O conhecimento a respeito da complexidade do ambiente de marketing é essencial para que a empresa seja bem-sucedida. É necessário que o profissional de marketing encontre maneiras de se manter atualizado em face das constantes e rápidas alterações nesse ambiente. Qual componente do sistema de informações de marketing oferece dados sobre eventos que promova alterações no ambiente de marketing?

a. Sistema de controle de marketing.

b. Sistema de informações de vendas.

c. Sistema de inteligência de marketing.

d. Sistema de pesquisa de marketing.

e. Sistema de registros internos.

13. **(Enade 2009)** Uma empresa de automóveis deseja fazer uma pesquisa entre seus consumidores para saber sua opinião sobre seus produtos. Como forma de coletar as informações, ela decide entrevistar os 50 primeiros consumidores que entrarem na revendedora. A respeito dessa amostra, é CORRETO afirmar que ela é:

a. *Probabilística:* cada pessoa da população tem a mesma chance de fazer parte da amostra.

b. *Posicionada:* os participantes compartilham de uma ou mais características.

c. *De conveniência:* os pesquisadores utilizam respondentes que fazem parte de seu círculo de conhecimento.

d. *Probabilística:* são associadas probabilidades de inclusão para cada uma das respostas coletadas.

e. *Proporcional:* são determinadas por proporções de participantes com determinadas características.

14. **(Enade 2009)** Uma empresa de alimentos deseja saber sua participação de mercado. Seu público-alvo são mães com filhos até 3 anos, moradoras de grandes centros urbanos. Com esse objetivo em mente, qual alternativa apresenta o método de coleta de dados mais adequado?

a. Entrevistas em profundidade, acerca da imagem da marca.

b. Grupos de foco, objetivando discutir o conceito da marca.

c. Questionários em que se verifica a aceitação da propaganda.

d. Questionários sobre a atitude em relação ao ponto de venda.

e. Utilização de dados de scanner nos principais supermercados.

15. **(Enade 2009)** Uma empresa de higiene pessoal é conhecida pelas características únicas dos produtos que levam a sua marca. Seu público-alvo mais importante são as mulheres adultas. É necessário acompanhar esse segmento permanentemente, saber o que as mulheres pensam e como esses pensamentos influenciam suas decisões de consumo. O gerente de marketing deseja coletar informações sobre os sentimentos mais profundos das mulheres a respeito do que elas pensam sobre os conceitos de beleza, de juventude e de sensualidade. Com esse objetivo em mente, qual é o método de coleta de dados mais adequado?

a. Aplicação de questionários via telefone.
b. Entrevistas em profundidade face a face.
c. Experimentos de utilização de produtos.
d. Observações de compras em diversos pontos de venda.
e. Preenchimento de questionários impressos em revistas.

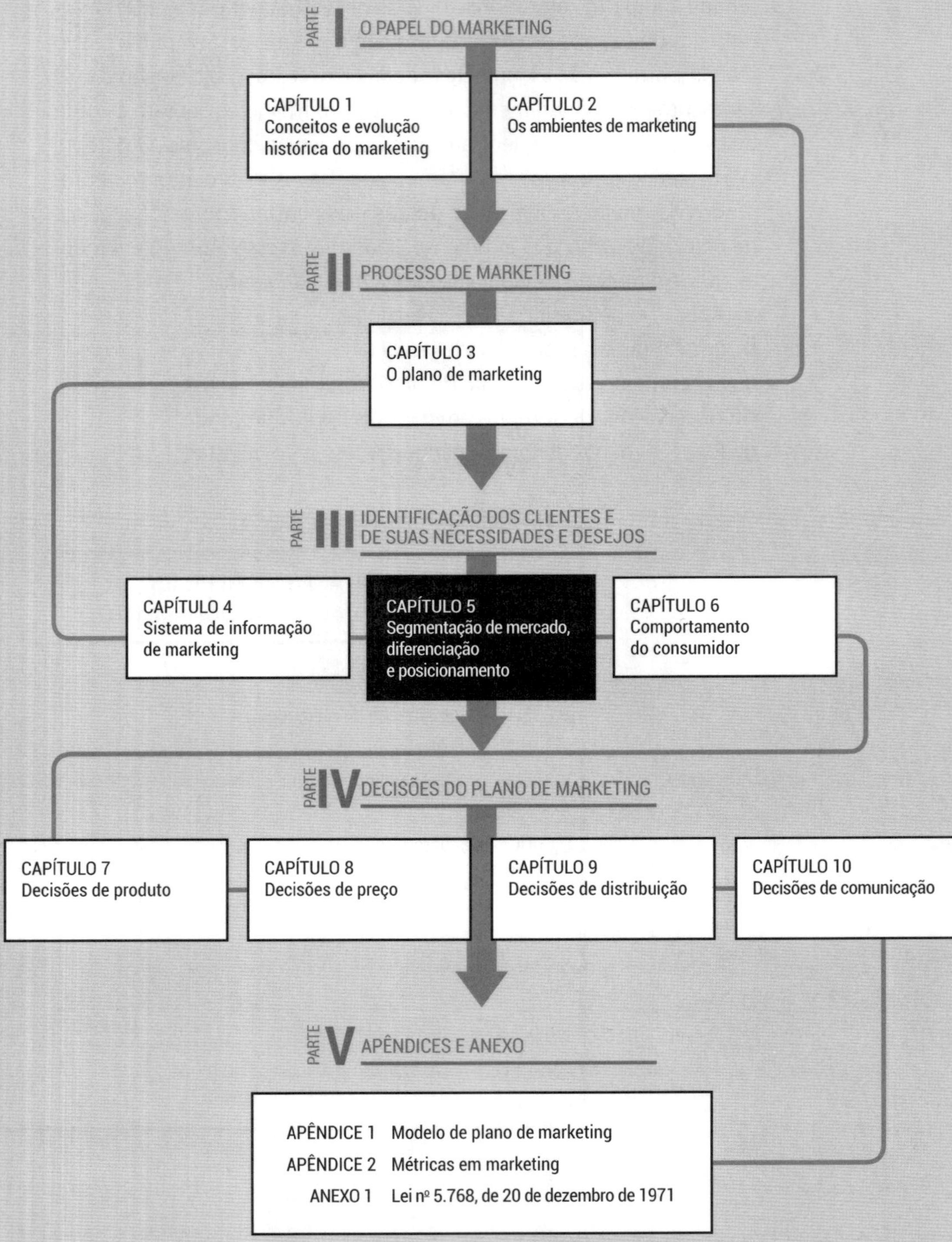
PARTE I O PAPEL DO MARKETING
CAPÍTULO 1 Conceitos e evolução histórica do marketing
CAPÍTULO 2 Os ambientes de marketing
PARTE II PROCESSO DE MARKETING
CAPÍTULO 3 O plano de marketing
PARTE III IDENTIFICAÇÃO DOS CLIENTES E DE SUAS NECESSIDADES E DESEJOS
CAPÍTULO 4 Sistema de informação de marketing
CAPÍTULO 5 Segmentação de mercado, diferenciação e posicionamento
CAPÍTULO 6 Comportamento do consumidor
PARTE IV DECISÕES DO PLANO DE MARKETING
CAPÍTULO 7 Decisões de produto
CAPÍTULO 8 Decisões de preço
CAPÍTULO 9 Decisões de distribuição
CAPÍTULO 10 Decisões de comunicação
PARTE V APÊNDICES E ANEXO
APÊNDICE 1 Modelo de plano de marketing
APÊNDICE 2 Métricas em marketing
ANEXO 1 Lei nº 5.768, de 20 de dezembro de 1971

5

SEGMENTAÇÃO DE MERCADO, DIFERENCIAÇÃO E POSICIONAMENTO

Objetivos do capítulo

- Após a leitura deste capítulo, você será capaz de:
- Entender o conceito de segmentação de mercado, de posicionamento e de diferenciação;
- Reconhecer a importância da segmentação de mercado;
- Identificar as variáveis de segmentação;
- Entender os tipos de pesquisa de marketing;
- Compreender a segmentação de mercados industriais ou empresariais.

5.1 Segmentação de mercado

Os mercados são grandes e complexos, formados por consumidores diferentes e que têm gostos diferentes. Para facilitar suas decisões e criar foco, as empresas costumam dividi-lo, com a intenção de aproximar-se mais de seu cliente, utilizando estratégias específicas de marketing para cada mercado selecionado.

Temos de ter em mente que nenhuma empresa consegue atrair todos os consumidores no mercado em que atua ou, pelos menos, não todos da mesma forma. Os consumidores são numerosos, dispersos, têm necessidades distintas e comportamento de compra diferente, o que exige um cuidado especial.

Segmento de mercado é um grupo de clientes com necessidades e desejos similares, ao passo que mercado-alvo é o segmento específico do mercado que uma empresa escolhe atender. Segmentar mercado, portanto, significa dividir mercados mais amplos, geralmente heterogêneos, em grupos menores, constituídos por consumidores homogêneos.

O primeiro caso emblemático do uso de segmentação se deu no início do século XX. Henry Ford, um dos precursores da teoria científica, produzia, nos anos 1920, cerca de 2 milhões de automóveis por ano. Para que tenhamos uma ideia de sua capacidade de produção, o Brasil só chegou a essa marca em 2004, somando todas as montadoras.

Ford tinha uma máxima, afirmando que "o carro pode ser de qualquer cor, desde que seja preto". Essa afirmação reflete como Ford tratava seus consumidores, sem se preocupar com suas diferenças (era seu Ford T).

No final dos anos 1920 e início dos anos 1930, Alfred Sloan Jr. assume a General Motors nos Estados Unidos e afirma que "um único composto de marketing raramente é adequado para atender às necessidades e aos desejos de todo o mercado de um produto", propondo automóveis diferentes para consumidores diferentes.

5.1.1 Estratégias de segmentação

Uma preocupação que as empresas têm é como abordar seu mercado, definindo quais estratégias de marketing deverão utilizar para atendê-lo. Algumas delas desenvolvem um único composto de marketing para atender um mercado-alvo, o que pode ser considerado uma abordagem mais barata e especializada. Outras empresas desenvolvem vários compostos de marketing para atingir diferentes mercados-alvo, fazendo uma abordagem mais cara e complexa, mas que atenda uma gama maior de clientes.

A estratégia definida se relaciona a alguns aspectos, como capacidade da empresa de desenvolver novos produtos, disponibilidade financeira para lançar novos produtos e SIM e capacidade produtiva eficientes. Vejamos quais são as formas de abordagem mais utilizadas.

5.1.1.1 Mercado de massa (marketing indiferenciado ou único)

A empresa utiliza um único composto de marketing para atender todo o mercado – por exemplo, as empresas que produzem *commodity*, as que oferecem serviços de metrô, entre outras, utilizam essa estratégia. Durante um bom tempo, as empresas que produziram a Coca-Cola, o Bombril e as Havaianas faziam esse tipo de abordagem.

Essa é a abordagem mais antiga de marketing, utilizada desde a Era de Produção (veja o Capítulo 1), geralmente utilizada por empresas que produzem bens industriais. Ela se sustenta pela economia de escala que propiciam, pelo grande volume de produção e na crença de que o benefício oferecido a seus clientes é muito procurado e atende ao seu mercado. Quem adota essa estratégia deve tomar o cuidado para deixar escapar mercados interessantes de fácil acesso e economicamente viáveis. Veja a Figura 5.1:

Figura 5.1 Mercado único ou indiferenciado

5.1.1.2 Mercado segmentado concentrado (ou nicho)

A empresa, dentro de um mercado amplo, escolhe um ou dois segmentos para concentrar seus esforços de marketing – por exemplo, uma empresa que atua na área de confecção infantil. O mercado de confecção é amplo, o que significa que é possível produzir uniformes, roupas sociais, lingerie, vestido de noiva, moda surfe, entre outras. Ao optar pelo mercado infantil, a empresa concentra seus esforços em uma parte desse mercado, embora tenha condições de produzir produtos que atendam outros consumidores.

Quando a empresa utiliza essa estratégia, concentra suas decisões de produto, preço, praça e promoção e as adapta ao mercado escolhido. É preciso oferecer aos consumidores um valor superior ao de nossos concorrentes, portanto, a empresa deve criar uma imagem forte e que seja referência, além, é claro, de conhecer bem seu mercado. Veja a Figura 5.2:

Figura 5.2 Mercado segmentado concentrado

A empresa pode estabelecer como estratégia atender a um único nicho de mercado, especializando-se nele – muitas pequenas empresas podem obter vantagem competitiva ao estabelecer essa estratégia. Outra vantagem é a proximidade com os clientes.

5.1.1.3 Mercado segmentado diferenciado

Essa abordagem exige que utilizemos estratégias específicas para cada mercado que buscamos atender. Em outras palavras, ela exige que se desenvolvam produtos ou serviços específicos, estabeleçam preços direcionados ao mercado em questão, coloquem-se os produtos ou serviços nos locais que o consumidor quer encontrá-los e estabeleça-se um composto de comunicação diferenciado para cada tipo de mercado.

A indústria automobilística é um exemplo a ser considerado. Essa estratégia pode ser observada quando as montadoras diversificam suas marcas e modelos – por exemplo, a Ford produz desde o Ford Ka, um automóvel compacto e barato, até o Ford Fusion, um sedã grande e caro. Com isso, atende públicos diferentes, que possuem desejos distintos. A Editora Abril é outro exemplo de empresa que adota essa abordagem. Ela possui um produto específico (revista) para cada tipo de consumidor, cada uma com sua linha editorial, jornalistas, redatores, contatos publicitários, gerentes de marketing e de promoção próprios. Essa empresa possui revistas para quem gosta de automóveis, de esporte, de moda, de culinária, para crianças, jovens, adultos, mulheres, homens, executivos etc.

Todavia, o entrave maior são os recursos financeiros necessários para utilizarmos essa estratégia. Veja a Figura 5.3:

Figura 5.3 Mercado segmentado diferenciado

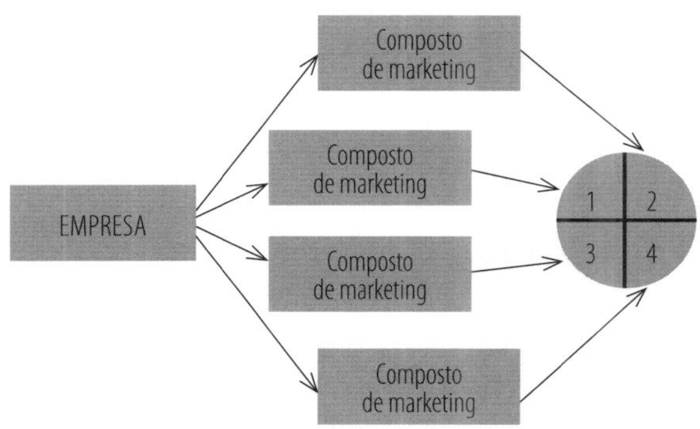

5.1.1.4 Mercado individual

À medida que a capacidade produtiva das empresas aumenta, cresce também sua percepção dos desejos distintos dos consumidores e, na mesma proporção, a diversificação de produtos oferecidos ao mercado com o objetivo de atender a esses desejos. Todavia, as empresas podem atender a nichos específicos de consumidores.

A tecnologia não para de evoluir, e evolui cada vez mais rápido. Esse cenário permite que cada vez mais empresas tenham acesso a ela e de forma mais barata, fazendo que as empresas atendam de forma customizada os desejos e satisfaçam as necessidades individuais de seus clientes. Podemos oferecer um composto de marketing específico para cada pessoa ou empresa. Um exemplo disso são os serviços de consultoria ou de softwares, para os quais essa abordagem permite estabelecer relacionamento duráveis e com bom retorno financeiro. Veja a Figura 5.4:

Figura 5.4 Marketing individual

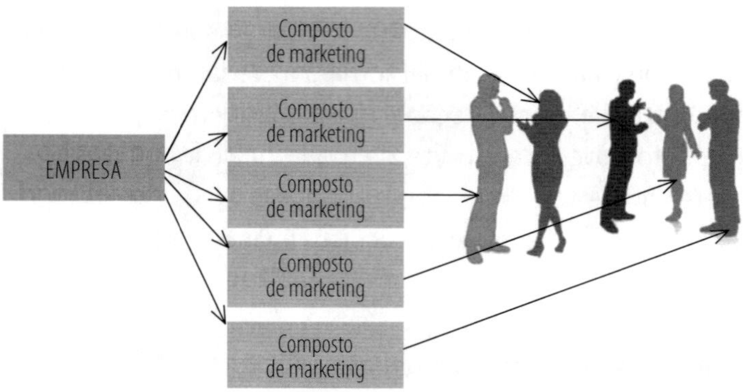

5.1.2 Critérios para a segmentação

Os critérios para a segmentação são:

- Seleção do mercado a ser considerado: deve-se definir em qual mercado a empresa quer atuar.
- Lista de necessidades que os clientes em potencial poderão ter no mercado: deve-se identificar quais são as necessidades que os consumidores buscam sanar na compra dos produtos ou serviços que oferecemos.
- Formação de possíveis segmentos com base nesses benefícios: deve-se agrupar os benefícios que identificamos – ou seja, segmentos diferentes buscam benefícios diferentes.
- Procura de dimensões para a segmentação e determinação do nome para os segmentos delineados: caracterizam-se os grupos de clientes com base nos benefícios buscados e os nomeiam. É importante que nesse momento quantifiquemos os grupos selecionados, uma vez que a utilização da pesquisa de marketing é importante para o sucesso desse critério.

5.1.3 Requisitos para a segmentação

Devemos analisar o mercado em que pretendemos atuar com o objetivo de identificar qual é o mais atraente para a empresa. Para que possamos segmentar de maneira eficaz, devemos responder a algumas questões: O que oferecer? Para quem oferecer? Onde vender? Por que vender? Além disso, devemos obedecer a alguns critérios para o sucesso da segmentação. Ele deve ser:

- **mensurável:** a segmentação deve permitir que a empresa tenha uma visão numérica do tamanho do mercado em que quer atuar, portanto, deve-se atentar para seu tamanho, seu poder de compra, entre outras características que permitam essa medição.

- **acessível:** os segmentos selecionados devem ser efetivamente alcançados e servidos. Os programas de comunicação devem atingir os clientes a um custo razoável, compatível com o mercado-alvo.
- **substancial:** os segmentos devem ser grandes ou rentáveis o suficiente para a empresa.
- **acionável:** as empresas devem estar aptas a atender os requisitos que demandam do segmento e serem capazes de atraí-los e atendê-los.
- **diferenciável:** as empresas devem estar atentas ao fato de que segmentos diferentes respondem de maneira diferente a cada programa do mix de marketing utilizado.

5.1.4 Bases para a segmentação

A empresa atua geralmente em dois mercados: o de consumo (*business-to-consumer* – B2C) ou o mercado industrial, também denominado empresarial ou organizacional (*business-to-business*). Algumas empresas optam por atuar em ambos os mercados simultaneamente.

As bases utilizadas para a segmentação no mercado de consumo são geográfica, demográfica, psicográfica e comportamental, ao passo que as bases utilizadas para a segmentação no mercado industrial são tamanho, região (localização) e usuário do produto.

5.1.5 Mercado de consumo

Os consumidores são pessoas físicas que adquirem o produto para uso próprio. Devem ser especificados os seguintes fatores:

5.1.5.1 Características geográficas

Essa divisão pode ser feita por região, centros urbanos, suburbanos ou rurais, cidades, municípios, estados ou países. É utilizada em razão das dificuldades que uma empresa encontra para atender a todos os mercados, pois, com o uso dessa variável, limitamos a atuação da empresa. Importante, também, porque regiões variadas têm comportamentos de compra diferentes. O clima, a cultura, o idioma, entre outras causas, influenciam esses comportamentos – por exemplo, McDonald e China in Box utilizam essa estratégia.

5.1.5.2 Variáveis demográficas e socioeconômicas

Podem ser especificadas por idade (a Fischer Price faz produtos para crianças até 6 anos, ao passo que a Skol é voltada para o público jovem), sexo ou opção sexual (Guara Gay é feita à base de guaraná, fabricabo pela mesma indústria do Guaravita e do Guaraviton; a Clear lançou um shampoo anti-caspa específico para homens), raça (Max Love: maquiagem para pele morena e negra), nacionalidade, renda, educação, ocupação, tamanho da família, ciclo familiar, classe social, religião.

5.1.5.3 Renda

A renda é um conceito financeiro e indica liquidez e deve-se trabalhar por faixa de renda familiar. É interessante estabelecermos os valores com base no salário mínimo para facilitar a comparação com o Censo. Por exemplo, a NET quer agradar a todos. A família escolhe o plano que melhor se adequa ao orçamento.

5.1.5.4 Classe social

A classe social é um conceito econômico e indica a posse de bens. Mas devemos estar atentos, pois os consumidores podem tomar decisões diferentes, ou seja, aqueles que pertencem às classes sociais mais altas podem ter hábitos de consumo diferentes dos consumidores que possuem renda alta.

Para calcular a classe social, utilizamos o Critério de Classificação Econômica Brasil, desenvolvido pela Associação Brasileira das Empresas e Pesquisa (Abep). Esse critério realça sua função de estimar o poder de compra das famílias urbanas e propõe trocar a classificação da população de classes sociais para classes econômicas. A classificação é feita por um sistema de pontos oriundos da posse de bens e da escolaridade do chefe da família (veja o Quadro 5.1).

Quadro 5.1 Cálculo da classe social bom base nos critérios da Abep

Posse de itens

	Quantidade de Itens				
	0	1	2	3	4 ou +
Televisão em cores	0	1	2	3	4
Rádio	0	1	2	3	4
Banheiro	0	4	5	6	7
Automóvel	0	4	7	9	9
Empregada mensalista	0	3	4	4	4
Máquina de lavar	0	2	2	2	2
Videocassete e/ou DVD	0	2	2	2	2
Geladeira	0	4	4	4	4
Freezer (aparelho independente ou parte da geladeira duplex)	0	2	2	2	2

Grau de Instrução do chefe de família

Nomenclatura Antiga	Nomenclatura Atual	
Analfabeto/ Primário incompleto	Analfabeto/ Fundamental 1 Incompleto	0
Primário completo/ Ginasial incompleto	Fundamental 1 Completo / Fundamental 2 Incompleto	1
Ginasial completo/ Colegial incompleto	Fundamental 2 Completo/ Médio Incompleto	2
Colegial completo/ Superior incompleto	Médio Completo/ Superior Incompleto	4
Superior completo	Superior Completo	8

CORTES DO CRITÉRIO BRASIL

Classe	Pontos
A1	42 - 46
A2	35 - 41
B1	29 - 34
B2	23 - 28
C1	18 - 22
C2	14 - 17
D	8 - 13
E	0 - 7

Fonte: ABEP, 2012. Disponível em: <http://www.abep.org/novo/content.aspx?contentID=301>.

5.1.5.5 Religião

O contingente de evangélicos no Brasil não para de crescer – são mais de 40 milhões de pessoas.

Fabricado pela empresa Alfa Gold, do empresário Moisés Magalhães, membro da Igreja Universal do Reino de Deus, o refrigerante Leão de Judá é encontrado em três sabores: cola, guaraná e laranja. Na latinha, estão os dizeres "Feliz a Nação cujo Deus é o Senhor".

5.1.5.6 Estado civil

Solteiro, casado, divorciado ou viúvo... as nomenclaturas são as mais diversas e vão se adaptando às transformações sociais. O segmento de consumidores solteiros, por exemplo, cresce, em média, 6% ao ano e responde por 40% do aumento das vendas de produtos práticos e em porções individuais (Sem problemas).

5.1.5.7 Ciclo familiar

Segundo Kotler e Armstrong[1], consideram-se as diferentes fases pelas quais a pessoa ou família passam e quais produtos são consumidos em cada fase, como mostra o Quadro 5.2.

Quadro 5.2 As diferentes fases pelas quais passa a pessoa e a família e os produtos consumidos por eles

FASE	DEFINIÇÃO	EXEMPLO DE AQUISIÇÕES
Solteiros	Possuem poucos compromissos financeiros, são líderes de opinião para a moda e orientados ao lazer.	Equipamentos básicos de cozinha, móveis, carros, equipamentos para jogos, férias, entre outros.
Jovens recém-casados sem filhos	Em tese estão melhor financeiramente do que serão no futuro próximo.	Bens duráveis, como carros, refrigeradores, fogões e móveis, além de férias.
Casais jovens com filhos menores de 6 anos	Normalmente estão interessadas em casas próprias, possuem poucos bens, estão insatisfeitos com poupança e a posição financeira e demonstram interesse em novos produtos, influenciados por propaganda.	Lavadoras, secadoras, TV, comidas para bebes, vitaminas, bonecas, entre outros itens.
Casais jovens com filhos maiores de 6 anos	Estão em melhor posição financeira, algumas esposas trabalham, são menos influenciados por propaganda e compram produtos em embalagens maiores.	Comida, material de limpeza, lições de música, instrumentos musicais.
Casais mais idosos, com filhos dependentes	Estão em uma posição financeira ainda melhor; mais esposas trabalham, alguns filhos conseguem empregos, são pouco influenciados por propaganda.	Bens duráveis, móveis novos, viajam de carro, frequentemente compram serviços dentários, revistas, produtos mais supérfluos.
Casais mais idosos, sem filhos vivendo com eles, cabeça do casal ainda trabalhando	São proprietários de imóvel, mais satisfeitos com posição financeira e poupança; interessados em viagens e recreação; educação. Dão donativos. Não se interessam em novos produtos.	Férias, luxo, melhorias do lar.

1 KOTLER, P; ARMSTRONG, G. *Princípios de Marketing*. São Paulo: Pretence Hall, 2006.

▶ Casais mais idosos, sem filhos vivendo com eles, cabeça do casal aposentado	Passam por um brusco corte nos rendimentos. Mantém a casa.	Aparelhos médicos, produtos que ajudam a saúde, digestão e sono.
Sobreviventes solitários	Seu rendimento ainda é bom, mas ficam propensos a vender a casa.	
Sobreviventes solitários aposentados	Alguns medicamentos são necessários e há redução drástica nos rendimentos. Necessidade especial para atenção, afeição e segurança.	Medicamentos e cuidados médicos.

Essas variáveis – que tem como base de dados o censo do IBGE ou suas atualizações anuais, denominadas PNAD – permitirão dimensionar o mercado. Nossa base de dados está fundamentada em:

5.1.5.8 Variáveis psicográficas

Divide os compradores em diferentes grupos com base em como as pessoas conduzem sua vida, incluindo suas atividades, seus interesses e suas opiniões. Entre as vantagens dessas variáveis, podemos destacar a identificação do mercado-alvo, a compreensão do comportamento do consumidor, o foco das decisões de marketing estratégico (decisões dos 4 Ps) e a minimização de risco.

Mas também há as limitações, entre as quais podemos citar a dificuldade de coleta e análise dos resultados, pois, como é necessário uma pesquisa primária, que exige uma abordagem mais complexa, e considerando o volume de dados, faz-se necessário utilizar técnicas estatísticas multivariadas, o que a torna cara e exige um investimento alto.

Envolve o levantamento de informações que especifiquem a personalidade (autoritários, ambiciosos, sociáveis etc.), o estilo de vida (atividades, interesse, opinião), a atitude (favorável ou não favorável), a percepção (como os consumidores percebem o produto – mais técnico menos técnico, útil ou menos útil, bem como o status econômico). É importante para o setor automobilístico, de moda, bebidas alcoólicas e fumo.

5.1.5.9 Aspectos relacionados ao produto

Os produtos ou serviços geralmente possuem atributos específicos dirigidos a grupos heterogêneos, muitos consumidores buscam produtos com apelos distintos, como preço, qualidade etc. Podemos realizar pesquisas tentando identificar quais benefícios o consumidor busca e criar segmentos com base nesses benefícios, tais como informações sobre o uso do produto ou serviço (intensidade alta, média ou baixa), sensibilidade ao preço (mais sensíveis ou menos sensíveis), lealdade à marca (leais, não leais, muito leais etc.) e benefícios procurados (status, economia, conveniência etc.).

5.1.5.10 Variáveis comportamentais

Essa base de segmentação é geralmente centrada na combinação dos seguintes fatores: frequência de uso, situação de lealdade e situação de usuário. Na frequência de uso podemos observar que existe maior possibilidade de compra se o consumidor já conhecer o produto, e podemos utilizá-la buscando aumentar o consumo. Já na situação de lealdade entendemos que existem compradores altamente fiéis a marcas, enquanto outros testam ou vão em busca de preço. Os consumidores fiéis, além de serem mais lucrativos, permitem uma extensão de portfólio.

Com relação à situação de usuário, estabelecemos a existência de usuários, não usuários e ex-usuários, uma situação que pode servir como base para o desenvolvimento de um composto de marketing específicos para cada um deles.

Sendo assim, são valiosos os conhecimentos sobre influência na compra (criança, esposa, amigos etc), hábitos de compra (frequência, quantidade, locais, dias da semana) e as intenção de compra (indecisos, propensos, interessados, desejosos).

5.1.6 Mercado industrial

Como já vimos, os usuários são empresas, organizações ou pessoas que utilizam os produtos ou serviços para produzirem produtos ou serviços ou, ainda, agregar valor àquilo que produzem. Ele é constituído por empresas industriais e de serviços, bem como por escolas, hospitais, casas de repouso; governos municipais, estaduais e federais, além de sociedades mistas e atacadistas, varejistas e distribuidores industriais.

Ao contrário do mercado consumidor, onde utilizamos a pesquisa de marketing para identificar nosso cliente, no mercado industrial, para localizarmos os usuários de nosso produto, na maioria das vezes basta um sistema de informações de marketing atualizado e abrangente, que faz classificações levando em consideração o tamanho, a região onde está localizada e o tipo de atividade.

5.1.6.1 Tamanho

A partir dos dados obtidos no IBGE, em Associações Comerciais, no Ministério do Trabalho, no Ministério da Fazenda, entre outros, podemos classificar nossos usuários. Mas é importante que estejamos atentos às constantes atualizações dessas classificações.

O Anuário do trabalho na Micro e Pequena Empresa 2010-2011 classifica o porte das empresas segundo o número de pessoas ocupadas, podendo ser, segundo sua atividade:

Indústria

- Microempresa: até 19 pessoas ocupadas
- Pequena empresa: de 20 a 99 pessoas ocupadas
- Média empresa: de 100 a 499 pessoas ocupadas
- Grande empresa: mais de 500 pessoas ocupadas

Serviço e comércio

- Micro: até 9 pessoas ocupadas
- Pequena: de 10 a 49 pessoas ocupadas
- Média: de 50 a 99 pessoas ocupadas
- Grande: mais de 100 pessoas ocupadas

Já o BNDES classifica o porte das empresas a partir da Lei nº 123/06, baseada na receita operacional bruta (ROB):

- Microempresa: menor ou igual a 2,4 milhões de reais
- Pequena empresa: maior que 2,4 milhões de reais e menor ou igual a 16 milhões de reais
- Média empresa: maior que 16 milhões de reais e menor ou igual a 90 milhões de reais
- Média-grande empresa: maior que 90 milhões de reais e menor ou igual a 300 milhões de reais
- Grande empresa: maior que 300 milhões de reais

5.1.6.2 Região onde está localizada

Podemos utilizar bairros, distritos, cidades, regiões, estados e países, dependendo do porte e dos objetivos de nossa empresa. A utilização da região onde está localizado nosso cliente na segmentação industrial ajuda na organização do setor comercial da empresa, nas decisões de comunicação e de logística.

5.1.6.3 Tipo de atividade

Podemos classificar os usuários de nossos produtos ou serviços por sua atividade. Por exemplo: indústria química, extração de minerais; metalúrgica, mecânica material elétrico, transporte, madeira, mobiliário, papel e papelão, borracha, couros produtos farmacêuticos, perfumaria, indústria plástica, têxtil, vestuário e calçados, produtos alimentares, bebidas, fumo, educação, automobilística etc. Convém destacar que a segmentação ocorre no mercado, ao passo que a diferenciação se dá no produto ou serviço.

A estratégia de segmentação deve nos proporcionar três informações básicas:

- Potencial estimado de mercado: é a capacidade total de um mercado de absorver determinado produto, a uma dada situação econômica;
- Demanda: é o volume total que um mercado está absorvendo em determinado período, levando em conta determinado ambiente e determinado nível de atividades mercadológicas. (ou a soma dos esforços das empresas para vender determinado produto);
- Previsão: é o resultado das vendas esperadas a determinado esforço de marketing.

5.2 Diferenciação

Diferenciar consiste em introduzir em nossos produtos ou serviços um conjunto de atributos ou diferenças consistentes e valorizadas por um número significativo de consumidores, para torná-los diferentes dos produtos ou serviços oferecidos pela concorrência. Sendo assim, oferecer produtos e serviços melhores que os dos concorrentes não depende apenas da área de marketing. O que depende dessa área é transformar esses produtos e serviços de modo que eles não se tornem *commodities*.

Para que possamos diferenciá-los, o primeiro passo é a segmentação de mercado, tendo em vista que conhecer bem o mercado em que pretendemos atuar e oferecer a esse mercado o que ele quer consumir são passos essenciais para o sucesso. Devemos, inicialmente, relacionar os fatores que podem influenciar a percepção dos clientes em relação a nossos produtos e serviços e, em seguida, devemos estabelecer uma hierarquia de valores – o que pode ser feito de cinco maneiras:

- **Central:** vamos a um restaurante para comer;
- **Básico:** o restaurante disponibiliza comida, talheres, pratos, copos, mesas e cadeiras;
- **Esperado:** esperamos encontrar comida boa, talheres, pratos e copos limpos, mesas e cadeiras arrumadas e ambiente agradável;
- **Diferenciados:** quando o restaurante procura encantar os clientes com um serviço perfeito, uma comida excepcional, a sobremesa como brinde, por exemplo;

Além dessas quatro, devemos, ainda, decidir quais valores vamos oferecer para o consumidor, combinando itens tangíveis com itens intangíveis e experiências proporcionadas, procurando superar a oferta do concorrente, sempre adaptando nossa proposta à realidade encontrada.

Essa diferenciação pode ser aplicada em:

- **produtos:** estilo, *design*, características, conformidade, assistência técnica, durabilidade etc.;
- **serviços:** instalação, entrega, orientação, treinamento etc.;
- **pessoal:** cortesia, empatia, competência, credibilidade etc.;
- distribuição: cobertura, desempenho, velocidade etc.; e
- **imagem:** atmosfera, símbolos, eventos etc.

Após estabelecer o segmento de mercado em que a empresa pretende atuar e distinguir nossa oferta de produtos e serviços das ofertas dos concorrentes, chega o momento de definir o posicionamento.

5.3 Posicionamento

Os pais do posicionamento de mercado são Al Ries e Jack Trout. Eles afirmam que posicionar um produto ou serviço é ocupar um lugar de destaque na mente do consumidor. Esse posicionamento é feito com uma estratégia de comunicação de marketing eficiente e bem elaborada. Com isso, conseguimos lidar com a audiência seletiva das pessoas, como ocorre na Figura 5.5.

Figura 5.5 A marca com lugar de destaque na cabeça do consumidor

Estabelecer um posicionamento de um produto ou serviço significa entender como os consumidores comparam as ofertas encontradas no mercado.

permitindo que possamos construir estratégias para comunicar a ele como nossa oferta é diferente das ofertas dos concorrentes. Observe os três exemplos a seguir (Figuras 5.6, 5.7 e 5.8):

Figura 5.6 Posicionamento da Apple

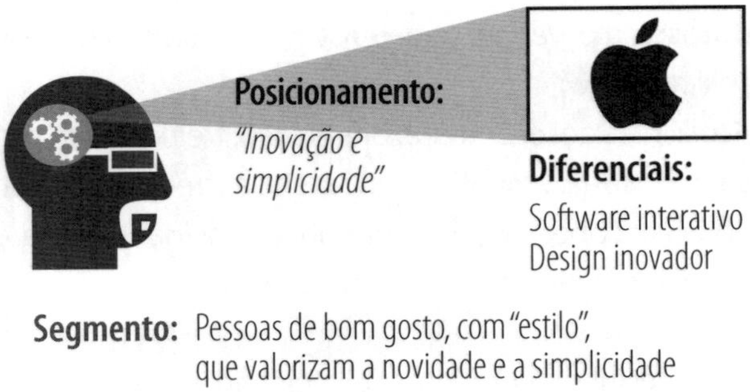

Figura 5.7 Posicionamento da Curves

Figura 5.8 Posicionamento do Marlboro

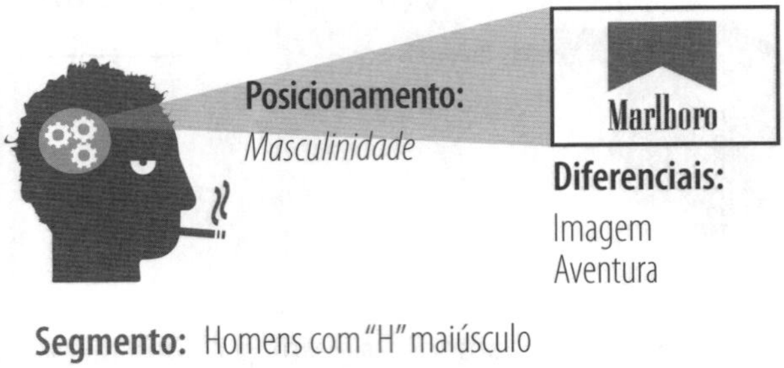

Como podemos notar, segmentamos o mercado, estabelecemos os diferenciais e os atributos que nosso cliente procura, e comunicamos esse posicionamento de maneira eficaz. Podemos utilizar algumas estratégias de posicionamento competitivo, tais como:

- Reforçar a posição atual na mente do cliente. Por exemplo: "Marlboro para homens"; "Marisa – de mulher para mulher";
- Conquistar uma posição não ocupada. Por exemplo: Wii (Nintendo); H2OH (Ambev); Curves;
- Destituir ou reposicionar a concorrência. Ex: Nova Schin ("Experimenta"); Pepsi ("Nova Geração" e "Pode ser");
- Pertencer a um clube exclusivo. Por exemplo: Harley Davidson.

Quanto aos tipos de posicionamento, podemos destacar:

- **Por atributo:** reforçando as características do produto. Por exemplo: "OMO lava mais branco";
- **Por aplicação:** destacando o uso específico do produto. Por exemplo: "SBP: terrível, mas só contra os insetos" ou "Sede é o seu corpo pedindo Gatorade!";
- **Por concorrência:** comparando com as marcas concorrentes. Por exemplo: "SBT: Líder absoluta no segundo lugar";
- **Por usuário:** posicionando o produto com base no uso de um determinado grupo. Por exemplo: "Linha de pratos congelados Maggi express: para quem tem pouco tempo para cozinhar";
- **Por classe de produtos:** posicionando o produto em relação a outra classe de produto. Por exemplo: "Xampu 2 em 1 posiciona-se como xampu com condicionador, em vez de um simples xampu" ou a Rádio CBN como "a rádio que toca notícia".

Para que a empresa possa selecionar a estratégia de posicionamento mais adequada, ela deve considerar sua participação de mercado e como pode criar mais valor para seus consumidores que seus concorrentes. A base do posicionamento é a proposta de valor que a empresa faz a nosso cliente, ao passo que a proposta de valor[2] é uma promessa que a empresa faz a seus consumidores, a qual inclui a posição que ela quer ocupar na mente desses consumidores em relação a seus concorrentes, o que interessa a eles e como a empresa faz de forma diferente.

2 HOOLEY, G. L.; SAUNDERS, J. A., PIERCY, N. F. *Estratégia de Marketing e posicionamento competitivo*. São Paulo: Prentice Hall, 2001.

A proposição de valor deve ser direta (tratar os consumidores de forma diferente e direta, sem intermediários), sem complicação (a comunicação deve ser clara e sem pressão para vender), tranquila (os consumidores geralmente pagam o mesmo preço, e muitos acessórios que complementam o produto, vendidos como adicionais, são incluídos no preço) e deve-se preocupar com cortesia (respeitar as preferências e as necessidades do consumidor).

5.3.1 Mapas de percepção

Para descobrirmos os atributos mais valorizados por nossos consumidores, devemos estudá-los com o objetivo de identificar quais são os valores mais procurados. Identificados os atributos buscados pelos consumidores, podemos elaborar um mapa de percepção referente a esses atributos. A construção do mapa de percepção permite visualizar a posição comparativa de nosso produto perante seus concorrentes em relação aos atributos que os consumidores buscam.

A pesquisa de marketing é um recurso fundamental para o sucesso da construção do mapa, e vários métodos podem ser utilizados para a construção deste:

- **entrevistas individuais:** o mais utilizado para identificar os atributos procurados. Pedimos aos clientes, individualmente, que descrevam os produtos existentes e como são utilizados. Podemos identificar as necessidades não atendidas de nossos clientes e, para isso, podem ser realizadas de dez a 20 entrevistas;
- *focus group:* trata-se de uma pesquisa qualitativa, na qual um moderador entrevista de seis a oito consumidores sobre suas necessidades relativas a um produto ou serviço;
- **método estruturado:** é comparativa – compara-se três produtos concorrentes de cada vez. Solicita-se que sejam selecionados dois produtos que mais se assemelham e que se explique por quê. Em seguida, solicitamos que selecionem os dois produtos mais diferentes entre si e expliquem por quê. Isso é feito, em grupos de três produtos, até que todos tenham sido comparados entre si.

A Figura 5.9 é um exemplo de mapa de percepção.

Figura 5.9 Mapa de percepção de refrigerante e água

A Figura 5.9 retrata, hipoteticamente, o posicionamento da H2OH!, por ocasião de seu lançamento. O refrigerante H2OH! é uma marca da Pepsico lançado em 1989, em Denver, nos Estados Unidos, onde foi um fracasso, e relançado em 2006, em São Paulo e no Rio de Janeiro pela AmBev, onde resultou num grande sucesso.

Construímos dois eixos com a percepção dos consumidores de refrigerantes e águas. O eixo vertical representa a saúde, com atributos de alta caloria e baixa caloria, ao passo que o eixo horizontal representa o sabor: prazeroso e sem graça. Os refrigerantes foram destacados como prazerosos de se beber e com muitas calorias. Já os refrigerantes *diets* e *lights* não são tão calóricos como os refrigerantes, mas são bem menos prazerosos de se beber. As águas não têm caloria, mas são sem graça.

Com esse mapa de percepção desenhado, a AmBev relança o H2OH!. Observem seu posicionamento na mente do consumidor: nenhum concorrente o ameaçava. Esse lançamento fez tanto sucesso que a AmBev teve problemas sérios de distribuição na época.

Uma das formas mais visíveis de posicionamento é o slogan, que é uma palavra ou frase de efeito, curta, de fácil memorização, que resume as principais características de um produto ou serviço. São exemplos de slogans famosos no Brasil:

"Fazendo sua vida mais doce" – Açúcar União
"A primeira impressão é a que fica" – Axe
"Se é Bayer, é bom" – Bayer

"Não esqueça da minha Caloi" – Bicicletas Caloi
"Quem pede um, pede bis" – Bis
"Não é uma Brastemp" – Brastemp
"Só ele é assim" – Campari
"Um raro prazer" – Carlton
"Abuse, use C&A" – C&A
"É impossível comer um só" – Cheetos
"Dê férias para seus pés" – Rider
"Tem 1001 utilidades" – Bombril
"Se a marca é Cica, bons produtos indica" – Cica
"Abra a felicidade" – Coca-Cola
"Sorriso Saudável. Sorriso Colgate" – Colgate
"Deu duro, tome um Dreher" – Conhaque Dreher
"Consul, Ah! Bem pensado." – Consul
"Vale por um bifinho" – Danoninho
"Parece, mas não é" – Denorex
"Tomou Doril, a dor sumiu" – Doril
"Alguma coisa a gente tem em comum" – Free
"A verdadeira maionese" – Helmann´s
"Você faz maravilhas com Leite Moça" – Leite Moça

A empresa deve estar atenta para não fazer o posicionamento de forma errada e prejudicar os resultados que está buscando. Os principais erros que encontramos são:

Subposicionamento: quando não fica claro o benefício ou não se estabelece uma identidade para o produto ou serviço. Nesse caso, nosso produto ou serviço será mais um no mercado.
Supraposicionamento: quando nosso posicionamento é tão forte que os clientes têm dificuldade ou não conseguem identificar outros produtos ou serviços produzidos por nossa empresa.
Posicionamento confuso: quando a empresa confunde seu consumidor destacando dois ou mais benefícios que são contraditórios.

Posicionamento duvidoso: quando a empresa oferece um benefício que os consumidores não acreditam que seja possível existir. Isso nos fará perder a credibilidade.

ELABORANDO UM PROJETO
Com a elaboração do questionário de pesquisa de marketing, procure tirar suas dúvidas sobre segmentação, diferenciação e posicionamento a respeito de seu plano, inserindo questões referentes ao tema abordado nesse capítulo. Isso facilitará a tomada de decisões referentes ao seu produto ou serviço, preço, distribuição e composto de comunicação.

Resumo

Segmentar mercado significa dividir mercados mais amplos, geralmente heterogêneos, em grupos menores, constituídos por consumidores homogêneos. Podemos abordar o mercado de consumo das seguintes formas: único ou indiferenciado, segmentado concentrado, segmentado diferenciado e individual. A segmentação de mercado, para ser eficaz, deve ser mensurável, acessível, substancial, acionável e diferenciável

As variáveis utilizadas na segmentação de produtos de consumo são:

- **Características geográficas:** regiões, centros urbanos, suburbanos ou rurais, cidades, municípios a ou estados;
- **Variáveis demográfico e socioeconômicas:** idade, sexo, raça, nacionalidade, renda, educação, ocupação, tamanho da família, ciclo familiar, classe social, religião.

Entre as variáveis psicográficas, temos:

- **Personalidade:** autoritários, ambiciosos, sociáveis etc;
- **Estilo de vida:** atividades, interesse, opinião;
- **Atitudes:** favoráveis, não favorável;
- **Percepção:** como consumidores percebem o produto: mais técnico, menos técnico, útil ou menos útil status ou econômico, a quaisquer outros atributos.

Com relação aos aspectos relacionados ao produto, destacamos:

- **Uso:** intensidade alta, media ou baixa;
- **Sensibilidade ao preço:** mais sensíveis ou menos sensíveis;
- **Lealdade a marca:** leais, não leais, muito leais etc;
- **Benefícios:** status, economia, conveniência etc.

Com relação às variáveis comportamentais, podemos dizer:

- **Influência na compra:** criança, esposa, amigos etc;
- **Hábitos de compra:** frequência, quantidade, locais, dias da semana;
- **Intenção:** indecisos, propensos, interessados, desejosos.

As variáveis utilizadas na segmentação de mercados industriais ou empresariais são:

- **Tamanho:** grandes, medias a pequenas empresas;
- **Região onde está localizada:** norte, nordeste, sul, capital, interior, São Paulo, Rio, Santana, Vila Mariana;
- **Usuário do produto:** indústria de plásticos, alimentícios, farmacêuticos etc.

Diferenciar consiste em introduzir em nossos produtos ou serviços um conjunto de atributos ou diferenças consistentes e valorizadas por um número significativo de consumidores, para torná-los diferentes dos produtos ou serviços oferecidos pela concorrência. Essa diferenciação pode ser aplicada no produto, serviço, pessoal, distribuição e imagem.

Posicionar um produto ou serviço é ocupar um lugar de destaque na mente do consumidor. Podemos posicionar nossos produtos ou serviços por atributo, por aplicação, por concorrência, por usuário e por classe de produtos.

Questões para discussão

1. A qual produto pertencem os slogans abaixo:
   "Não tem comparação": ______________________
   "Uma grande cerveja": ______________________
   "É gostoso e faz bem": ______________________
   "A meia da Loba": ______________________
   "O caldo nobre da galinha azul": ______________________
   "Venha para onde está o sabor": ______________________

"Bons momentos pedem um bom café": ______________________
"Energia que dá gosto": ______________________
"Eu sou você amanhã": ______________________
"Tão bonitinho": ______________________

Algumas questões exigirão dos alunos uma pesquisa extra. Para isso, eles podem utilizar alguns recursos para aprofundar o tema, como a internet ou a biblioteca.

2. Você considera importante segmentar o mercado com base em uma pesquisa de marketing? Por quê?

3. Você foi contratado pela empresa Charme e Beleza, que fabrica moda praia: biquínis, sungas, maiôs, saídas de praia, óculos de sol, bolsas de praia, toalhas de praia etc., e distribui nos estados de São Paulo e Rio de Janeiro.
a. Escolha um posicionamento competitivo para essa empresa.
b. Estabeleça um diferencial que justifique esse posicionamento.
c. Segmente o mercado para seus produtos.

4. **(Enade 2012)** A agência de publicidade *Young & Rubicam*, integrante do *Grupo Newcomm*, vem, desde 1995, realizando um levantamento dos perfis e características dos consumidores brasileiros e obteve os dados apresentados a seguir.

PERFIL	CARACTERÍSTICAS
TRANSFORMADOR *(reformer)*	9% dos brasileiros têm como necessidade a autoexpressão; são independentes e os menos materialistas dos sete grupos; não gostam que a sociedade diga a eles o que fazer; são percebidos como intelectuais; ditam tendências.
EXPLORADOR *(explorer)*	10% da população do Brasil – são os primeiros a adotar as tendências; são jovens de espírito, inquietos e individualistas; são do tipo de pessoa que tem a necessidade do descobrimento.
VENCEDOR *(succeeder)*	19% dos brasileiros – são do tipo de consumidor que luta para ter seu próprio negócio; querem ter o controle; são empreendedores; não são, necessariamente, ricos, mas gostam de marcas *premium*.
AMBICIOSO *(aspirer)*	24% dos brasileiros – são materialistas e ambiciosos; se preocupam muito com a imagem e o *status*; são muito influenciados pela opinião da sociedade; buscam marcas de prestígio, que valorizam sua imagem. ▶

CONVENCIONAL *(maistreamer)*	26% do nosso povo – são pessoas caseiras; têm hábitos tradicionais e colocam a família acima de tudo; procuram segurança; não gostam de arriscar; utilizam marcas tradicionais.
RESIGNADO *(resigned)*	6% da população – são os mais conservadores dos públicos; costumam escolher as marcas mais antigas e mais baratas do mercado; são os últimos a aderir a novos produtos e marcas; sua necessidade é a sobrevivência.
INCONFORMADO *(struggler)*	6% do total – não gostam de gastar dinheiro; são avessos ao consumo; esperam que a solução de seus problemas venha de fora; sem objetivo, na maioria das vezes, colocam-se como vítimas da situação.

A metodologia desenvolvida pela agência de publicidade *Young & Rubicam* tem como base a utilização de um dos critérios de segmentação de mercado. Com base nesse referencial, faça o que se pede nos itens a seguir.

a. Descreva os critérios utilizados em um processo de segmentação de mercado.

b. Indique o critério de segmentação de mercado utilizado como base para a metodologia desenvolvida pela agência de publicidade *Young & Rubicam*.

c. Apresente argumentos que justifiquem a escolha do critério de segmentação de mercado por parte da agência de publicidade *Young & Rubicam*.

5. **(Provão 2001)** Os exemplos a seguir ilustram diferentes estratégias de posicionamento. O único classificado corretamente é:

a. a empresa Casa do Vidro posiciona seus pratos da linha Resist como "inquebráveis" (por categoria de produto).

b. a agência de turismo Full Radical posiciona-se como "a melhor opção para quem gosta de aventura" (por usuário).

c. a academia Lindocorpo posiciona-se como um "centro de estética e saúde" (por benefício).

d. o detergente Limpalev posiciona-se como "o detergente que não agride as suas mãos" (por utilização).

e. o medicamento Cortaporre posiciona-se como "para quem tomou umas doses a mais" (por atributo).

6. **(Provão 2001)** Em uma reunião com a sua equipe de marketing, o diretor geral de uma fábrica de confecções masculinas, envolvido em conduzir um processo de segmentação de mercado, apresentou três segmentos aos quais a empresa está apta a atender com seus produtos.

São eles:

I. homens do sul do Brasil que compram roupas mais pesadas durante o inverno;

II. homens com renda mensal superior a R$ 2.000,00;

III. homens de espírito jovial, independente da idade.

Esses três segmentos podem ser classificados, respectivamente, como

a. geográfico, demográfico e psicográfico.

b. geográfico, demográfico e por benefícios.

c. psicográfico, comportamental e por benefícios.

d. demográfico, psicográfico e comportamental.

e. comportamental, por benefícios e geográfico.

7. **(Provão 2001)** A Karaby – uma rede internacional de restaurantes – está estudando a viabilidade de se instalar num país cujos hábitos desconhece totalmente. Uma pesquisa preliminar apontou os atributos "grau de condimentação" e "grau de sofisticação" da comida como determinantes das preferências locais. A Karaby é mundialmente conhecida por seguir a linha de comida pouco sofisticada e fortemente condimentada. Antecipando os possíveis resultados de uma próxima pesquisa, que vai indicar a magnitude e a dispersão das preferências nacionais, a Karaby imagina as três possibilidades seguintes:

A empresa provavelmente decidirá se instalar no novo país se as preferências nacionais forem bem descritas pelo:

a. Gráfico I – caso em que deve esperar uma intensa concorrência no seu segmento.
b. Gráfico I – caso em que deve esperar concorrentes por todo o espaço.
c. Gráfico II – caso em que não iria contar com concorrentes no seu segmento.
d. Gráfico II – caso em que haverá uma ferrenha concorrência no seu segmento.
e. Gráfico III – caso em que pode esperar concorrentes que atendam tanto ao seu segmento quanto a segmentos distintos.

8. **(Provão 1999)** Maria Helena, uma dona de casa com Ensino Médio completo, 28 anos de idade, é moradora em uma cidade com mais de 500 mil habitantes. Em um estudo de segmentação de mercado, a classificação de Maria Helena envolve as variáveis:
a. demográfica e geográfica.
b. demográfica e comportamental.
c. comportamental e psicográfica.
d. comportamental e geográfica.
e. psicográfica e demográfica.

9. **(Enade 2006)** "A Iluminada" é uma empresa que produz luminárias. Ela atende a clientes individuais, vendendo desde luminárias para classes populares até produtos de luxo. A respeito das ofertas da empresa ao mercado, analise as afirmativas a seguir.

Ao adotar segmentação de mercado, a empresa pode fixar preços diferenciados de acordo com os segmentos considerados.

PORQUE

As características dos clientes em cada segmento de mercado afetam o valor que eles percebem para os produtos da empresa.

Analisando as afirmações anteriores, conclui-se que:
a. as duas afirmações são verdadeiras, e a segunda justifica a primeira.
b. as duas afirmações são verdadeiras, e a segunda não justifica a primeira.
c. a primeira afirmação é verdadeira, e a segunda é falsa.
d. a primeira afirmação é falsa, e a segunda é verdadeira.
e. as duas afirmações são falsas.

10. **(Enade 2012)** Conforme Aaker, posicionamento de marca é a sua identidade, os diferenciais de valor que são comunicados ao cliente. Para o autor, um posicionamento de marca bem planejado e executado traz enorme vantagem competitiva para a empresa.

(AAKER, D. A. *Criando e administrando marcas de sucesso*. São Paulo: Futura, 1996.)

Com base na observação anterior, o posicionamento de marca possibilita a expansão da marca, gerando percepção de valor e afastando os distribuidores.

a. facilita a memorização da marca, gerando valor e dando vantagem sobre seus concorrentes.

b. melhora as condições da marca, dando à empresa uma visão parcial do cliente que se deseja explorar.

c. estabelece a exclusividade sobre determinada marca, diminuindo, assim, o desempenho da ação promocional.

d. dá significado e concentração à marca, melhorando a disputa no mercado e os *royalties* na comunicação.

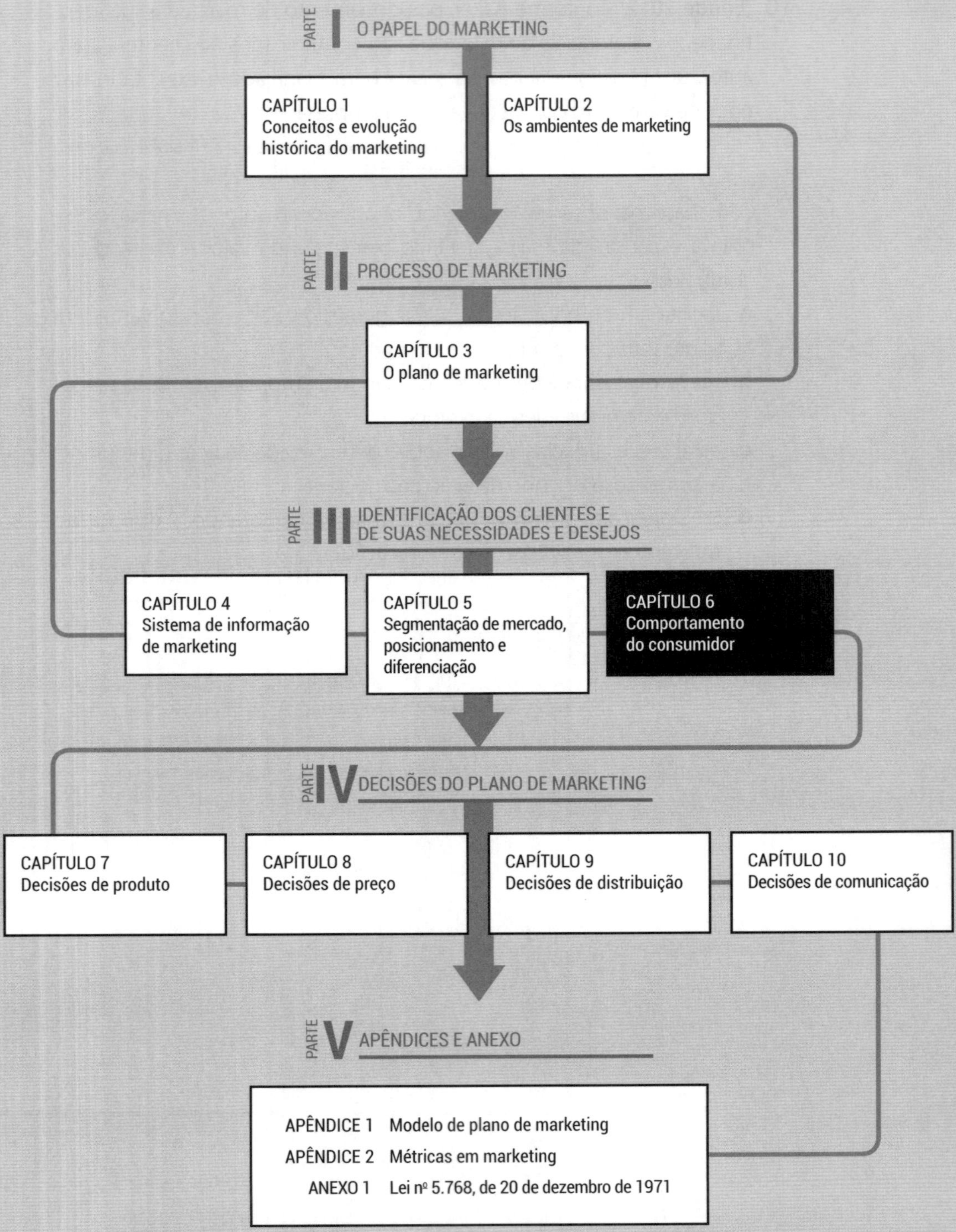

PARTE I O PAPEL DO MARKETING
CAPÍTULO 1 Conceitos e evolução histórica do marketing
CAPÍTULO 2 Os ambientes de marketing
PARTE II PROCESSO DE MARKETING
CAPÍTULO 3 O plano de marketing
PARTE III IDENTIFICAÇÃO DOS CLIENTES E DE SUAS NECESSIDADES E DESEJOS
CAPÍTULO 4 Sistema de informação de marketing
CAPÍTULO 5 Segmentação de mercado, posicionamento e diferenciação
CAPÍTULO 6 Comportamento do consumidor
PARTE IV DECISÕES DO PLANO DE MARKETING
CAPÍTULO 7 Decisões de produto
CAPÍTULO 8 Decisões de preço
CAPÍTULO 9 Decisões de distribuição
CAPÍTULO 10 Decisões de comunicação
PARTE V APÊNDICES E ANEXO
APÊNDICE 1 Modelo de plano de marketing
APÊNDICE 2 Métricas em marketing
ANEXO 1 Lei nº 5.768, de 20 de dezembro de 1971

6

COMPORTAMENTO DO CONSUMIDOR

Objetivos do capítulo

Após a leitura deste capítulo, você será capaz de:

- Compreender o comportamento do consumidor;
- Descrever o processo de compra;
- Identificar e entendermos os papéis desempenhados na compra;
- Reconhecer as influências internas e externas no processo de compra.

Temos de ter em mente que todo consumo é cultural e refere-se à história das pessoas, seu modo de vida, como ela se comporta enquanto indivíduo, suas prioridades e as dificuldades que enfrentam em suas vidas. Com a evolução do conhecimento humano e o consequente aumento da capacidade produtiva das empresas, tornou-se vital para as empresas conhecer o comportamento de consumo de seus consumidores e clientes.

Como vimos, utilizamos o termo "consumidor" para designar as pessoas que compram produtos ou serviços para uso próprio, e o termo "cliente" para designar o comprador que utiliza o bem adquirido para produzir outro bem ou agregar valor ao que produzem. Cliente é um termo usado para empresas e consumidor é um termo usado para pessoas, embora muitas empresas denominem seus consumidores como clientes. O estudo do comportamento do consumidor é fundamentado em três áreas do conhecimento: a antropologia, a sociologia e a psicologia.

A cultura de um povo é um tópico de fundamental importância para o desenvolvimento de produtos e serviços. Lembre-se de que *cultura* é uma das variáveis independentes à qual o gerente de marketing deve adaptar suas ofertas. A antropologia trata exatamente disso.

Com a percepção da importância da antropologia no fenômeno do consumo, há uma diminuição do valor atribuído à visão do consumo como um processo econômico e uma consequente valorização dos aspectos culturais nele embutidos. O consumo pode ser visto também como um fato social e, portanto, não pode ser reduzido simplesmente à esfera do indivíduo racional que realiza sua compra com base em uma escolha que maximiza a utilidade do produto adquirido.

A sociologia emprestou ao marketing instrumentos para observar as respostas de consumidores e grupos sociais. Como veremos mais adiante, três conceitos são muito populares em análise de consumidores: classe social, *status* e grupos de referência. A antropologia e a sociologia oferecem instrumentos para analisar como o ambiente em que o consumidor vive, afetando, assim, suas atitudes e decisões.

A psicologia focaliza o próprio indivíduo. Aqui, interessa a forma como o indivíduo percebe as informações que recebe, como elas são processadas na memória, como – e se – usa a memória para a tomada de decisão, qual o papel das respostas emocionais e, também, quais as relações entre opiniões e comportamento.

6.1 Processo de compra

O processo de compra envolve alguns pontos, como veremos a seguir:

Figura 6.1 Processo de compra

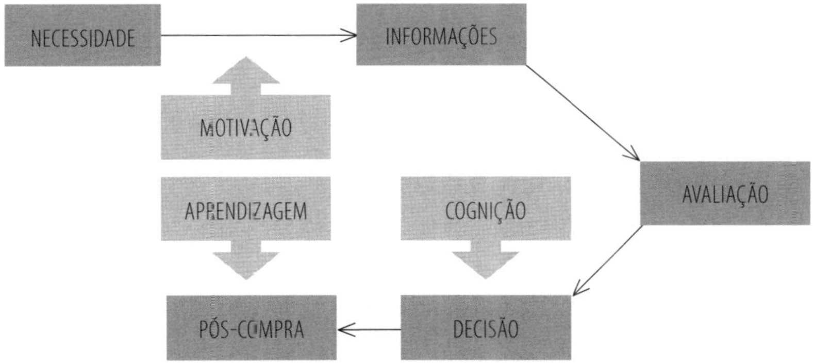

6.1.1 Identificação da necessidade

O processo de compra começa com a identificação de uma necessidade, conforme podemos observar na Figura 6.1. Necessidade é um desequilíbrio entre a condição real do consumidor e a desejada por ele, tendo origem em diversos fatores; ela pode ocorrer, por exemplo, ao verificarmos a geladeira de casa e percebermos que está vazia, pela aproximação de um aniversário ou de outra data comemorativa, entre outras situações. A necessidade é provocada por estímulos internos e externos: o primeiro é de ordem natural, como a fome, a vontade de ascensão social ou a satisfazer uma vaidade; já o externo pode ser provocado pela propaganda.

Além da experiência do consumidor, também cria a necessidade de *status*, provocando mudanças no estilo de vida e no perfil do consumidor, entre outras influências que apontam para a alteração das necessidades das pessoas. Outra situação que desperta a necessidade de consumo é a diferença que o consumidor percebe entre a situação em que se encontra e a que deseja estar. Essa diferença gera tensão, e a tensão desperta a motivação de compra. Além desses, outros fatores são igualmente importantes, como:

- **Tempo:** desperta a necessidade de consumo – por exemplo, o cigarro é comprado novamente à medida que o produto vai sendo consumido.
- **Mudanças:** o consumidor que se casa ou que se separa, ou, ainda, aquele que muda de emprego; todas essas mudanças de sua situação podem provocar novas necessidades.
- **Aquisição de um produto novo:** o consumidor que compra um computador pode ter a necessidade de ter uma impressora, um *pen-drive,* entre outros produtos complementares.
- **Reposição de produtos:** a necessidade de consumo pode levar à reposição do produto – o pão é um exemplo dessa situação.
- **Estratégias de marketing:** podemos utilizar a influência das estratégias de marketing adotadas pela empresa para provocar desejo de mudança no consumidor. A partir dessas ações, ele pode mudar de opinião e mudar de marca.

6.1.2 Busca de informações

Logo após surgir a necessidade no consumidor, é natural que ele comece a buscar informações para que essa necessidade ou desejo seja suprido. A busca por informações dependerá do grau de necessidade sentida, além do tempo e dos recursos disponíveis. São inúmeras as fontes de informações que nosso consumidor dispõe.

Pode ser pessoal, quando a experiência anterior prevalece e o consumidor utiliza sua memória para reviver uma experiência positiva vivida anteriormente, ou quando utiliza a indicação de outras pessoas, que são fontes afetivas e agem como se fossem avalistas do produto ou serviço indicado.

A fonte pode ser comercial, sofrendo influências de ações de marketing como propaganda, vendas, embalagem, materiais promocionais nos pontos de venda, sites, entre outros. A fonte também pode ser pública (relatórios emitidos por órgãos públicos, como o Inmetro), institutos (como o Instituto de Defesa do Consumidor e o Proteste), bem como revistas que circulam pelo mercado, como a *Quatro-Rodas* ou o caderno de automóveis de grandes jornais, que disponibilizam ao consumidor informações sobre o mercado de automóveis.

Quanto mais complexa a compra, maior a profundidade da pesquisa sobre as informações referentes à quantidade de marcas, de pontos de venda, dos atributos, e maior ainda é o tempo gasto para essa compra. Quanto mais rotineira a compra, a preocupação com as marcas é bem menor, menos lojas são visitadas, menor a quantidade de atributos buscados e o tempo gasto é mínimo.

6.1.3 Avaliação das alternativas

Depois de buscarmos as informações sobre o produto ou serviço procurado, como preço, qualidade, características, entre outras, nos preocupamos em avaliá- as e identificar qual é o melhor negócio. Avalia-se a marca do produto ou serviço, uma vez que esta pode proporcionar credibilidade se o consumidor teve experiências positivas com ela anteriormente.

A origem do produto também é avaliada pelos consumidores. Produtos que têm origem em determinado lugar ou região, ou pertencente a determina empresa podem ter a preferência do consumidor – por exemplo, alguns podem preferir vinhos franceses, massa italiana, automóveis japoneses, entre outros.

Os consumidores avaliam também os atributos oferecidos – por exemplo, o automóvel pode ser econômico, compacto, de luxo ou esportivo –, e o preço pode indicar a qualidade do produto, tornando-o um fator importante na avaliação das alternativas. Todavia, o produto ou serviço não pode ser caro a ponto de espantar o cliente e nem barato a ponto de desqualificá-lo.

A disponibilidade do produto ou serviço é outro fator utilizado na avaliação, tendo em vista que muitas vezes o consumidor, por conveniência, compra determinados produtos ou serviços pela facilidade de encontrá-lo.

6.1.4 Decisão de compra

Feita a avaliação das alternativas disponíveis, o consumidor tende a decidir-se sobre a compra. Existem dois fatores que podem intervir nesse momento: a atitude das pessoas que participam do processo de compra e a situação no momento da compra, que geralmente é imprevisível, como ter esquecido o dinheiro, o cartão ser rejeitado pela máquina ou, ainda, cair o sistema da loja, não ter o número procurado, entre outros. Diante do exposto, podemos afirmar que os vendedores, a qualidade dos produtos ou serviços, a localização do ponto de venda e a cortesia do tratamento recebido são fatores que poderão alterar a decisão de compra.

6.1.5 Comportamento pós-compra

O consumidor, após a compra feita e o produto consumido, compara o que efetivamente recebeu com a expectativa que tinha em relação ao que adquiriu. Se o que ele recebeu atendeu sua expectativa, ele tem uma sensação de prazer, mas se o produto ou serviço não atende à expectativa que tinha, ele tem uma sensação de desapontamento. São justamente esses sentimentos que determinam a satisfação da compra.

A grande preocupação dos consumidores é saber se a compra que efetuaram foi boa e, para consolidar sua decisão, eles buscam novas informações. Essa situação de desconforto e ansiedade é denominada dissonância cognitiva, ou uma sensação de remorso do consumidor, explicada por Festinger[1] como uma situação de ansiedade, pois não existe um convívio harmonioso entre atitudes, crenças e cognição numa tomada de decisão.

Essa ansiedade variará de acordo com o grau de importância psicológica e financeira da compra efetuada (principalmente com produtos caros do ponto de vista das outras pessoas) e o número de alternativas disponíveis (sobretudo quando existirem muitas ofertas do mesmo produto ou serviço). Mas a empresa pode interferir no processo aplicando táticas específicas, como demonstra a Figura 6.2:

Figura 6.2 Decisões da empresa que afetam o processo de compra

IDENTIFICAÇÃO DA NECESSIDADE	Propagandas Vendas Promoções especiais Novos produtos Embalagens inovadoras
BUSCA DE INFORMAÇÕES	Folhetos informativos Cartazes Treinamento de vendedores Demonstração dos pontos de venda
AVALIAÇÃO DAS ALTERNATIVAS	Treinamento de vendedores, orientando-os para que façam um teste comparativo em relação aos principais concorrentes
DECISÃO DE COMPRA	Promoção de vendas Ações específicas de *merchandising* Brindes Descontos especiais Prazo para pagamento
COMPORTAMENTO PÓS-COMPRA	Garantia do produto ou serviço Manual de uso redigido de forma clara Pesquisa de satisfação Entrar em contato com o cliente parabenizando-o pela escolha Propaganda com consumidores felizes

1 Leon Festinger, psicanalista americano, criador da teoria da dissonância cognitiva.

6.2 Papéis de compra

Os consumidores desempenham até cinco papéis diferentes no processo de compra: iniciador, influenciador, decisor, comprador e usuário (Figura 6.3).

Figura 6.3 Papéis de compra desempenhados pelo consumidor

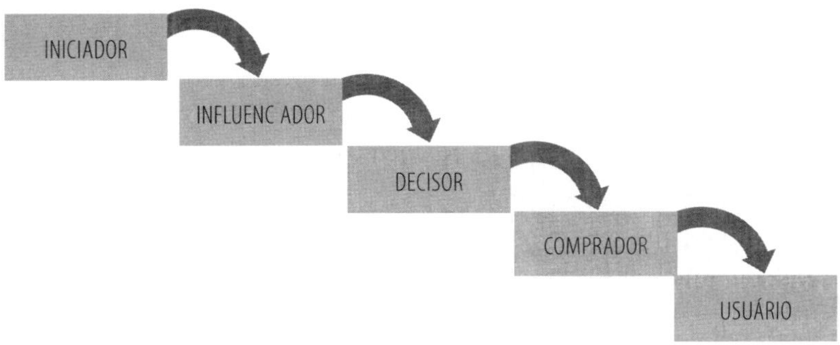

6.2.1 Iniciador

O iniciador, que pode ser uma pessoa ou não, é quem propõe a compra – por exemplo, um filho que pede determinado brinquedo para a mãe faz o papel de iniciador. Mas uma propaganda também pode desencadear o processo de compra – em uma empresa, um catálogo técnico ou uma necessidade de aumento na produção, por exemplo, podem iniciar o processo. Em suma, qualquer estímulo, seja ele interno ou externo, é considerado um iniciador do processo de compra.

6.2.2 Influenciador

O influenciador é aquele que influencia, direta ou indiretamente, o processo de compra e cuja opinião sobre o bem ou serviço é levada em consideração pelo consumidor na hora de efetuar a compra. Ocorre mais frequentemente quando é a primeira vez que o consumidor vai adquirir um produto ou quando ele está inseguro ou indeciso com relação à compra que efetuará.

Qualquer fonte que tenha credibilidade pode ser considerada influenciadora no processo. Nos produtos e serviços de consumo, a família, os amigos, os formadores de opinião são fortes influenciadores. Já no caso dos produtos e serviços industriais, artigos em revistas técnicas, exposições e feiras, catálogos etc., são considerados influenciadores na decisão de compra.

6.2.3 Decisor

É quem bate o martelo, ou seja, quem realmente decide a compra. Ele decide o quê, onde, quando, como e por quê. É quem mais procura se informar sobre o produto ou serviço. Por exemplo, no caso dos produtos ou serviços de consumo podem ser os pais ou o próprio consumidor. Com relação aos produtos industriais, pode ocorrer um escalonamento por faixa de valor, e, quanto mais alto o preço do bem a ser adquirido, mais alta a posição do decisor ma hierarquia da empresa.

6.2.4 Comprador

É quem efetivamente faz a compra – normalmente, é quem "assina o cheque" ou fornece o dinheiro para a aquisição. Nos produtos e serviços de consumo, podem ser os pais ou o próprio consumidor; nas empresas, geralmente existe um setor específico para esse fim, com a atuação de um profissional especializado e obedecendo a políticas específicas.

6.2.5 Usuário

É quem consome o produto ou serviço – pode ser qualquer pessoa nos casos de produtos e serviços de consumo ou, no caso de produtos industriais, alguém específico. Vamos exemplificar os papéis de compra no seu almoço de ontem. Se você almoçou com mais alguém ou algumas pessoas, tente se lembrar do processo de compra, respondendo às seguintes questões: Quem perguntou "Vamos almoçar?"; alguém sugeriu algum restaurante? Como foi a decisão do grupo? Quem pagou? Cada um comeu seu prato?

Mas se você almoçou sozinho, provavelmente exerceu de quatro a cinco papéis de compra, ou seja, iniciou provavelmente pela necessidade de saciar sua fome. Você pode ter ido a algum restaurante que já conhecia, recebendo a influência de uma experiência anterior, e decidiu, pagou e comeu o que colocou em seu prato.

Agora, imaginemos um hospital e o processo de compra de um equipamento de Raio X. Uma série de fatores devem ser observados pela organização, como tipo de utilização do equipamento, tamanho, disponibilidade para investimento etc. Esse é um processo longo e técnico, com a participação da diretoria, médicos de várias especialidades, entre outros, mas quem o utiliza é o técnico em radiologia. Para cada um dos papéis, as empresas devem estabelecer estratégias distintas de abordagem, pois assim conseguirá obter melhores resultados em seus negócios.

6.3 Influências no comportamento de consumo (B2C)

As influências no comportamento de compra podem ser internas, ou psicológicas (motivação, aprendizagem, personalidade, atitude e percepção), ou externas (cultura, família, grupos de referência, papéis e status e classes sociais).

6.3.1 Variáveis internas

Vejamos quais são as variáveis internas.

6.3.1.1 Motivação

A motivação exerce um papel importante no processo de compra e consumo de produtos e serviços – o que motiva as pessoas são as necessidades não atingidas. O principal fator que impulsiona os indivíduos ao ato da compra é uma necessidade não satisfeita, portanto, para que nossa empresa tenha sucesso, é necessário termos conhecimento do que motiva os consumidores para que possamos atendê-los com os produtos e serviços corretos. Mas lembre-se: "o marketing não cria necessidades; ele estimula o desejo!".

Os aspectos motivacionais que impulsionam os consumidores são tão específicos como uma digital, o que significa que é pessoal e intransferível. Só nós sabemos como nos sentimos e do que precisamos, e essa constatação exige das empresas um acompanhamento constante de seus consumidores.

A teoria motivacional mais utilizada em marketing é a "teoria da hierarquia das necessidades", de Abraham Maslow. Ele sugere que as necessidades e os desejos sejam priorizados segundo uma hierarquia, conforme a Figura 6.4.

Figura 6.4 Hierarquia das necessidades de Maslow

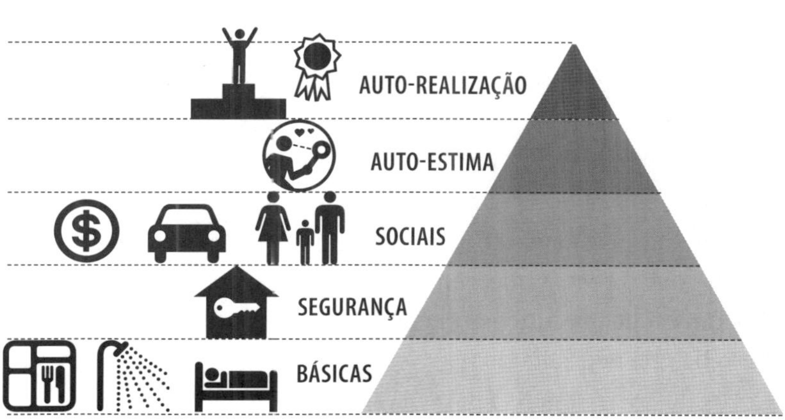

As necessidades fisiológicas, que estão na base da pirâmide, representa as necessidades primitivas e básicas essenciais à sobrevivência e preservação da espécie, e, por isso, devem ser satisfeitas em primeiro lugar, como a sede, fome, sexo, excreção, sono, repouso e abrigo. Nesse nível, a teoria tem muito pouco a contribuir, pois a compra é necessária e reflete em seus desejos – compramos comida, água, cobertor, entre outras coisas.

As necessidades de segurança constituem a busca de proteção contra a privação, a fuga e o perigo, e incluem roupa, saúde, casa, seguro saúde e de vida, estabilidade, emprego, controle sobre a vida e certeza. Além disso, nessa fase a necessidade de segurança, numa visão psicológica, inclui o medo do novo, da mudança e do desconhecido.

As necessidades sociais são necessidades de afetividade, de participação e de convívio, e incluem aceitação por parte dos companheiros e troca de amizade, de afeto e de amor. A pessoa quer ser querida, fazer parte de um grupo, de um clube. Isso é muito utilizado em ações de comunicação envolvendo cerveja, automóveis e outros produtos e serviços.

O quarto ponto na hierarquia são as necessidades de estima, que envolvem o reconhecimento do próximo e a autoconfiança, bem como a necessidade de aprovação social e de respeito, de estima, status e consideração, além de desejo de fora e de adequação, de confiança perante o mundo, independência e autonomia.

As necessidades de autorrealização é o mais elevado nível da hierarquia, pois leva as pessoas a procurar o próprio desenvolvimento, o autoconhecimento e o crescimento interior. Essa necessidade é a mais difícil de ser alcançada e não implica a posse de um bem.

Resumindo, a pessoa só buscará satisfazer a necessidade seguinte quando a anterior já tiver sido satisfeita. Em outras palavras, o que essa teoria afirma é que o motivador do comportamento humano é a insatisfação, e não a satisfação.

6.3.1.2 Percepção

Percepção é como vemos e interpretamos as coisas que acontecem à nossa volta, o que envolve a seleção, a organização e interpretação de uma informação que o consumidor recebe e que permite que crie uma imagem de coisas, pessoas, fatos e eventos do ambiente. Diariamente, o consumidor compara as informações que tem do produto ou serviço com as que a empresa quer passar para ele, portanto, qualquer falha aqui pode resultar em um grande problema. Vale ainda ressaltar que só percebemos aquilo de que necessitamos.

Os consumidores tendem a interpretar e distorcer as informações que recebem e nem sempre a informação central é interpretada da maneira que a empresa espera. Esse comportamento é motivado por três fatores: a atenção seletiva, a distorção seletiva e a retenção seletiva.

A "atenção seletiva" é a tendência das pessoas de rejeitar a maioria das informações às quais são expostas. Constantemente somos expostos a vários estímulos, e o que preocupa as empresas é identificar quais estímulos as pessoas percebem, pois essa situação faz que o posicionamento do produto torne-se primordial para o sucesso da estratégia de marketing. Mais importante do que aquilo que dizemos sobre nossos produtos e serviços é *como* os consumidores recebem a informação. Esse é o processo no qual as pessoas passam a prestar atenção somente àquilo que faz diferença para elas. Os produtos devem ser destacados por uma embalagem diferenciada, de modo a chamar atenção do consumidor, e nesse momento a comunicação de massa ganha importância.

A "distorção seletiva" é a tendência das pessoas de interpretar as informações recebidas de maneira a reforçar aquilo em que acreditam; com isso, elas passam a perceber os produtos e seus atributos conforme suas crenças. Os consumidores tendem a alterar informações de modo a se sentirem mais confortáveis, e ela ocorre quando compramos um produto ou serviço e percebemos que o do concorrente é melhor. Para justificarmos nossa decisão e não nos frustramos, distorcemos as informações.

A "retenção seletiva" é a tendência dos consumidores de lembrar os pontos positivos de uma marca que já preferem e de esquecer os pontos positivos das marcas concorrentes – ou seja, eles retêm apenas as informações que sustentam suas crenças e atitudes. Para definir quais produtos ou serviços serão adquiridos, os fatores que influenciam a percepção e ajudam a decisão são o aroma, a embalagem, a cor, a localização, o tamanho etc., pois a utilização dos sentidos facilita a relação com o produto.

6.3.1.3 Personalidade

A personalidade dos consumidores influi em sua decisão de compra, pois é ela que diferencia um consumidor de outro, identificando as respostas que os consumidores dão aos estímulos do ambiente. O desenvolvimento da personalidade é resultado de dois fatores: a genética e o ambiente.

As características psicológicas particulares que levam o indivíduo a reações de certa forma coerente e constante com relação ao ambiente em que está inserido é o que chamamos de personalidade, e as posses dos indivíduos contribuem para refletir sua identidade – a isso denominamos autoimagem.

Quando misturamos e atribuímos características humanas como sinceridade, empolgação, sofisticação e competência à marca que trabalhamos, denominamos isso personalidade da marca, lembrando que os consumidores escolhem suas marcas de acordo com a imagem ideal que fazem de si mesmos.

Para identificarmos a personalidade dos consumidores é necessária uma pesquisa – que é cara, complexa e exige a participação de profissionais da área e a utilização de uma técnica estatística denominada multivariada.

As indústrias de automóvel, de moda, de bebida alcoólica e do fumo normalmente utilizam essa técnica e procuram adicionar a seus produtos características da personalidade humana, de acordo com o segmento de mercado visado, e inserir em sua comunicação de marketing aspectos da personalidade dos consumidores-alvo.

6.3.1.4 Atitude

As avaliações, os sentimentos e as tendências que temos com relação a um produto, um serviço ou uma marca, favoráveis ou desfavoráveis e que sejam coerentes, denominamos de atitude. A atitude pode envolver uma embalagem, uma logomarca, entre outras coisas, e se baseia nos valores que o consumidor possui e que representam seu padrão pessoal de certo e errado.

Nossas atitudes são reflexos das ideias e dos sentimentos que carregamos e nos levam a tomar decisões de uma determinada forma perante situações específicas. Elas descrevem o grau e a predisposição do consumidor de gostar ou não de determinado produto, serviço, marca etc. É reflexo de alguma experiência pessoal ou resultado da influência de algum formador de opinião e nos leva a ter uma atitude positiva ou negativa a respeito de cada situação.

São predisposições que aprendemos e são formadas em função da experiência que tivemos com o produto ou serviço que adquirimos, pelas informações obtidas por meio de alguém ou da propaganda que observamos. Portanto, a empresa deve estar sempre atenta às atitudes de seus consumidores a respeito do que produz e, se for positiva, procurar reforçá-la; mas, se for negativa, tentar revertê-la.

A atitude tem três componentes: cognitivo, afetivo e comportamental. O componente cognitivo envolve as crenças e reflete a importância delas a respeito da marca do produto ou serviço. São resultados de experiências anteriores e informações guardadas na memória, que o consumidor tem com a marca. Geralmente, fazemos uma pesquisa para identificar esse conceito, que é multidimensional.

O componente afetivo envolve sentimentos e representa a carga afetiva a favor ou contra o objeto. Esse componente está relacionado à avaliação que o consumidor faz da marca, é unidimensional e reflete por que o consumidor escolheu determinada marca. Esse componente indica a predisposição de compra de determinada marca pelo consumidor. Por fim, o componente comportamental envolve a tendência de respostas e reflete a predisposição à ação no que diz respeito ao produto. Ele reflete a intenção de um consumidor comprar ou rejeitar determinado produto, serviço ou marca e, nesse momento, podemos alterar nossas estratégias de marketing, procurando fazer que os consumidores comprem nossos produtos e serviços. Ao reduzir nosso preço, por exemplo, podemos fazer que o consumidor opte pela nossa oferta e pela oportunidade de negócio que se apresenta, mesmo tendo uma atitude negativa a respeito.

6.3.1.5 Aprendizagem

As mudanças de comportamento de uma pessoa, em razão da experiência, dos impulsos, dos estímulos, dos reforços, das respostas e dos sinais são chamados de aprendizagem. Vivemos aprendendo. Assim sendo, o processo de consumo é um processo contínuo de aprendizagem. Aprendemos para que serve, como usar e como comprar produtos e serviços. Aprendemos sobre marcas e, por causa disso, muitas vezes as adotamos.

A aprendizagem gera uma mudança relativamente permanente em seu comportamento. É um processo contínuo que implica estarmos sempre atualizado em relação a nosso cliente.

Com base nesse conhecimento, devemos desenvolver estratégias de marketing para influenciar o comportamento do consumidor visado.

Como a oferta de produtos e serviços não para de aumentar, não basta entender como o consumidor aprende a consumir. Na verdade, o importante é ajudá-lo a aprender o que deseja. Destacamos, a seguir, algumas teorias que explicam o aprendizado: a cognitiva, o condicionamento e o modelo. Por favor, verifique se está melhor.

Cognitiva

Destacam-se as habilidades de compreensão, memorização, análise, aplicação, síntese e avaliação. Essa habilidade é baseada na atividade mental e ocorre quando os consumidores efetivamente aprendem. Ela é mais frequente em situações de compra de produtos pela primeira vez ou na compra de produtos caros, ou, ainda, na compra de produtos duráveis.

Pode ocorrer quando memorizamos as informações de forma programada, quando nos esforçamos para isso ou quando memorizamos por recebermos estímulos de forma repetitiva. Pode ocorrer ainda quando juntamos várias informações a respeito do produto ou serviço e, a partir dessas informações, tiramos nossas conclusões.

A empresa deve estar atenta a essas ocorrências e deve procurar repetir a propaganda ou ensinar aos vendedores como atender aos diferentes modelos de cognição.

Condicionamento

Condicionar é ensinar por meio da repetição. O condicionamento clássico surgiu de estudo desenvolvido por Pavlov,[2] que utilizou cães e um sino em seu experimento. O cão aprendeu a relacionar o som do sino com o fornecimento de comida, uma vez que este era acionado quando a comida era servida. É uma tendência dos cães salivar quando vão se alimentar, então, quando o sino tocava, o cão salivava independentemente de a comida ser servida ou não, pois o som do sino havia sido o condicionamento aprendido pelos cães.

Utilizamos essa teoria em marketing quando dois estímulos diferentes em busca de respostas favoráveis – o caso Doril é clássico no uso dessa teoria. A empresa afirmava que "Tomou Doril, a dor sumiu" e repetia constantemente esse slogan. Depois de um tempo, a empresa mudou para: "Tomou Doril..." e os próprios telespectadores repetiam o slogan: "... a dor sumiu", pois relacionavam o produto com seu principal benefício, que era o alívio da dor. Outro exemplo é o Marlboro, que associou sua marca a um caubói.

A repetição pode levar a uma aprendizagem maior, pois os consumidores tendem a memorizar as informações necessárias sobre os diferenciais das vantagens de nossos produtos. Quando utilizamos nossa marca – desde que ela seja bem-sucedida – para lançar outros produtos com a mesma marca esperamos que nosso consumidor associe o nome (marca) do produto que já existe com os que estamos lançando, acreditando que é tão bom quanto o outro, o que é conhecido como generalização de estímulos. Quem faz isso com muita propriedade é a Sadia, a Brastemp, a Arno, a Nestlé, entre outros.

Quando um consumidor é fiel a um produto ou marca ocorre a discriminação de estímulos, e mesmo que surja um concorrente com as mesmas características, ele não trocará pelo que já conhece, pois compra o produto de forma automática.

O condicionamento instrumental baseia-se em Skinner.[3] Ele utilizou pombos em suas experiências, os quais recebiam alimentação quando bicavam um

2 Ivan Petrovich Pavlov, fisiólogo russo falecido em 1936, ganhou o Prêmio Nobel de medicina em 1904. Sua maior obra foi o estudo do papel do condicionamento na psicologia do comportamento.

3 Burrhus Frederic Skinner, psicólogo norte-americano falecido em 1990, especializou-se em psicologia experimental e foi o propositor do behaviorismo, utilizando o método de observação para analisar o comportamento humano.

dispositivo. As aves aprenderam que, quando entravam em um labirinto, ao bicar o dispositivo recebiam comida. Sempre que estavam com fome, elas procuravam fazer a mesma coisa: entrar no labirinto e bicar o dispositivo. A partir das constatações feitas, Skinner afirmou que o comportamento pode ser modificado pela recompensa recebida ou, em outras palavras, que as pessoas aprendem pela recompensa do reforço.

Esse condicionamento requer o desenvolvimento de conexões entre estímulos e respostas e é baseado na associação do comportamento a uma recompensa ou um castigo.

As experiências favoráveis ou recompensa reforçam de forma positiva a imagem do produto ou da marca, ao passo que as experiências desfavoráveis reforçam de forma negativa, como podemos ver na equação a seguir.

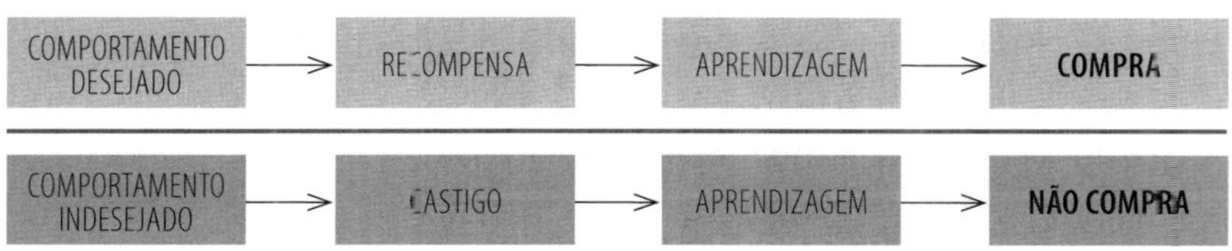

Quando elaboramos nossa estratégia de comunicação utilizando a propaganda, sempre criaremos uma situação agradável que não necessita estar diretamente ligada às características do produto ou serviço – um caso de utilização do esquema de condicionamento clássico. Quando utilizamos em nossa estratégia de propaganda a explicação das características intrínsecas de nossos produtos ou serviços, estamos usando um esquema de condicionamento instrumental.

Modelo

A aprendizagem se dá pela observação de outras pessoas. Quando as imitamos, estamos tomando seu exemplo como modelo. Ou seja, aprendemos imitando, e podemos usar essa forma de aprendizado utilizando os formadores de opinião em nossas estratégias de comunicação na tentativa de que os consumidores sigam suas indicações.

As pessoas que mais tendem a ser imitadas são as mais velhas, as de classe social mais elevada, as mais inteligentes e as que possuem superioridade técnica comprovada em qualquer área do conhecimento. É só observarmos os anúncios feitos na televisão. A moça bonita aparece divulgando o perfume, a moda. O homem bem-sucedido dirigindo um automóvel, o jovem atleta mostrando algum artigo esportivo, a artista famoso explicando a planta de um apartamento, e assim por diante.

6.3.2 Variáveis externas

As variáveis incontroláveis do ambiente de marketing são fatores externos que influenciam o comportamento do consumidor constantemente. Uma crise econômica, uma lei aprovada, uma mudança de tempo repentina, o surgimento de uma nova tecnologia e o envelhecimento são alguns exemplos de como as variáveis incontroláveis podem afetar e influenciar no comportamento de compra do consumidor. Além desses, também podemos citar outros, como família (responsáveis pela socialização do indivíduo), classe social (determina as diferenças no comportamento), grupos de referência (primários – família, vizinhos e amigos – e secundários – associações fraternais, clubes) e a cultura.

6.3.2.1 Família

É a responsável pela sociabilização do indivíduo e exerce uma grande influência no comportamento do consumidor. Portanto, entender os papéis de compra exercidos pela mãe, pelo pai, pelos filhos e irmãos facilitará a tomada de decisão em marketing, uma vez que muitos de nossos hábitos de consumo são adquiridos de nossos pais.

A família é constituída por duas ou mais pessoas que residam juntas ou que vivam em regime de união estável ou casamento, ou, ainda, que são relacionadas pelo sangue. Ela é uma unidade de renda e de consumo, e muitas vezes as necessidades individuais se subordinam às necessidades dela.

Pelo fato de sermos sociais, nossas decisões passam primeiramente pela aprovação da nossa família, e isso acontece até quando somos emancipados ou optamos por viver independentemente dela. É natural que a maioria de nós busque a aprovação na família ou nas pessoas com as quais nos relacionamos, pois isso aumenta nossa segurança. E, quando o assunto são as decisões de compra de consumo, a família também influencia fortemente os valores e o comportamento de compra.

A família exerce algumas funções importantes para o comportamento de consumo. Inicialmente, ela provê recursos financeiros aos componentes e, também, apoia e estimula emocionalmente seus participantes a tomarem decisões. Ela naturalmente indica o estilo de vida, em geral pelo exemplo, o que inclui boas maneiras, cortesia e a importância dada à educação, à leitura, à carreira etc. E a família, como já dissemos, sociabiliza seus membros, que é sua função central, incluindo seus valores, princípios morais, padrões etc.

Com as mudanças ocorridas recentemente, e que não devem diminuir de intensidade tão cedo, alguns papéis de componentes da família estão mudando, principalmente da mulher, e o censo de 2012 sinaliza mudanças importantes para as decisões de marketing. Hoje, 58% das vagas de emprego em São Paulo são ocupadas por mulheres, e 39% delas são as únicas que trabalham ou a maior renda da família. Com isso, seu papel no processo de compra deixa de ser apenas influenciador e passa a ser de decisor.

Setenta e oito por cento das mulheres não trocam a marca de seu cosmético, pois são fiéis à ela. Elas também são responsáveis por 80% das escolhas dos produtos que abastecem a família inteira, e quando não compra diretamente, tem um peso enorme na influência.

6.3.2.2 Classe social

As classes sociais possuem padrões de comportamentso distintos. Quanto mais alta a classe social, maior o nível de exigência do consumidor. Denominamos classe social o conjunto de famílias que possuem comportamento de consumo similares baseados na posição econômica que ocupam no mercado. Em 2012 foram consumidos 1,3 trilhão de reais em compras de bens e serviços no Brasil, o que representa um crescimento de 13,5% em relação a 2011.

Na divisão por classes, a classe A, que corresponde a 2,6% dos domicílios, é a que mais consome CDs, DVDs, produtos financeiros, artigos de decoração e veículos. Na classe B, representando 24,4% dos domicílios, consome ensino, combustível, cinema, serviços automotivos e artigos esportivos. Na classe C, que corresponde a 52,4% das residências, o consumo maior é de tabaco, carnes e derivados, mercearia e matinais. Já nas classes D e E, com 20,6% dos domicílios, cigarros e mercearia têm o maior peso no consumo.

No Brasil, conforme observamos no capítulo sobre segmentação de mercado, as classes sociais, segundo o IBGE, tem a seguinte classificação: A1, A2, B1, B2, C1, C2, D e E. Os padrões de consumo por classe social são:

- A1: recebem de herança ou compram grandes residências, compram roupas mais conservadoras, preferindo adquiri-las em lojas exclusivas ou mandando confeccionar e compram viagens.
- A2: buscam demonstrar sua riqueza comprando casas ou apartamentos grandes, automóveis importados, aviões, iates. Compram geralmente em lojas exclusivas.
- B1: compram residências modernas e caras, adquirem seguros. Compram com cuidado e produtos de boa qualidade.

- B2: adquirem casa própria, compram móveis para mobiliar a casa, aproveitam as promoções e utilizam uma quantidade grande de lojas buscando ofertas.
- C1: moram em casas ou apartamento pequenos, são fiéis às marcas, compram utensílios de cozinha e, esporadicamente, adquirem viagens e educação, compram roupas em lojas de departamentos.
- C2: compram mais por impulso e costumam gastar com juros; compram produtos para uso pessoal e investem pouco em educação; compram em lojas pequenas e, geralmete, utilizam pagamento a prazo.
- D e E: adquirem comida e roupa. Compram em lojas da periferia e em pequenos mercados.

6.3.3 Grupos de referência

O tempo todo somos influenciados, direta ou indiretamente, em nosso comportamento por diversos grupos pequenos. Esses grupos ou pessoas influenciam nossos pensamentos, nossos sentimentos e nosso comportamento. São os chamados grupos de referência, que servem de base para os consumidores em suas decisões de compra.

Fazer parte de um grupo é ser aceito por pessoas de quem gostamos ou com quem nos identificamos. Procuramos adquirir e usar produtos ou marcas que são normalmente utilizados pelos componentes do grupo que almejamos pertencer com o intuito de facilitar nossa participação, porque aprendemos observando o grupo que ambicionamos participar. Podem ser classificados como grupos de referência direta (ou de afinidade) família, amigos, vizinhos (primário) e clube, igreja, trabalho (secundário); já os grupos de referência indireta são os de aspiração (no qual se busca o comportamento) e os de dissociação (no qual se repudia o comportamento).

Os grupos de referência direta são aqueles que interferem diretamente na vida das pessoas: os primários são aqueles com os quais interagimos informal e continuamente, e consequentemente, acabam sendo os mais íntimos e influenciam fortemente em nossos hábitos de consumo. Envolve a família, os amigos, os colegas de trabalho e os vizinhos.

Já os grupos secundários são mais formais, e interagimos com eles com menor intensidade. São contatos menos frequentes, geralmente impessoais, e também influenciam fortemente em nossas decisões de consumo. São os clubes, as igrejas, as associações fraternais. Os grupos de aspiração, por sua vez, são aqueles a quem não pertencemos, mas buscamos ser inseridos e, para isso, imitamos o comportamento de seus integrantes.

Os grupos de dissociação são aqueles do qual já participamos ou com o qual temos contato, mas que não temos interesse em continuar – nosso comportamento irá no sentido oposto ao do grupo –, ao passo que os grupos de referência podem nos influenciar, expondo-nos a novos comportamentos e estilos de vida e à adoção de normas que estimulam ou desestimulam o comportamento de consumo, influenciando nossas atitudes e afetando escolhas reais de produto ou de marca.

Não podemos deixar de abordar os líderes de opinião, que são aqueles que influenciam outras pessoas, seja em suas atitudes ou em suas ações. A empresa pode utilizar atletas famosos, artistas de cinema ou de televisão, ou qualquer celebridade para divulgar um produto ou um serviço na expectativa de que exerçam influência sobre as demais.

Devemos associar a imagem positiva dos formadores de opinião a coisas também positivas e transmiti-las aos nossos consumidores. O uso de líderes de opinião deve ser bem planejado pela empresa, pois é difícil mensurar o resultado do investimento. Se o vínculo de uma marca com o formador de opinião for natural, é mais fácil convencer o consumidor a comprar o produto ou serviço. Todavia, deve-se tomar cuidado com a imagem do formador de opinião, pois este pode cometer alguns erros ou deslizes e comprometer a imagem da marca a ele vinculada.

6.3.3.1 Cultura

A cultura influencia de forma profunda o comportamento do consumo e é a determinante dos desejos de compra do consumidor. Como vimos anteriormente, as empresas estão cada vez mais se utilizando de pesquisas etnográficas com o objetivo de conhecer cada vez melhor seu consumidor. Elas estão colocando pesquisadores convivendo com seus consumidores, estudando seus hábitos e costumes.

A antropologia é a ciência que fornece os principais conceitos e ferramentas para a análise da importância da cultura no processo de compra do consumidor, uma vez que a cultura é passada de geração para geração, é aprendida, regula a sociedade e torna a vida mais eficiente. Quando os valores mudam, a cultura também muda, pois ela faz parte do ambiente.

Precisamos estar atentos às mudanças culturais. Para isso, é necessário utilizar a sensibilidade e aumentarmos a percepção quanto aos valores comuns e conhecer sua linguagem, suas interações sociais e educação. Toda atividade humana, das mais simples às mais complexas, ocorre sempre dentro de uma simbologia que lhe dá significado.

Conhecer a cultura de nosso mercado significa estudar fatores como a língua falada, suas leis, sua arte, tecnologia utilizada, sua religião, entre outros fatores, uma vez que ela facilita o entendimento das necessidades dos consumidores dentro da sociedade a que pertence.

Conseguimos identificar padrões de consumo, como o que é consumido no café da manhã, o que servem numa festa, se são pontuais etc.

A cultura é composta de subculturas, que nada mais são do que culturas menores que fazem referência a grupos de pessoas que compartilham os mesmos sistemas de valor com base em situações e experiências de vida em comum. Podem ser compostas por alemães, consumidores maduros, fãs de determinado tipo de música – os emos, os góticos etc.

No centro da cidade de São Paulo, por exemplo, existem dois bairros que estão a 2 quilômetros de distância. O bairro da Liberdade é tipicamente oriental, e suas lojas e restaurantes são voltados à cultura chinesa, japonesa, coreana e, mais recentemente, tailandesa. Já o bairro do Bexiga (Bela Vista), bairro centenário, sempre abrigou os italianos. A forma de habitação, a quantidade de cantinas e restaurantes típicos mostram claramente a cultura do bairro.

6.4 Mercados industriais (empresariais ou organizacionais) – B2B

Enquanto no mercado de consumo as decisões são tomadas sob o impacto emocional da compra, o relacionamento pode ser curto e as decisões são mais simples, já no mercado industrial as decisões de compra são racionais, mais complexas, o processo de compra é formal e permitem a construção de relacionamento mais duradouro.

Embora com menor número de participantes, o mercado industrial movimenta mais recursos que o mercado consumidor e os componentes deste estão mais concentrados geograficamente. Além disso, a decisão de compra pode envolver mais pessoas que no mercado consumidor. É composto de quatro tipos de organizações:

- **Produtores:** são organizações que compram bens e serviços para produzir outros bens e serviços;
- **Intermediários:** são os varejistas e atacadistas que compram bens para poder revendê-los;
- **Governos:** União, estados e municípios, além das empresas estatais e de capital misto. No Brasil, as compras estão subordinadas à Lei Federal nº 8.666;
- **Organizações diversas:** nesse caso, as escolas, os hospitais, entre outras.

As forças que influenciam o comportamento de compra de produtos e serviços voltados para o mercado organizacional são:

- **Demanda:** eles compram bens e serviços que irão ajudá-los a produzir ou agregar valor aos bens e serviços que fornecem aos clientes;
- **Demanda derivada:** o volume de compra do consumidor organizacional depende do volume de compra de seus clientes;
- **Concorrência:** como as compras geralmente são em grande volume e existe um número relativamente pequeno de compradores, os concorrentes afetam profundamente o mercado.

Os tipos de compra são:

- Recompra simples ou direta é o pedido de rotina do consumidor organizacional. Não existe modificação nos produtos ou serviços comprados;
- Recompra modificada ou mudada é o tipo de compra que já foi feito pelo consumidor organizacional, com algumas modificações. Pode ser uma mudança nas especificações, no preço, nas condições de pagamento ou de fornecimento. Envolve uma análise das alternativas antes da seleção;
- Compra nova ou nova incumbência ocorre quando a compra é feita pela primeira vez, e isso envolve uma ampla busca de informações e um extenso processo de decisão. Os consumidores organizacionais podem exigir amostras, testes de confiabilidade, garantias maiores etc.

Precisamos identificar quem são as pessoas que compram nas empresas, quais são seus papéis e como interagem. Para isso, é fundamental identificar os papéis de compra no mercado organizacional:

- **Iniciadores:** são as pessoas ou setores da organização que identificam um problema ou necessidade que pode ser resolvido com uma compra;
- **Usuários:** são os profissionais ou setores que usam de fato o produto ou serviço adquirido;
- **Influenciadores:** geralmente são os técnicos ou profissionais capacitados para definir as especificações dos produtos ou serviços que serão adquiridos;
- **Compradores:** são os funcionários ou o departamento que tem autoridade formal e responsabilidade para selecionar um fornecedor, estipular as condições de compra e negociar termos de contrato;
- **Decisores:** decidem a compra (o que, como e onde comprar). São os departamentos ou pessoas com autoridade formal ou informal de selecionar ou

aprovar um fornecedor. Se a compra for técnica, o(s) responsável (eis) pela aquisição pode apoiar-se nos conhecimentos técnicos do setor competente;

- **Filtros ou guardiões:** controlam o fluxo de informações para os outros e podem deter o conhecimento técnico sobre o produto.

Cada um desses papéis pode ser desempenhado por uma ou mais pessoas. Nas empresas, muitas vezes, o próprio desenho organizacional facilita a identificação desses profissionais. Os motivos racionais que levam uma organização a decidir sobre um produto ou serviço são[4]:

- No caso de aquisição de máquinas e equipamentos, os motivos relacionados com o produto são: o comprador busca economia, produtividade, reputação, durabilidade e tempo economizado; no caso dos motivos relacionados com fornecedores, podemos citar: o comprador procura credibilidade do fornecedor, cooperação, preços bons, assistência técnica rápida e que resolva seus problemas e serviços prestados;
- No caso de aquisição de matérias-primas, os motivos relacionados com o produto são: o comprador quer boa qualidade, uniformidade, reputação, pureza e habilidade para aumentar as vendas do usuário; já com relação aos motivos relacionados com fornecedores, citamos: o comprador investiga a reputação dos vendedores, fornecimento contínuo, fácil acesso, preços baixos, entrega rápida e eficiente;
- No caso do fornecimento, os motivos relacionados com o produto são: o comprador procura boa qualidade, uniformidade, reputação e durabilidade; com relação aos fornecedores, o comprador exige reputação dos vendedores, fornecimento contínuo, acessibilidade, preços baixos e entrega rápida e eficiente.

6.4.1 Influências no processo de compra organizacional

As influências no processo de compra organizacional têm origem em diversos fatores: ambientais, organizacionais, interpessoais e individuais.

Devemos estar atentos a aspectos como o nível da demanda primária, crescimento do mercado, cenário econômico, ações da concorrência, escassez da matéria-prima, câmbio e inflação, evolução da tecnologia, entre outros, para tentar transformá-los em oportunidades de marketing. Esses fatores são denominados ambientais.

4 Adaptado de pesquisa conduzida por Delbert F. Duncan e citado por LAS CASAS, A.L. *Administração de Marketing*. São Paulo: Atlas, 2006, p. 170.

Conhecer a organização, sua estrutura e seus profissionais, suas políticas e procedimentos tornam-se obrigatório para que possamos elaborar estratégias de marketing voltadas para aquela empresa. Esses fatores são chamados de organizacionais.

Os departamentos de compra das empresas geralmente são compostos de muitos profissionais. Eles se relacionam e influenciam, uns aos outros, nas decisões que tomam. Conhecê-los e identificar os papéis desempenhados por cada um no processo, facilitará nossa abordagem. Essas relações são sutis, portanto, precisamos estar atentos a elas, que são os fatores interpessoais.

Cada profissional participante do processo possui motivações, preferências e percepções diferentes, e esses fatores individuais são afetados por características pessoais, como escolaridade, idade, renda, gênero, personalidade entre outras. Alguns são técnicos e outros, intuitivos.

Devemos atentar para o fato de que, embora essas influências possam decidir a compra que será feita, a maioria das empresas de médio e grande porte, possuem políticas claras e formais de compra, o que faz que os aspectos racionais prevaleçam na maioria das vezes.

6.4.2 Processo de compra organizacional

Normalmente, o processo de compra de uma organização segue alguns passos. O primeiro deles é a identificação da necessidade ou a solução do problema, que pode ser realizada com a aquisição de um produto ou serviço. Ela é resultante de estímulos internos, como lançamento de novos produtos, necessidade de novos equipamentos, materiais de produção, problemas com maquinário ou de estímulos externos, como novas ideias, participação em feiras, melhores propostas de fornecedores diferentes, entre outros.

O passo seguinte é a elaboração do pedido, o qual descreve as características e a quantidade do item necessário. Para itens padronizados, essa é uma atividade mais simples e rotineira, mas, para itens complexos, pode exigir o auxílio de uma equipe técnica, geralmente composta de engenheiros, usuários, consultores ou profissionais da área de saúde, entre outros, que definem suas necessidades, fornecem informações sobre as diferentes características. Nessa fase, especifica-se o produto ou serviço. A equipe técnica analisa a relação custo-benefício. Pode incluir uma abordagem de redução de custos em que os componentes são estudados para determinar se podem ser reprojetados, padronizados ou produzidos a partir de método de produção mais baratos.

Outro passo é a busca e seleção de fornecedores, a qual pode ser feita a partir do banco de dados da própria empresa, que geralmente contém uma lista de fornecedores qualificados. Envolve, ainda, pesquisas, informações, indicações, internet. Após a busca, selecionam-se aqueles mais qualificados, que melhor se adaptam à realidade da empresa e solicita-se a proposta, geralmente por escrito ou por meio de catálogo, ou, ainda, com a presença do vendedor. A seleção é feita pelos atributos apresentados pelos fornecedores, como qualidade, prazo de entrega, comportamento corporativo, preço competitivo, suporte e assistência técnica, localização geográfica, garantia, prazos de devolução, entre outros. Com as análises feitas, o comprador organizacional elabora o pedido formal de compra destacando a quantidade, o preço, o prazo de entrega, condições de pagamento, critérios de devolução, especificação técnica do produto ou serviço.

O passo final é a análise do desempenho. Nessa fase, depois de concretizada a compra e as entregas terem sido feitas, os compradores organizacionais monitoram os fatores para se certificar de que o grau de satisfação adequado foi atingido. Pode-se, ainda, fazer que o fornecedor dê continuidade ao processo, modificando-o ou desfazendo-o. Apresentamos aqui um modelo genérico do processo – mas é importante ressaltar que cada empresa ou organização tem seu próprio modelo e suas políticas de compra.

ELABORANDO UM PROJETO

Aplicado o questionário vamos interpretá-lo. O resultado da pesquisa deve ser apresentado em gráficos, e cada um deles deve ser interpretado. O relatório final deverá contemplar a análise e as recomendações de marketing que julgar interessantes.

Resumo

Devemos considerar três ciências como fundamentais para analisarmos o comportamento do consumidor: a psicologia, a sociologia e a antropologia. Consumidor é a denominação dada aos sujeitos que compram produtos e serviços para consumo ou uso próprio, e geralmente referem-se à pessoas físicas. Cliente é a denominação dada aos compradores industriais ou empresariais que utilizam os produtos ou serviços para a produção de outros produtos ou serviços ou agregar valos para o que produzem – geralmente referem-se a pessoas jurídicas.

Todo o processo de compra se inicia com a identificação de uma necessidade do consumidor, a busca por informações, a avaliação das informações obtidas, a decisão e o pós-compra. Conhecer os papéis de compra é importante para a tomada de decisões em marketing, portanto, devemos identificar quem é o iniciador, influenciador, decisor, comprador e usuário no processo de compra.

As influências no comportamento de compra podem ser internas ou psicológicas (motivação, aprendizagem, personalidade, atitude e percepção) e externas (cultura, família, grupos de referência, papéis e status e classes sociais).

Questões para discussão

Algumas questões exigirão dos alunos uma pesquisa extra. Para isso, eles podem utilizar alguns recursos para aprofundar o tema, como a internet ou a biblioteca.

1. Imagine uma família composta de pai, mãe e um casal de filhos com idade de 10 e 12 anos, pertencentes à classe social B. Quais seriam os papéis de compras dos integrantes dessa família? Justifique sua resposta.

2. Como o conhecimento da cultura ajudaria um fabricante de moda feminina na comercialização de produtos em países do Oriente Médio? Exemplifique.

3. Com o crescimento do e-commerce, você acredita que a dissonância cognitiva diminuirá? Justifique sua resposta.

4. Descreva o processo de compra de 15 caminhões feita por uma transportadora, incluindo os papéis desempenhados no processo.

5. **(Provão 2002)** Um fabricante acaba de desenvolver um produto inteiramente novo: um gel que, passado diariamente sobre os dentes antes de o usuário dormir, protege-o de cáries por um período três vezes maior que a simples escovação diária.
O fabricante sabe que deverá esperar um processo decisório complexo por parte do público-alvo, em função de fatores como a falta de informação deles sobre o produto, a existência de produtos pseudossimilares e o preço do gel. No complexo processo decisório do consumidor, haverá cinco etapas, nas quais o fabricante poderá deparar-se com inúmeros problemas. Entre as opções a seguir, qual é a única em que o problema descrito corresponde à etapa apresentada?

ETAPA	PROBLEMA
a) RECONHECIMENTO DO PROBLEMA	O consumidor não percebe a necessidade do produto
b) BUSCA DE INFORMAÇÃO	O consumidor não valoriza novas marcas
c) SOLUÇÃO DE ALTERNATIVAS	O consumidor não dá importância às recomendações dos balconistas de farmácia
d) COMPRA	O consumidor não sabe como usar o produto
e) PÓS-COMPRA	Há insuficiente propaganda persuasiva

6. **(Provão 1999)** Os estágios do processo decisório de compra do consumidor são: reconhecimento da necessidade, busca de informação, avaliação das alternativas, decisão de compra e comportamento pós-compra. Assinale a opção que identifica corretamente o estágio em que se encontra o consumidor.

a. Quando Marta chegou em casa e verificou a falta de alguns artigos para fazer o jantar, ela estava tomando uma decisão de compra.

b. João sempre leu revistas técnicas sobre carros, o que indica o reconhecimento da necessidade de comprar um carro.

c. Mauro, após consultar amigos sobre determinadas marcas de computador e visitar lojas do ramo, possui informações para avaliar as alternativas oferecidas.

d. Carla, quando o carro novo, recém-adquirido, apresentou um defeito intermitente, passou à fase de busca de informação sobre como solucionar o problema.

e. Joaquim está no estágio pós-compra, pois, após buscar informações e visitar alguns apartamentos para alugar, decidiu não se mudar do endereço atual.

7. **(Provão 1999)** Os cinco estágios do processo de adoção de uma inovação indicam o grau de envolvimento do consumidor. São eles: conscientização, interesse, avaliação, experimentação e adoção. Indique a assertiva correta sobre o conceito de adoção.

a. Marli descobriu que foi lançada uma nova máquina de lavar e gostaria de ter mais informações a respeito.

b. José resolveu ir à agência de motos para experimentar um novo modelo que oferece dispositivos de segurança especiais e melhor desempenho.

c. Sávio, após dirigir um novo modelo de carro e testar seus dispositivos, fechou o negócio na revendedora, embora tivesse dúvida sobre uma das novidades.

d. Cátia, no fim do dia, cansada do trabalho de descascar legumes, ficou interessada pelo anúncio de um novo aparelho que poderia facilitar a sua tarefa.

e. Pedro gostou do novo modelo de moto, principalmente dos seus dispositivos de segurança, mas está em dúvida em relação ao desempenho.

8. **(Enade 2012)** As razões para o sucesso dos *tablets* vão além do preço mais acessível e da portabilidade. O tablet é o símbolo de uma mudança na forma como as pessoas consomem tecnologia. Os usuários enviam e-mails e interagem nas redes sociais – as mesmas tarefas que motivam parte considerável dos usuários a ligar seu PC. Agora, eles fazem isso em uma tela fina e leve, que pode ser levada para qualquer lugar. A Gartner divulgou uma pesquisa afirmando que, em 2014, os computadores pessoais (PCs) deixarão de ser o centro de nossa vida digital.

(FERRARI, B. É o fim do reino dos PCs? *Revista Exame*: São Paulo ano 46, n. 11, p. 175, 13/06/2012, adaptado.)

Considerando o uso dos ***tablets*** no dia a dia das pessoas, no campo pessoal e profissional, avalie as afirmações a seguir.

I. O comportamento de compra do consumidor de tablet é influenciado por fatores culturais, sociais, pessoais e psicológicos, sendo os fatores culturais os que exercem a maior e mais intensa influência.

II. Em virtude da tendência de generalização do uso do tablet, os profissionais de marketing podem desconsiderar a ocupação e as circunstâncias econômicas do consumidor ao analisar os fatores pessoais que influenciam a compra desse aparelho.

III. O aumento do consumo do tablet indica que os indivíduos estão mais preocupados com a qualidade dos serviços *online* do que com os aparelhos, dada a mudança no estilo de vida dos consumidores e as influências de seus grupos de referência.

É correto o que se afirma em

a. II, apenas.
b. III, apenas.
c. I e II, apenas.
d. I e III, apenas.
e. I, II e III.

9. **(Enade 2012)** Nos últimos anos, os profissionais de marketing têm aperfeiçoado a compreensão do comportamento do consumidor, com o objetivo de entender como os indivíduos de fato tomam suas decisões acerca da compra de produtos e serviços. Para isso, os especialistas em marketing desenvolveram um modelo que representa um fluxo de etapas, denominado processo de decisão de compra do consumidor, como ilustrado pela figura a seguir.

RECONHECIMENTO DO PROBLEMA → BUSCA DE INFORMAÇÃO → AVALIAÇÃO DE ALTERNATIVAS → DECISÃO DE COMPRA → COMPORTAMENTO PÓS-COMPRA

Para lidar com a atitude do consumidor na terceira etapa do fluxo descrito anteriormente, o profissional de Marketing.

a. não poderá interferir na técnica de análise de valor (relação custo/benefício) para o cliente.
b. deverá propor a realocação da categorização de produtos na etapa de reconhecimento do problema pelo consumidor.
c. deverá dar pouca importância a essa etapa, pois os consumidores dedicam pouco tempo e esforço avaliando marcas, produtos e serviços.
d. deverá propor estratégias para compreender como o consumidor processa as informações de cada marca e faz um julgamento de valor final do produto/serviço.
e. deverá defender a ideia de que os produtos do conjunto evocado (produtos memorizados e predominantes no ambiente de vendas) de um consumidor tendem a ser aqueles que possuem diferentes características.

10. **(Enade 2012)** O sonho de Dona Gertrudes era comprar uma TV nova para assistir a seus programas favoritos, o que foi concretizado recentemente. Em virtude das diversas opções disponíveis no mercado, ela precisou pesquisar para decidir sobre modelo, marca e outros atributos da TV.

No momento da compra, estimulada pelas ações promocionais de uma loja, ela decidiu adquirir uma TV LED de 40", mesmo sabendo que as prestações seriam altas. Após a aquisição, convidou as amigas para apresentar sua TV nova, quando uma delas disse: – A Margarida tem uma igualzinha, da mesma marca, e ela pagou mais barato!

De acordo com a situação descrita, Dona Gertrudes poderá vivenciar um estado de:

a. Atenção cognitiva.
b. Carência cognitiva.
c. Percepção cognitiva.
d. Dissonância cognitiva.
e. Consonância cognitiva.

11. **(Enade 2012)** A empresa Alfa é uma das concessionárias de automóveis mais atuantes da sua região e se destaca por seu pós-venda. Segundo o gerente da empresa, hoje a concessionária detém 12% do mercado de carros novos da região, ante 4% da marca em nível nacional. "Não perdemos negócios. Sempre procuramos valorizar ao máximo o veículo do cliente na troca e nosso pós-venda tem sido apontado como um dos melhores do mercado. Estamos sempre inovando para bem atender nossos clientes. Investimos muito na reforma da loja, procurando oferecer mais conforto e praticidade". Manter um bom cliente hoje exige muito das empresas. A qualidade, o bom atendimento e o cumprimento de prazos deixaram de ser os diferenciais de concorrência. A redução da diferenciação entre os produtos fez que hoje as empresas procurassem uma nova forma de comunicar sua marca e seu produto. Uma das estratégias de diferenciação mais fortes no mercado é o pós-venda, que deve ser encarado com seriedade porque, cada vez mais, o serviço é um elemento de fidelização dos clientes.

Considerando a situação descrita anteriormente, avalie as seguintes afirmações.

I. Os clientes esperam que o serviço pós-venda seja um atributo do produto tanto quanto a qualidade, o design e o preço.
II. A satisfação que um produto proporciona é relacionada ao produto em si, somada ao pacote de serviços que o acompanha.
III. A função do pós-venda é garantir a satisfação, ajudando a fidelizar o cliente e divulgar a boa reputação da empresa também para outros possíveis compradores.

É correto o que se afirma em

a. I, apenas.
b. III, apenas.
c. I e II, apenas.
d. II e III, apenas.
e. I, II e III.

12. **(Enade 2009)** A televisão de João quebrou e o técnico informou que o conserto custará mais da metade do preço de uma nova. João pesquisa no encarte da loja ABC e também em sites de busca na internet. Apesar de gostar do modelo X, o preço é tão alto que João só poderá pagá-lo contraindo um empréstimo; o televisor Y é mais barato, mas tem resolução ruim; e o modelo Z tem boa resolução, mas som ruim. Levando-se em consideração o modelo de decisão de compra, em qual estágio se encontra João?

a. Avaliação de alternativas.
b. Descarte do produto.
c. Estrutura de comportamento.
d. Formação de atitudes sobre a marca.
e. Identificação das necessidades não atendidas.

13. **(Enade 2009)** A cor do esmalte usada pela protagonista da novela das 8 é um sucesso de vendas. No exemplo, podemos ver a influência de qual dos fatores abaixo?

a. Conhecimento.
b. Cultura.
c. Estilo de vida.
d. Família.
e. Grupos de referência.

14. **(Enade 2009)** Enquanto faz compras no supermercado, Felipe, pai de dois filhos, se pergunta: "Qual é mesmo o nome daquele biscoito de que as crianças tanto gostam?" Nesse caso, o papel das crianças na decisão de compra é:

a. Compradores e influenciadores.
b. Compradores e usuários.
c. Influenciadores e usuários.
d. Iniciadores e compradores.
e. Iniciadores e decisores.

PARTE IV

DECISÕES DO PLANO DE MARKETING

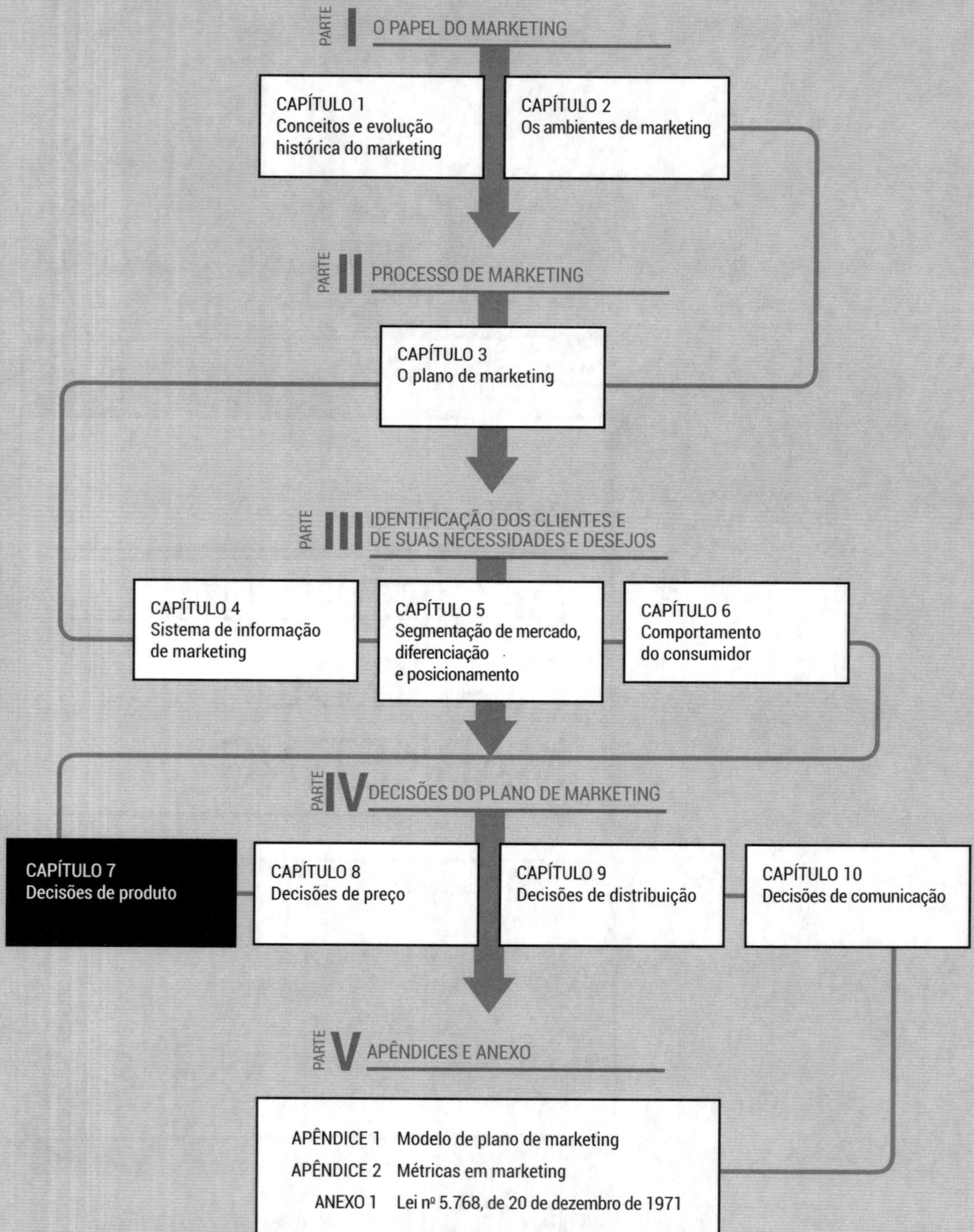

PARTE I O PAPEL DO MARKETING
CAPÍTULO 1 Conceitos e evolução histórica do marketing
CAPÍTULO 2 Os ambientes de marketing
PARTE II PROCESSO DE MARKETING
CAPÍTULO 3 O plano de marketing
PARTE III IDENTIFICAÇÃO DOS CLIENTES E DE SUAS NECESSIDADES E DESEJOS
CAPÍTULO 4 Sistema de informação de marketing
CAPÍTULO 5 Segmentação de mercado, diferenciação e posicionamento
CAPÍTULO 6 Comportamento do consumidor
PARTE IV DECISÕES DO PLANO DE MARKETING
CAPÍTULO 7 Decisões de produto
CAPÍTULO 8 Decisões de preço
CAPÍTULO 9 Decisões de distribuição
CAPÍTULO 10 Decisões de comunicação
PARTE V APÊNDICES E ANEXO
APÊNDICE 1 Modelo de plano de marketing
APÊNDICE 2 Métricas em marketing
ANEXO 1 Lei nº 5.768, de 20 de dezembro de 1971

7

DECISÕES DE PRODUTO

Objetivos do capítulo

Após a leitura deste capítulo, você será capaz de:

- Compreender a diferença entre produtos e serviços;
- Descrever as características de serviços;
- Identificar e entender a classificação dos produtos quanto ao critério de compra;
- Entender o que é marca e *branding*;
- Conhecer a importância da embalagem e do rótulo, bem como seu papel nas decisões de produtos de uma empresa;
- Entender o ciclo de vida do produto;
- Descrever as estratégias para o desenvolvimento de novos produtos.

7.1 Produtos

Podemos afirmar que existe marketing porque existe algum produto ou serviço para ser oferecido ao mercado para compra, uso ou consumo, satisfazendo uma necessidade ou um desejo, sendo ele o principal objeto de comercialização da empresa. É a estratégia mais próxima do consumidor. Estão em casa, no trabalho, na escola, nas vitrines das lojas e nas gôndolas, prateleiras e sites dos estabelecimentos varejistas. Os produtos ou serviços são importantes para definirmos a proposta de valor que queremos entregar aos nossos consumidores, uma vez que estes buscam produtos e serviços que atendam as suas necessidades e satisfaçam seus desejos.

Dentro das estratégias de marketing, os produtos ou serviços são fundamentais na proposta de valor que ofereceremos aos nossos consumidores. Com o crescente aumento das ofertas ao mercado, as empresas se veem obrigadas a agregar cada vez mais valor ao que produzem, e isso faz que os consumidores busquem sempre a maior quantidade de benefícios ou de vantagens que um produto ou serviço pode oferecer.

Como esses benefícios são percebidos de maneiras distintas de consumidor para consumidor, as empresas se veem obrigadas a monitorar o mercado mais intensamente. Logo, elas devem estar atentas ao valor que está agregado e que está tentando entregar. É preciso que a empresa selecione o valor (imaginar e refletir sobre o produto antes de sua existência, a fim de identificar os benefícios buscados) e o entregue ao cliente (concretizar o produto ou serviço, isto é, tirá-lo do papel, produzi-lo, colocar um preço e entregá-lo), além, é claro, de comunicá-lo (informar ao mercado a existência do produto ou serviço, utilizando as estratégias de comunicação de marketing).

A oferta de produtos ou serviços vai além de sua aparência física ou seu funcionamento: ele deve causar um impacto positivo no consumidor e não pode falhar no momento do consumo. A oferta de valor obedece à seguinte equação:

VALOR PARA O CLIENTE = BENEFÍCIOS PERCEBIDOS – CUSTOS PERCEBIDOS

Ou seja, é a diferença entre os benefícios e os custos percebidos, como vimos no Capítulo 1.

Podemos afirmar que o consumidor ficará insatisfeito quando o resultado dessa equação for zero ou mais próximo de zero. Por outro lado, quanto maior o resultado dessa equação, mais satisfeitos ficará o cliente e, portanto, maiores as chances de escolha do produto ou serviço ofertado.

Os benefícios percebidos podem ser:

- **funcionais:** tangíveis, recebidos dos produtos ou serviços adquiridos pelos consumidores;
- **sociais:** é a resposta recebida pela aquisição dos produtos ou serviços. Deve ser positiva;
- **pessoais:** sentimentos experimentados na compra ou uso do produto ou serviço adquirido. Devem ser bons;
- **experimentais:** é o estímulo recebido por nossos sentidos na aquisição de produtos ou serviços. O estímulo deve ser prazeroso.

Os produtos ou serviços estão associados diretamente a dois desses benefícios, o experimental e o funcional e, quando associados ao preço, à praça e à promoção, eles completam os demais benefícios. Os custos percebidos podem ser:

- **monetários:** refere-se ao montante gasto na aquisição do produto ou serviço (preço, juros, risco etc.);
- **temporais:** o tempo gasto na compra do produto ou serviço, incluindo o tempo de entrega;
- **psicológicos:** inclui a tensão, os riscos e a energia envolvidos na aquisição dos produtos ou serviços; ou
- **comportamentais:** envolve a energia física desprendida para adquirir produtos ou serviços.

Imaginemos uma pessoa calva que resolve comprar um produto para crescimento dos cabelos. Ela compra o fim da calvície (funcional) e uma sensação de rejuvenescimento (experimental), contudo, ela pode correr o risco de os cabelos não crescerem (custo psicológico). Na realidade, temos de ficar atentos para utilizar todas as estratégias de marketing conjuntamente, visto que o valor que as empresas ofertam aos consumidores é resultado da combinação de um produto bom, com preço justo, vendido em locais em que o consumidor está disposto a ir para comprá-lo e, em grande parte, da comunicação por parte da empresa, que é responsável por anunciar a existência do produto. Sendo assim, devemos atentar para o fato de que, se qualquer uma dessas estratégias falhar, a empresa não conseguirá entregar o valor prometido.

7.2 Serviços

Se os produtos são essencialmente tangíveis, o serviço é um tipo de produto essencialmente intangível, que consiste em atividades, benefícios ou satisfações oferecidas à venda e que não resultam na propriedade de algo. Em consequência do avanço tecnológico, percebemos que hoje estamos na era dos serviços, tendo em vista que essa atividade, considerada terciária, superou as atividades primária – agropecuária e extrativismo – e secundária – indústria na importância econômica.

Se a produção de um automóvel no início do século XX exigia a participação de milhares de empregados, com a robotização das fábricas é cada vez menor o número de pessoas empregadas diretamente em sua produção. Nas fazendas com produção agrícola, como as de soja e de cana, a colheita era manual, mas hoje as colhedeiras fazem todo o serviço de colheita, aumentando consideravelmente a produção. E isso se aplica a, praticamente, todo o setor industrial e a boa parte do setor agropecuário.

7.2.1 Características dos serviços

O que diferencia produtos e serviços são as características inerentes ao serviço, como podemos ver na Figura 7.1. Enquanto o produto nós podemos experimentar, cheirar, tocar, sentir e ver antes de comprá-lo, o mesmo fica inviável com relação aos serviços, uma vez que estes são intangíveis e, portanto, não podemos testá-los antes de comprá-los. Os serviços não podem ser estocados e, em razão, devem ser produzidos e consumidos simultaneamente. Além disso, por dependerem do desempenho das pessoas que prestam o serviço, ele se torna variável.

Figura 7.1 Características dos serviços

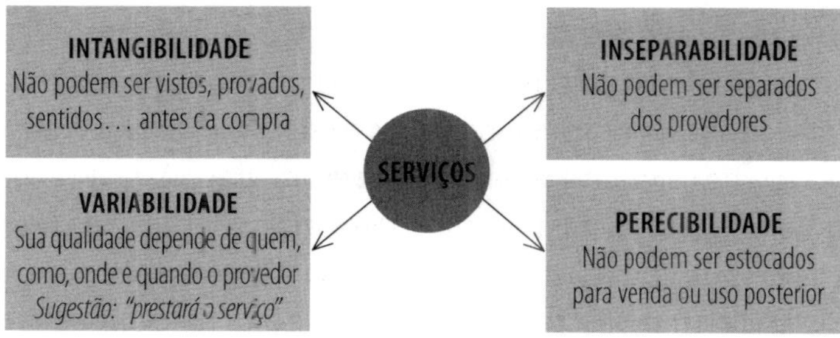

7.2.1.1 Intangibilidade

Por não poderem ser tocados, sentidos, vistos, cheirados ou experimentados, dizemos que os serviços são intangíveis. Quando compramos um serviço, essa compra não nos proporciona a posse física de alguma coisa tangível, portanto, devemos ficar atentos às evidências que os cercam.

O grande desafio é tornar os serviços tangíveis para que possamos convencer o consumidor de sua qualidade (Figura 7.2) e, para isso, utilizamos as instalações, as pessoas, os equipamentos, o material de comunicação, os símbolos e o preço.

Figura 7.2 Desafios dos serviços

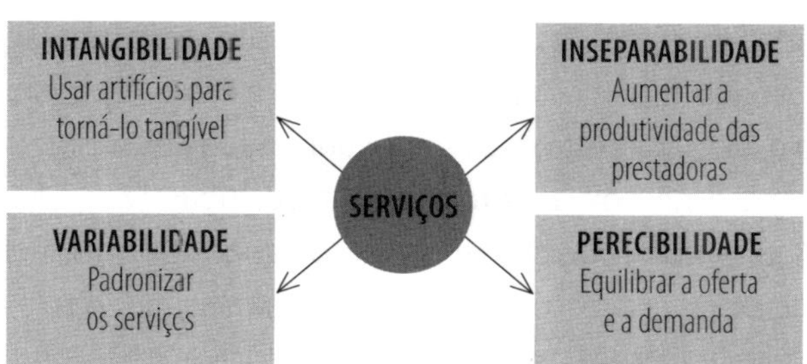

7.2.1.2 Inseparabilidade ou simultaneidade

Enquanto podemos produzir, estocar, distribuir e consumir os produtos, os serviços são produzidos e consumidos simultaneamente. Estes últimos dependem de que alguém ou alguma coisa (uma máquina) os forneça. A inseparabilidade se dá pela proximidade física entre o prestador de serviço com o serviço que é prestado e com a participação direta do cliente no processo de produção do serviço. Como são simultâneos, devemos estar atentos a sua distribuição, pois quem ou o que presta o serviço deve estar junto com o consumidor e afirmar sua qualidade.

Se um produto pode ser testado e melhorado por muito tempo até que atinja a qualidade almejada e somente depois disso ser colocado à venda, o serviço, como em uma loja de varejo, exige uma qualidade implícita. A qualidade de uma loja de varejo ou de uma clínica de estética, por exemplo, é percebida imediatamente e está implícita ao serviço prestado. Essa condição exige experiência e treinamento constante dos funcionários responsáveis e, além disso, não podemos fracionar o serviço, embora possamos aumentar ou diminuir o ritmo com que é prestado.

7.2.1.3 Variabilidade ou heterogeneidade

Depende de quem fornece o serviço e onde e quando são fornecidos, isto é, um mesmo serviço prestado por pessoas diferentes ou pela mesma pessoa em lugares diferentes, ou, ainda, pelas mesmas pessoas, nos mesmos lugares, mas em momentos distintos, terá resultados diferentes. Sendo assim, precisamos tomar algumas providências para reduzir essa variabilidade, como investir na seleção e no treinamento dos funcionários, padronizar o processo de execução do serviço e acompanhar a satisfação do cliente por meio de reclamações, sugestões, pesquisas com clientes e acompanhamento da concorrência.

7.2.1.4 Perecibilidade

Não podemos estocar os serviços e, por isso, a sazonalidade afeta fortemente sua demanda. O serviço disponibilizado no momento e não consumido, não poderá mais sê-lo. Por exemplo, um avião que decola com alguns lugares vazios, desperdiçou esses lugares. Ao mesmo tempo, uma excessiva procura por lugares no avião provoca prejuízo pelo fato de o avião ser menor do que o necessário. Sendo assim, é fundamental que haja sempre um equilíbrio entre a oferta e a demanda, uma vez que tanto a ociosidade como a demanda excessiva acarretam prejuízos aos prestadores de serviços.

Para isso, algumas estratégias podem ser utilizadas, buscando o equilíbrio com relação aos seguintes fatores:

- Demanda:
    - preços diferenciados, a fim de transferir a demanda dos picos;
    - aproveitamento dos períodos de baixa demanda;
    - oferta de serviços complementares;
    - sistemas de reserva.

- Oferta:
  - funcionários que trabalham meio período podem ser solicitados para trabalhar em período integral no auge da demanda;
  - introdução de rotinas de eficiência no horário de pico;
  - maior participação do cliente;
  - serviços compartilhados;

O Quadro 7.1 exemplifica as principais diferenças entre produtos e serviços:

Quadro 7.1 Comparação entre produto e serviço

SERVIÇOS	PRODUTO
Consumo simultâneo com a execução.	Pode ser estocado.
Cliente é parte do processo.	Produção desvinculada do cliente.
Reposição improvável.	Substituições aceitas.
Qualidade vinculada à figura do funcionário.	Qualidade voltada ao bom funcionamento.
Pode não precisar de bens para sua realização.	Sempre precisa de serviço (vendas, assistência técnica etc.).
Uma falha pode ser considerada uma ofensa pessoal.	Uma falha é considerada um defeito de fábrica.
A satisfação do cliente é percebida na hora.	O cliente pode não usar o que comprou.
Metodologia pode ser copiada pelo concorrente.	Pode ser patenteada.

Fonte: LOBOS, 1993, p. 22.

7.2.2 O composto do marketing de serviços

Em serviços, utilizamos o mesmo composto de marketing aplicados a produto, o qual deve ser utilizado de forma integrada e com o objetivo de satisfazer o cliente, criando e comunicando seus produtos – os 4Ps: produto, preço, praça e promoção. Em razão das características envolvidas, juntam-se a essas estratégias em serviços as *pessoas*, as *evidências físicas* e os *processos*. "Pessoas" diz respeito aos indivíduos envolvidos na prestação de serviços e que são avaliados nesse processo, podendo causar uma impressão positiva ou negativa nos consumidores. Normalmente, esses indivíduos são avaliados por seu nível cultural, simpatia, educação, a aparência física, entre outros aspectos. Aqui, além dos indivíduos, também entram em cena o recrutamento, o treinamento e a motivação.

A própria natureza do processo de produção do serviço encaminha outras duas variáveis, que chamaremos de evidência física e processo. "Evidência física" nada mais é do que o *layout*, a atmosfera, o ambiente de onde o serviço é prestado – em outras palavras, o local no qual ocorre a interação com os clientes. Quando o consumidor entra no local onde o serviço é executado, ele avalia os móveis e a distribuição destes, a iluminação, a temperatura, entre outros itens. Compõem as evidências físicas os projetos de instalações, equipamentos, uniformes, estacionamento, ambiente, arquitetura interna, temperatura, cartões de visita, material impresso, sinalização, entre outros.

Por fim, "processos" envolve a definição e implementação de métodos, procedimentos e sequências de sistemas operacionais de serviços eficazes, o que evita a entrega lenta e burocrática. Os processos são compostos de roteiro, customização, padronização e número de passos.

Todavia, cabe aqui um destaque especial aos funcionários, que são o serviço, constituem e representam a organização na perspectiva do cliente e, também, são profissionais do mercado. Por exemplo, médicos, advogados e cabeleireiros são o serviço, isto é, eles executam todo o serviço, além de influenciar diretamente na satisfação do consumidor. Em outras palavras, a oferta é o próprio funcionário, por isso é importante investir em treinamento para aprimorar a qualidade do serviço ofertado, tendo em vista que funcionário satisfeito é importante para a satisfação dos consumidores e a garantia de lucros.

Segundo Zeithaml e Bitner,[1] a qualidade dos serviços pode ser medida por cinco fatores:

- **Confiabilidade:** a habilidade de desempenhar o serviço exatamente conforme o prometido;
- **Capacidade de resposta:** a disposição de ajudar o consumidor e de fornecer o serviço dentro do prazo estipulado;
- **Segurança:** o conhecimento e a cortesia dos funcionários, e sua habilidade de transmitir confiança;
- **Empatia:** a atenção individualizada dada ao consumidor, ou, em outras palavras, a capacidade de se colocar no lugar do cliente;
- **Itens tangíveis:** a aparência das instalações físicas, dos equipamentos, dos funcionários e do material de comunicação.

1 ZEITHAML, V. A.; BITNER, M. J. *Marketing de serviços:* a empresa com foco no cliente. Porto Alegre: Bookman, 2003. p. 93.

As estratégias utilizadas em produto também devem ser utilizadas em serviços, mas sempre respeitando suas características.

7.3 Níveis de produtos

No processo de comercialização, a empresa troca com seus consumidores características e benefícios por meio de produtos, serviços, pessoas, lugares, ideias e religiões. Os consumidores dessas ofertas buscam benefícios distintos, portanto, elas devem ser feitas com um pacote de benefícios, pois o grau de exigência dos consumidores determinará a quantidade de benefícios que deverão ser agregados às ofertas que fazemos. Por exemplo:

- **Produto ou benefício central:** é o que o consumidor está, de fato, adquirindo – por exemplo, quando adquirimos um automóvel, estamos comprando transporte;
- **Produto ou benefício básico:** adicionamos itens ou características essenciais ao consumidor ao benefício central – por exemplo, o automóvel, para poder atender ao benefício central, deverá vir com direção, motor, cambio etc;
- **Produto ou benefício ampliado:** além do básico, devemos ampliar a oferta de benefícios, oferecendo ao consumidor assistência técnica, garantia etc;
- **Produto ou benefício diferenciado:** com o aumento da oferta, o acesso à tecnologia por parte das empresas e a uniformização dos produtos e serviços oferecidos ao mercado em razão da qualidade aplicada, é importante que as empresas busquem encantar seu cliente com produtos e serviços diferenciados. Aquele automóvel, por exemplo, pode vir completo de fábrica, sem necessidade de acessórios adicionais, com garantia estendida e customizado de acordo com o gosto do cliente.

7.4 Classificação quanto ao critério de compra

Os produtos podem ser de dois tipos: de consumo e industriais. Produtos de consumo são destinados aos consumidores finais para uso próprio, ao passo que os industriais são destinados às empresas e organizações, e são utilizados para produzir um bem ou serviço, ou, então, para agregar valor àquilo que produzem. Os produtos pertencentes a esta última categoria são destinados ao mercado empresarial (empresas industriais ou de serviços), mercado institucional (escolas, hospitais etc.) e ao mercado governamental (governos municipal, estadual e federal, autarquias e empresas mistas).

Quanto ao critério de compra, os produtos se classificam em conveniência, escolha, especialidade e não procurados (Figura 7.3).

Figura 7.3 Classificação dos produtos quanto ao critério de compra

PRODUTOS DE CONVENIÊNCIA	PRODUTOS DE COMPRA COMPARADA / ESCOLHA
• Compra com frequência • Preço baixo • Propaganda de massa • Muitos lugares	• Menor frequência de compra • Preço mais alto • Menos lugares
PRODUTOS DE ESPECIALIDADE	**PRODUTOS NÃO PROCURADOS**
• Esforço especial de compra • Alto preço • Características únicas • Identificação de marca • Poucos lugares	• Inovações • Produtos que os consumidores não querem pensar a respeito • Exige muita propaganda e venda pessoal

Já os bens de conveniência são aqueles produtos comprados com frequência e pouco esforço, pois, pelo fato de não serem produtos de alto envolvimento, o consumidor não pretende despender muito tempo no esforço de compra. São produtos de prateleira, básicos, que podem ser encontrados em pontos de venda de autosserviço e que geralmente não precisam de um vendedor como intermediário – por exemplo, sabonetes, cremes dentais, chocolates, cigarros, fósforos, pilhas etc.

Dentro dessa categoria de bens de conveniência, temos os básicos (comprados regularmente, como produtos de higiene e alimentícios), aqueles que são comprados por impulso (como isqueiros descartáveis, gomas de mascar nos caixas dos supermercados) e os de emergência (comprados em virtude de uma urgência, como um guarda-chuva).

Há também os bens de escolha ou de compra comparada, que são produtos que demandam mais cuidado por parte do consumidor, pois são comprados com menos frequência e exigem muita reflexão sobre suas características, como adequação, qualidade, preço, estilo etc. Geralmente custam mais caros que os de conveniência e são comparados com outros pelo consumidor antes de sua compra – por exemplo, roupas, calçados, móveis, eletrodomésticos, automóveis etc.

Os bens de especialidade são aqueles produtos com características únicas ou singulares, o que o torna especial de alguma maneira. Em geral, possui distribuição limitada a poucas lojas e suas características levam os consumidores a fazer um esforço considerável para comprá-los. A marca tem um peso fundamental na decisão, e nessa categoria há maior flexibilidade de comercialização, pois os consumidores em geral estão dispostos a qualquer sacrifício para comprar o produto e costumam pagar mais caro por eles. Normalmente envolve uma longa busca por informações a respeito do bem antes de comprá-lo – por exemplo relógios Tag Heuer, automóvel Ferrari, jeans Diesel etc.

Os bens não procurados são aqueles produtos que ninguém se lembra de que podem ser necessários até que uma situação específica ocorra, ou, então, não são procurados simplesmente porque o consumidor não os conhece – por exemplo, o lançamento de uma tecnologia nova, que o consumidor não pensa em comprar. Às vezes, o consumidor não sabe que existe, portanto, esses itens exigem muita propaganda e uma forte ação em vendas.

Há também os bens industriais ou empresariais, que são adquiridos para serem utilizados em uma empresa, seja para a fabricação de um produto, seja na gestão do negócio. Aqui estão inclusos, por exemplo, matéria-prima, instalações, equipamentos, componentes, suprimentos e serviços empresariais.

Alguns produtos podem se destinar tanto ao mercado consumidor como ao industrial – por exemplo, uma furadeira. Por exemplo, o marceneiro a utiliza para produzir um produto, ao passo que aqueles que não exercem tal profissão a utilizam para pequenos reparos domésticos. A empresa deve estar atenta a isso, pois as necessidades e os desejos dos consumidores são distintos. Sendo assim, é preciso adotar estratégias distintas para atender ambos os mercados.

7.5 Gestão de produtos e serviços

Vejamos agora como se dá a gestão de produtos e serviços.

7.5.1 Atributos do produto ou serviço

Desenvolver um produto ou serviço envolve definir os benefícios que ele oferecerá, tais como qualidade, característica e estilo. Qualidade é a capacidade que o produto ou serviço tem de desempenhar as funções que se propôs entregar ao consumidor. Se qualidade em condições de produto ou serviço é a ausência de defeitos, para o consumidor, qualidade é o valor e a satisfação proporcionados pelo produto ou serviço.

A qualidade do produto inclui nível e consistência – é o nível de qualidade que sustenta o posicionamento do produto, ao passo que desempenho é a capacidade que um produto tem de desempenhar bem suas funções. A consistência da qualidade, por sua vez, é a ausência de defeitos e o nível de entrega do desempenho pretendido.

Para que um produto se diferencie de seus concorrentes, é necessário que suas características sejam competitivas, lembrando que estas são avaliadas com base no valor para o cliente em relação ao custo para a empresa. O produto precisa ter estilo, que é a descrição da aparência do produto, e também ter um bom design, que contribui tanto para a utilidade do produto quanto para a aparência deste, pois essa é uma forma de agregarmos valor para o cliente.

Buscar antecipar os novos atributos que o mercado deseja pode gerar vantagem competitiva para a empresa, e isso pode ser feito por meio de uma pesquisa de mercado, na qual se pergunta a eles o que gostariam que fosse acrescentado ao produto. Além disso, pode-se utilizar a intuição e ficar na dependência do fator sorte, utilizar o processo dialético, indo em direção oposta à da multidão, ou, então, aplicar a hierarquia de necessidades, avaliando quando o mercado está pronto para satisfazer as necessidades mais altas.

7.5.2 Linha de produtos

Linha de produtos se refere à quantidade de produtos ou serviços relacionados entre si, isto é, que desempenham funções similares, oferecidos por nossa empresa e colocados à venda no mercado para o mesmo grupo de consumidores, que utilizam o mesmo canal de distribuição e atuam na mesma faixa de preço.

Extensão da linha de produtos (Figura 7.4) é o número de itens que uma linha de produtos possui. Podemos utilizar duas estratégias: ampliação e complementação da linha de produtos, porém essa é uma decisão que requer alguns cuidados, visto que a empresa está constantemente sob pressão de seus clientes (atacado e varejo) e da equipe de vendas. Em outras palavras, os revendedores querem produtos com um melhor desempenho girando mais rápido nas prateleiras, ao passo que nossa equipe de vendas quer melhorar seus rendimentos.

Figura 7.4 Extensão da linha de produtos

O que influencia as decisões de ampliação da linha de produtos são os objetivos de vendas, de participação de mercado e de lucros – geralmente a empresa procura ampliar sua participação de mercado.

Complementar uma linha de produtos significa incluir novos produtos dentro da mesma faixa de atuação. Por exemplo, a empresa pode ter uma linha de xampu composta de produtos para cabelos secos, oleosos e normais, e complementá-la com um produto para cabelos tingidos. Já a ampliação de uma linha de produtos envolve o crescimento desta para outras faixas de atuação, e essa ampliação pode ocorrer para cima, para baixo ou para ambos os lados. Vejamos mais detalhadamente cada uma delas.

A ampliação para cima ou ampliação da linha de produtos mercado acima ocorre quando a empresa lança um produto com maior valor percebido, qualidade superior e mais caro do que os produtos produzidos naquele momento com o objetivo de obter maior prestígio para seus produtos ou buscar uma melhor margem de lucro; ela é utilizada por empresas na faixa inferior do mercado para dar mais prestígio a seus produtos atuais.

Denominamos ampliação para baixo ou ampliação da linha de produtos mercado abaixo quando a empresa lança um produto em uma faixa inferior do mercado, ou seja, geralmente mais barato. Isso ocorre quando as empresas na faixa superior do mercado lançam um produto para preencher uma lacuna ou reagir ao ataque de um concorrente.

Por sua vez, a ampliação para ambos os lados ou ambos os sentidos refere-se a um produto lançado em uma faixa intermediária de mercado e que busca transformar-se em uma linha completa; ela é utilizada por produtos tanto mercado abaixo quanto mercado acima.

Complementar a linha de produtos significa que as empresas acrescentam mais itens dentro da faixa atual da linha e, com isso, pode obter mais lucros, satisfazer os revendedores, utilizar o excesso de capacidade de produção e preencher as lacunas de mercado para afugentar os concorrentes.

O mix de produtos (Figura 7.5) consiste em todos os produtos e itens que determinado vendedor põe à venda. As estratégias são: abrangência, extensão, profundidade e consistência.

Figura 7.5 Decisões do mix de produtos

A abrangência de uma linha de produtos refere-se ao número de diferentes linhas de produtos que a empresa produz ou possui. Empresas como Unilever, P&G, Nestlé, Walita possuem muitas linhas de produtos; a 3M oferece ao mercado mais de 60 mil produtos a seus clientes; a Colgate fabrica produtos para cuidados pessoais e para o lar; e a GE fabrica 250 mil itens, de lâmpadas a motores de avião.

A extensão do mix de produtos se refere ao número total de itens que a empresa produz dentro de cada uma de suas linhas de produtos – por exemplo, a Colgate possui vária marcas dentro de cada linha (Sorriso, Colgate etc.).

A profundidade da linha de produtos refere-se ao número de versões ou de variações oferecidas para cada produto da linha, e existe uma tendência natural que empresas como Unilever, P&G, Nestlé e Walita tenham interesse em aumentar sua lucratividade e sua participação de mercado, além de proteger a posição que ocupam. Para isso, elas identificam sua linha de produtos com uma marca, tentando atender o máximo de consumidores e bloquear as ações dos concorrentes. Por exemplo, a Unilever produz as seguintes marcas de sabão em pó: Omo, Surf e Brilhante, ao passo que a P&G, sua principal concorrente, tem as marcas Ariel, Ace e Bold. A Colgate comercializa 11 variedades de pasta de dentes nos Estados Unidos.

A consistência da linha de produtos se refere ao grau de proximidade, relacionamento e interação entre as várias linhas de produtos, e seu uso final, especificações, exigências de produção, canais de distribuição, necessidades operacionais e estratégicas de nossa empresa ou qualquer outra característica. A necessidade operacional ocorre em virtude de os produtos interagirem em termos de matéria-prima, diminuindo seus custos. A Nestlé com seus biscoitos ou a Walita com o motor de seus equipamentos compartilham as matérias-primas ou peças utilizadas, diminuindo seus custos. Esses produtos são distribuídos nos mesmos pontos de venda, não onerando sua distribuição e facilitando sua estrutura logística; e, como são produtos parecidos, as ações promocionais podem ocorrer em conjunto.

Devemos tomar alguns cuidados em relação ao número de produtos ao estabelecer a estratégia de ampliação das linhas, pois esse aumento poderá acarretar também aumento nos gastos com a comunicação, uma vez que é necessário avisar o mercado da existência deles. Além disso, devemos cuidar para que não ocorra o fenômeno da canibalização, ou seja, que um produto não roube as vendas de outro produto da linha a que pertence em vez de tirar da concorrência, além disso, outro aspecto importante para o qual se deve atentar é a rentabilidade de cada produto ou linha de produto. Não atentar para essas situações podem implicar problemas na rentabilidade.

7.5.3 Marca

Nas civilizações grega e romana, as peças de barro ou de cerâmica eram identificadas em suas bases, algumas vezes por impressões digitais ou por estrelas, ou, ainda, por cruzes. A palavra marca tem origem na palavra escandinava *"brandr"*, que deu origem ao termos anglo-saxônico *"brand"* e que significava literalmente "o ato de queimar". Com o passar do tempo, *brand* adquiriu o significado de "ato ou efeito de marcar" – por exemplo, o gado começou a ser marcado, para que os criadores distinguissem seus animais dos demais; além disso, a marca valorizava as melhores criações e contribuía para atribuição de valores, diferenciando, assim, os animais de maior preço, para os quais eram utilizados símbolos (marcações) diferentes.

Escultores e pintores assinavam seus trabalhos, diferenciando-as das obras de outros artistas, e alguns produtores, como artesões e tecelões, começaram a identificar o que produziam por meio de siglas, símbolos ou selos, para que os clientes observassem a origem do que adquiriam. Curiosamente, essa finalidade primária de identificar e distinguir produtos, bens ou serviços ainda perdura nos nossos dias, sendo uma das principais funções das marcas.

Em 1266 foi publicada, na Inglaterra, uma lei que exigia que os padeiros identificassem seus pães com uma marca para que o Estado pudesse fiscalizar os responsáveis pela produção e constatar se vendiam os pães no peso que declaravam. A partir dos séculos XVIII e XIX, com a Primeira Revolução Industrial e o consequente aumento da produção industrial, a necessidade de se identificar o que se produzia foi intensificada, e então a utilização das marcas tornou-se uma forma de diferenciar a origem e a qualidade dos produtos.

Segundo a *American Marketing Association* (AMA), marca é um nome, designação, sinal, símbolo ou combinação desses fatores com o propósito de identificar bens ou serviços de um vendedor ou grupo de vendedores e de diferenciá-los de seus concorrentes. Na prática, a empresa atribui um nome ao que produz para podermos comunicar a seus consumidores em que se diferencia de seus concorrentes.

No que diz respeito aos produtos de consumo, as empresas buscam desenvolver marcas fortes, tendo em vista a presença destes nos pontos de venda, que muito próximas do consumidor. Para o canal de distribuição, ter marcas fortes em suas prateleiras é sinal de boas vendas.

Mede-se a força de uma marca pela capacidade que ela tem de conquistar e manter o consumidor fiel a ela, e as marcas fortes têm um *brand equity* alto, que nada mais é do que a diferença dos resultados mercadológicos com a marca e resultados sem a marca ou o valor adicional gerado pela marca. Em outras palavras, é o conjunto de ativos que dá à empresa uma vantagem competitiva sobre os concorrentes e que pode ser medido pelo valor que alguns consumidores estão dispostos a pagar a mais pela marca que procuram (Figura 7.6).

Figura 7.6 Pirâmide da construção do *brand equity*

Valor da marca é o resultado da soma da qualidade percebida com as associações positivas que ela permite fazer, com a lealdade dos consumidores de sua consciência e com outros ativos que a compõe. A lealdade à marca, por sua vez, é uma medida de ligação do consumidor com a marca, que reflete a probabilidade do consumidor continuar comprando a mesma marca, diminuindo sua vulnerabilidade ou seja, a possibilidade do consumidor trocar de marca mediante a ação dos concorrentes, aumentando a perspectiva de lucros futuros. Implica o tempo para responder às ameaças dos concorrentes, uma vez que o conhecimento da marca estabelece uma ligação para outras associações. A qualidade percebida é estabelecida por meio da diferenciação, do preço e das extensões de produto, e as associações da marca ajudam a interpretar fatos e passar mensagens e conceitos.

Para o consumidor, uma marca que possui valor aumenta sua confiança na decisão e proporciona a ele satisfação no uso. No caso da empresa, esse valor aumenta sua eficiência e eficácia nas decisões de marketing, tendo em vista a fidelidade dos consumidores, o que consequentemente implica margens de lucro maiores e proporciona vantagem competitiva.

Identidade da marca refere-se àquilo que a empresa deseja que a marca transmita ao consumidor, ao passo que *imagem* é a percepção de uma marca baseada nas associações que o consumidor estabelece em sua memória. Sendo assim, a marca deve incorporar a promessa que uma empresa faz de entregar os benefícios ao consumidor, como o fazem empresas como Kibon, Bombril e Duralex.

Já outras marcas, como Omo ou Xerox, fazem referência ao benefício funcional pelo simbolismo que incorporam. As empresas donas dessas marcas investiram muito para associá-las às suas categorias de produto (sabão em pó e copiadora, respectivamente), e por terem qualidade superior, obtiveram uma reputação positiva

Na óptica do consumidor, as marcas são um meio rápido para simplificar decisões de produto. A marca facilita a identificação do fabricante, permite a atribuição de responsabilidade ao fabricante, reduz riscos, simplifica e reduz o custo de busca, cria vínculo com o fabricante, possui elementos simbólicos e é indicativo de qualidade.

Na óptica do fabricante, o investimento na construção de marcas facilita seu rastreamento e permite a proteção legal para aspectos exclusivos, além de ser um indicativo de qualidade para consumidores, um meio para criar associações exclusivas, uma fonte de vantagem competitiva e de se transformar em um forte ativo para retornos financeiros.

Logotipo é a representação gráfica da marca. Por exemplo, quando ouvimos a expressão Mercedes-Benz, o que nos vem a lembrança é a estrela de três pontos, ou Apple, lembramos da maçã com uma mordida, entre outros logotipos famosos.

O processo de desenvolvimento das marcas fortes envolve, principalmente, o seu posicionamento bem definido na mente do consumidor, o que depende de alguns fatores, como veremos a seguir:

7.5.3.1 Seleção do nome da marca

Para a escolha do nome da marca deve-se avaliar o produto ou serviço, seus benefícios, qual o segmento de mercado que a empresa deseja atender, qual o posicionamento que pretende ter e quais estratégias de marketing deve utilizar. Entre as qualidades que se desejam para uma marca, podemos destacar:

- Deve lembrar os benefícios e qualidades do produto (Melhoral);
- Deve ser fácil de pronunciar, de reconhecer e de lembrar (Gol, TAM);
- Deve ser inconfundível (Kodak);
- Apresentar significados positivos em outro idiomas (Polo).

Os nomes que podem ser:

Individuais: ocorre quando a empresa coloca um nome em determinado produto diferente do nome da empresa. Dessa forma, se o produto não der certo, não afeta a marca da empresa.

Nomes de família abrangentes: ocorre quando temos vários produtos, semelhantes entre si, com o mesmo nome – por exemplo, Sadia, Arno, Campbell's, Walita, entre outras empresas, utilizam essa estratégia. Praticamente todos os produtos dessas empresas têm a mesma marca nominal, e tal prática é chamada também de marcas guarda-chuva.

Nomes de famílias separados: utilizamos essa estratégia quando produzimos produtos ou serviços diferentes. Por exemplo, a rede de hotéis Accor tem uma marca de hotel para cada segmento que atende: Formula Um e Parthenon são dirigidos a consumidores diferentes.

Combinados (marca híbrida): ocorre quando combinamos o nome da empresa com o nome do produto ou quando dois nomes de marca conhecidos são combinados. Brastemp Mondial, Gillete Sensor, Leite Moça Nestlé, Sucrilhos Kellog's etc. O nome da empresa legitima o novo produto e o nome individual o identifica.

7.5.3.2 Proteção

Registrar a marca no Instituto Nacional de Propriedade Industrial (INPI). No Brasil, a Lei de Propriedade Industrial (Lei nº 9279, de 14 de maio de 1996) protege três tipos de marcas: de produto ou serviço, de certificação e coletiva. A validade da proteção da marca é por dez anos.

7.5.3.3 Definir o patrocínio da marca

A marca pode ser:

- Fabricante (Kellogs, Apple);
- Própria (Carrefour);
- Licenciamento (Nike, Adidas, Gucci, Armani);
- Marca combinada (Philco-Ford, Semp-Toshiba).

Marcas próprias são os produtos que pertencem e têm sua marca, identidade, distribuição controlada por varejistas, atacadistas, cooperativas, centrais de compras, importadores, exportadores ou qualquer outro distribuidor de bens de consumo. Elas podem ser varejista ou do atacadista, quando se utiliza da mesma marca que identifica a rede de lojas, podendo fortalecer a fidelização do cliente à rede por meio de um menor volume de investimento. Por exemplo: Carrefour, Extra, Makro. Podem também ser marca fantasia quando se utiliza de uma ou mais marcas, diferentes da rede, o que demanda maiores investimentos para a construção da marca com o consumidor. Por exemplo: Great Value, Qualitá.

As marcas próprias proporcionam algumas vantagens, como aumento da margem de lucro, construção de uma imagem própria, redução do poder dos fornecedores, transferência da imagem do varejo para o produto, controle do mix de produtos, cobrança de taxas de utilização de espaço para as marcas dos fabricantes, sensação de exclusividade para o consumidor e possibilidade de fidelização. Entre as desvantagens, podemos destacar o risco de o produto ser de baixa qualidade, a necessidade de reestruturar o valor da marca e risco do consumidor optar por marcas líderes.

7.5.3.4 Definir a estratégia de marca que será adotada

O primeiro ponto que abordaremos são as *extensões de linha*, que ocorrem quando uma empresa lança itens adicionais em dada categoria de produtos sob o mesmo nome de marca, com novos sabores, formas, cores, ingredientes ou tamanhos de embalagens, pois essa é uma forma de lançar novos produtos a um custo mais baixo e com menos risco. Além disso, também permite negociar áreas mais amplas nos pontos de venda e, em contrapartida, pode confundir o consumidor e diluir o conjunto de significados da marca para ele. Por exemplo, a Coca-cola possui 16 versões do produto Diet Coke nos Estados Unidos; e a Unilever lançou OMO Cores, Fases, Máquina, Progress, Multiação.

O outro ponto são as *extensões de marca*, ou seja, o uso de uma marca de sucesso para lançar produtos novos ou modificados em uma nova categoria. Essa estratégia proporciona ao novo produto reconhecimento imediato, facilitando a aceitação, além de proporcionar economia em comunicação. Todavia, pode haver confusão e exposição da marca principal, enfraquecendo, assim, o posicionamento na mente do consumidor. Por exemplo, a Vitorinox, a partir dos canivetes Swis Army, lançou talheres, relógios, malas etc.; chocolate Prestígio, bombom Prestígio, picolé Prestígio, biscoito Prestígio; automóvel Honda, motocicleta Honda, motor de lancha Honda).

Temos também as *multimarcas*, na qual a empresa lança marcas diferentes em uma categoria de produto. Essa estratégia é utilizada para ampliar os espaços de exposição nos pontos de venda, para aumentar a percepção dos significados das marcas e para proteger a marca principal do ataque de marcas menores; isso aumenta o investimento de recursos de marketing e pode canibalizar vendas: Ariel, Ace e Bold são marcas de sabão em pó da Procter & Gamble. Por fim, há as *novas marcas*, o que inclui um novo nome de marca em uma nova categoria – por exemplo, a Matsushita produz Panasonic, JVS, Quasar etc.).

A empresa deve tomar cuidado para que sua marca não se torne um nome genérico. Acontece quando a marca é confundida com o produto, como gilete, cotonete, xerox, bom-bril, aspirina etc. Nessa situação, a marca perde a identidade; em outra situação, é o consumidor se dirigir ao ponto de venda e pedir o produto pela nossa marca e comprar o concorrente. Nossos esforços em consolidar a marca foram em vão.

7.5.4 Embalagem e rotulagem

Embalagem é a atividade de projetar e produzir o recipiente ou envoltório de um produto, o que inclui a forma como o produto vai ser exposto, transportado e armazenado. Em serviços, a embalagem é representada pelas instalações físicas onde o serviço será prestado (ou seja, o local onde o serviço será prestado), e são avaliados fatores como a atmosfera, a limpeza, a organização, a decoração.

É preciso tomar algumas decisões com relação:

- **ao material utilizado:** a definição sobre a matéria-prima que será utilizada na fabricação da embalagem em relação ao impacto nos custos de fabricação do produto. É importante que essa embalagem seja reciclável e que proteja o produto;

- **ao tamanho:** as embalagens variam de acordo com o produto e devem ser coerentes e proporcionais. A empresa deve levar em consideração onde o produto ficará exposto e a conveniência das empresas, produzindo embalagens individuais e "tamanho família";
- **ao design:** esse é um ponto essencial e deve visar à facilidade de manuseio e utilização por parte do consumidor, o que inclui facilidade de transporte, armazenagem e exibição. Tendo em vista que confere uma identidade ao produto, o design deve ter aparência limpa e higiênica;
- **cores:** as cores influenciam na hora da decisão de compra de um produto. As redes de *fast-food*, por exemplo, utilizam cores quentes, como laranja, amarelo e vermelho para embalar seus produtos, visto que essas cores levam os consumidores à ação de comer. Nas embalagens de alimento, geralmente a cor predominante é branca, combinado com vermelho, azul ou verde, sugerindo higiene, sabor, textura.

A embalagem perfeita é aquela que descreve o produto com exatidão, abre-se com facilidade, fecha-se quase que hermeticamente, acondiciona bem o produto e é de fácil utilização. Não se trata apenas de um meio de preservação do produto, mas sim de um importante fator de identificação, uma vez que a embalagem dá individualidade e, em muitos casos, é um eficiente fator de vendas – pense no requeijão, por exemplo.

Embalagem que não chama a atenção é uma embalagem morta, portanto, ela deve enaltecer, realçar, prestigiar o produto. Em suma, uma embalagem, para ser considerada boa, deve atender aos seguintes requisitos:

- ter aparência atrativa e original;
- ser facilmente reconhecida pelo consumidor;
- ser, por si mesma, um incentivo à compra;
- ser facilmente descrita pelo consumidor;
- ter formas, cores e desenhos adequados ao produto;
- levar em conta o estilo em evidência dos produtos similares;
- adaptar-se ao principal incentivo do produto: utilidade, economia, luxo ou novidade etc.; e
- levar em conta o gosto médio do público a que o produto se destina.

Antigamente, a função primordial era conter e proteger o produto, mas, atualmente, a embalagem tem valor promocional, e isso obriga a empresa a: estabelecer o conceito de embalagem e desenvolver elementos específicos desta, e, também, fazer com que os elementos funcionem em conjunto para dar sustentação à posição do produto e à estratégia de marketing.

7.5.5 Rótulo

São as informações impressas que aparecem sobre ou dentro da embalagem. O rótulo obedece a uma legislação específica em cada país. No Brasil, ela obedece à Lei nº 8.543, de 23 de dezembro de 1992. O rótulo desempenha diversas funções, como identificar o produto ou a marca, informar várias coisas sobre o produto e promover o produto com sua apresentação gráfica atraente.

7.6 Ciclo de vida dos produtos (CVP)

Um produto ou um serviço, assim como um ser vivo, nasce, cresce, amadurece e morre. Ele passa por fases ou estágios durante seu ciclo de vida, denominados: introdução, crescimento, maturidade e declínio do ciclo de vida do produto (Figura 7.7).

Figura 7.7 Ciclo de vida dos produtos

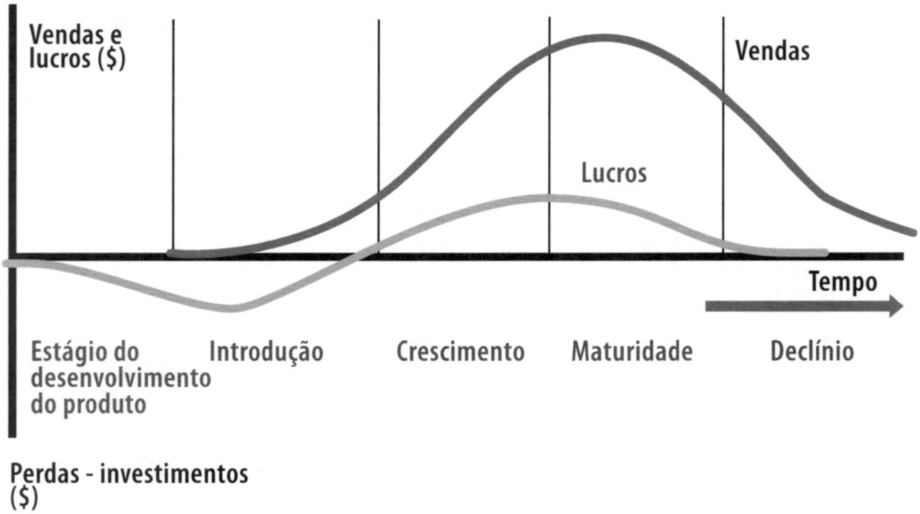

Cada estágio do ciclo de vida do produto possui características distintas (Quadro 7.2), e devemos estabelecer estratégias de marketing específicas (Quadro 7.3).

Quadro 7.2 Características dos ciclo de vida dos produtos

	INTRODUÇÃO	CRESCIMENTO	MATURIDADE	DECLÍNIO
VENDAS	Baixas	Em rápido crescimento	Atingem o apogeu	Em queda
CUSTO	Alto	Médio	Baixo	Baixo (possível aumento devido à perda de escala)
LUCRO	Negativo	Crescente	Elevado (possível queda como porcentagem de faturamento)	Declinante
CONSUMIDORES	Inovadores	Adotantes imediatos	Adotantes posteriores	Retardatários
CONCORRENTES	Poucos	Em número crescente	Número estável, mas declinante	Número declinante
OBJETIVO DE MARKETING	Criar consciência do produto	Maximizar participação de mercado	Maximizar lucro, defender participação	Reduzir gastos e tirar máximo proveito

Quadro 7.3 Estratégias adotadas no ciclo de vida do produto

	INTRODUÇÃO	CRESCIMENTO	MATURIDADE	DECLÍNIO
PRODUTO	Oferecer produto básico	Oferecer extensões de produto	Diversificar marcas e modelos	Eliminar itens fracos
PREÇO	Alto	Preço de penetração	Acompanhar ou vencer a concorrência	Reduzido
DISTRIBUIÇÃO	Seletivo	Intensivo	Mais intensivo	Seletivo
COMUNICAÇÃO	Construir consciência entre adotantes e revendedores; gasto elevado	Construir consciência e interesse no mercado de massa; Manter o gasto	Enfatizar diferenças e benefícios da marca; crescimento do gasto	Manter apenas para os consumidores fiéis; gasto minimizado

7.6.1 Introdução

As características da introdução são: baixas vendas, alto custo por cliente; prejuízos com os custos do investimento no lançamento; clientes inovadores e poucos concorrentes. Os objetivos de marketing são construir demanda pela classe de produto, criar consciência de sua existência e provocar experimentação. Nesse ponto, a empresa oferece um produto básico, mas, na promoção, tenta sensibilizar adotantes e distribuidores. Estimula-se a experimentação, mas a distribuição é seletiva.

Com relação a preços, podemos utilizar quatro estratégias. A primeira delas é a promoção alta e o preço baixo, ou seja, penetração rápida quando o produto é desconhecido, a concorrência é acirrada, o mercado é grande e quando a empresa faz economia de escala. A segunda é promoção alta e preço alto, que consiste em *skimming* (desnatação) rápido quando o produto é desconhecido, mas existe concorrência em potencial, quando há preferência de marca e quando os consumidores na são sensíveis a preço.

A terceira estratégia é promoção baixa e preço baixo, o que significa baixa penetração quando o produto é conhecido, que existe concorrência potencial, que o mercado é grande e que o consumidor é sensível a preço. Por fim, temos a estratégia de promoção baixa e preço baixo, que consiste em *skimming* (desnatação) lento quando o produto é conhecido e a concorrência não iminente, quando o mercado é limitado em tamanho e os consumidores não são sensíveis a preço.

7.6.2 Crescimento

As características do crescimento são:

- aumento rápido das vendas, acompanhando a demanda aquecida;
- custo médio por cliente;
- início dos lucros;
- adoção imediata por parte dos clientes;
- aumento da eficiência produtiva e de distribuição; e
- aumento do número de concorrentes.

Os objetivos de marketing são a construção da demanda pela marca, diminuição do preço e crescimento da imagem. Sendo assim, a empresa busca melhorar a qualidade de seu produto ou serviço, acrescentar novos modelos e oferecer produto ampliado; além disso, também tenta manter o preço constante ou, então, permite uma queda, busca, por meio da comunicação, conscientizar um público maior e introduzir campanhas de preferência de marca e, além disso, realiza uma distribuição intensiva com novos canais e maior cobertura.

Quando o assunto são os preços, é necessário tomar alguma decisão, o que implica aumentar a participação de mercado baixando o preço, ou, então, melhorar a lucratividade, mas mantendo o preço.

7.6.3 Maturidade

As características são: as vendas atingem seu pico e se estabilizam; os custos por cliente são baixos; os lucros são elevados; os clientes pertencem à maioria mediana; e os concorrentes estão em um número estável com tendência de declínio.

O objetivo de marketing é defender a participação de mercado. Sendo assim, é possível aumentar o número de usuários da marca por meio da conquista de novos usuários, atuar em novos segmentos e tirar usuários da concorrência. Em produto, diversificamos marcas e modelos, e reduzimos preço para consolidarmos a posição ou aumentamos, para sinalizar qualidade. Já em promoção damos ênfase às diferenças e aos benefícios da marca para encorajar a mudança, o que torna a distribuição mais intensiva.

Em produto, é possível utilizar estratégias específicas, levando a:

- utilização com mais frequência: consumir o produto em outras situações além da habitual (suco de laranja-café da manhã);
- maior utilização por ocasião: orientação do fabricante para consumir o produtos em quantidades maiores (xampu);
- utilização de artigos novos e mais variados: a empresa sugere novas utilizações do produto e tentam convencer as pessoas a utilizá-lo de várias maneiras (alimentos-receitas).

7.6.4 Declínio

Essa fase é caracterizada pelo declínio nas vendas e, consequentemente, nos lucros, pelo baixo custo por cliente, que acabam se tornando retardatários e pela diminuição dos concorrentes. Os objetivos de marketing são reduzir gastos e tirar o máximo possível do momento. Para isso, a empresa elimina os produtos fracos (modelos), reduz preço e a propaganda, elimina os canais de distribuição não lucrativos e tenta reduzir estoques.

A empresa pode, ainda, nessa situação, se for seu objetivo:

- elevar seu investimento para dominar o mercado;
- manter o nível de investimento em razão da fase de incerteza;
- reduzir o investimento seletivamente, abrindo mão de clientes não lucrativos e investindo em nichos lucrativos; ou
- desfazer-se do negócio rapidamente.

As principais dificuldades encontradas para realizar o estudo do ciclo de vida do produto envolve:

- forte dependência da sensibilidade do gestor, pois os padrões de ciclo são variados em termos de forma e duração;
- desconhecimento da duração de cada estágio;
- produtos podem não passar pelo ciclo completo.

A estratégia é orientada para o produto, não para o mercado; sendo assim, no ciclo de vida do produto ocorre o que denominamos de obsolescência planejada, que se dá quando sabemos o momento de lançarmos o produto e o momento de retirá-lo do mercado.

7.7 Novos produtos

Com a mudança constante no mercado e no comportamento dos consumidores em virtude das ações dos concorrentes, da tecnologia empregada e dos gostos dos consumidores, a empresa se vê obrigada a constantemente desenvolver novos produtos ou serviços. Para isso, pode utilizar de duas estratégias: adquirir uma empresa, uma patente, ou uma licença para fabricar outro produto ou serviço ou, então, desenvolver um novo produto ou serviço.

O desenvolvimento de novos produtos é importante para a empresa e para os consumidores ou clientes, mas o grande problema é o número de fracassos no lançamento destes. Pesquisas indicam que a taxa de fracasso gira em torno de 75% dos lançamentos feitos – nos últimos dez anos, menos de 200 produtos, entre todos os que foram lançados, ultrapassaram 150 milhões de dólares de vendas no mundo todo.

O grande problema que enfrentamos é que precisamos desenvolver novos produtos, para acompanharmos o mercado, atendermos à expectativa dos consumidores e clientes, e incorporamos as inovações tecnológicas, tudo ao mesmo tempo.

Os riscos para o desenvolvimento de novos produtos que devemos observar são:

- As mudanças de necessidades, hábitos e gostos dos consumidores;
- O surgimento de novas tecnologias (produtos substitutos);
- A obsolescência planejada;
- A competição cada vez mais acirrada; e
- Os altos investimentos necessários no desenvolvimento de protótipos.

Com o intuito de minimizar situação, é importante que a empresa siga alguns passos no desenvolvimento de novos produtos (Figura 7.8).

Figura 7.8 Estágios de desenvolvimento de novos produtos

7.7.1 Geração de ideias

As ideias podem surgir a partir dos clientes, concorrentes, inventores, laboratórios, fornecedores, da alta administração ou de uma pesquisa de marketing, e a lista de atributos é enorme. A empresa precisa, então, verificar a relação dos atributos atuais e as possíveis melhorias destes por meio do canal direto com os consumidores, de pesquisa de satisfação do consumidor e, também, por meio do Serviços de Atendimento ao Consumidor (SAC).

O *brainstorming* (tempestade de ideias) é outra técnica muito utilizada, que consiste em reuniões nas quais as críticas são proibidas e a quantidade de ideias é incentivada utilizando o trabalho com o "criativo" e a combinação de ideias é incentivada e aperfeiçoada.

É possível identificar a necessidade por meio de pesquisas e classificação dos problemas por grau de seriedade, incidência e custo de correção. Além disso, pode-se utilizar grupos de clientes, identificando problemas e possíveis melhorias dos produtos e serviços, questionando se é possível criar outras aplicações, usos, adaptações, ampliações ou combinações.

7.7.2 Seleção de ideias

As empresas de grande (algumas de médio) porte exigem que as novas ideias sejam transcritas em um formulário, padronizado, descrevendo a ideia do produto, quem são os consumidores (mercado-alvo), quem são os concorrentes, potencial de mercado e demanda de mercado (tamanho), preço estimado do produto, tempo para seu desenvolvimento e previsões de vendas, custos e taxa de retorno.

Se a decisão for tomada pela óptica das empresas, observe se a:

- compatibilidade com os objetivos e recursos (viabilidade econômico-financeira);
- capacidade de gerar vantagem competitiva duradoura;
- tempo de desenvolvimento.

Se a decisão for pela óptica do consumidor, observa-se:

- a atratividade da ideia, da diferenciação e da inovação proposta;
- se satisfaz suas necessidades e desejos reais e potenciais;
- se produz percepção de valor.

7.7.3 Desenvolvimento e teste de conceito

Devemos traduzir uma ideia em conceito de produto, definindo "quem irá usar", "quais necessidades serão atendidas", "que benefícios serão oferecidos" e "qual a ocasião e frequência de consumo". Entendemos como conceito de produto a versão elaborada e melhorada da ideia deste, que deve ser expressa em termos significativos para o consumidor e devemos ter a visão clara de que os consumidores compram conceitos de produtos, e não ideias. Sendo assim, é importante verificarmos os aspectos funcionais e psicológicos envolvidos no processo.

A ideia do produto é a oferta básica da empresa e, após definida a ideia, a empresa passa a desenvolver o conceito deste, que deve ser atraente para seus consumidores, provocando neles a intenção de compra. Podemos estabelecer para o produto conceitos como:

- Bebida instantânea para café da manhã (adultos);
- Bebida gostosa para lanche (crianças);
- Bebida saudável para lanche noturno (idosos).

O teste de conceito é feito com consumidores em potencial, utilizando uma pesquisa de campo. No Brasil, essa pesquisa geralmente é feita em Campinas, Porto Alegre, Curitiba ou Manaus e envolve:

- Apresentação do produto: a empresa testa a clareza e a credibilidade dos benefícios e também a comunicabilidade e a confiabilidade do conceito que queremos transmitir;
- Nível de necessidade: verifica-se se o produto é solução efetiva de problemas e se satisfaz as necessidades reais dos consumidores;
- Produtos concorrentes: avalia-se a lacuna entre o novo produto e os produtos existentes e testa-se o *recall* de marcas existentes;
- Intenção de compra: a empresa mede o nível de intenção de compra;

- Avaliação do valor da oferta e formas de uso: mede-se o valor percebido e as formas de uso (quando, ocasião e frequência).

7.7.4 Estratégia de marketing

A estratégia de marketing é desenvolvida em três etapas: análise de atratividade do mercado, definição de objetivos e estratégias utilizadas.

Com relação à análise de atratividade do mercado, a empresa deve definir seu segmento de mercado, seu tamanho, as taxas de crescimento, o posicionamento planejado para o produto, as expectativas de vendas e de participação de mercado e também estimar os lucros para o primeiro ano.

Já na etapa de definição de objetivos, são estabelecidos os objetivos de marketing, a participação de mercado esperada, o preço previsto para a venda, o canal de distribuição que será utilizado, as estratégias de comunicação que serão adotadas, os investimentos necessários, a previsões de receitas e a estrutura de custos e o nível de lucratividade.

Por fim, na etapa de estratégias utilizadas, a empresa elabora o desenho da oferta ao mercado, estabelece as vendas esperadas, define o posicionamento, estima os lucros e as estratégias de marketing (marca, canal de distribuição, preço, comunicação e força de vendas necessárias) que serão utilizadas no longo prazo (de três a cinco anos).

7.7.5 Análise do negócio

A análise do negócio (Figura 7.9) envolve a revisão das previsões feitas. Após determinarmos o conceito do produto e a estratégia de marketing, devemos avaliar se a proposta é atrativa, elaborando projeções de vendas, de lucros e de custos para saber se atendem aos objetivos de nossa empresa, Se não atenderem, o conceito é eliminado. Ao contrário, passamos para a etapa de desenvolvimento.

Figura 7.9 Análise do negócio

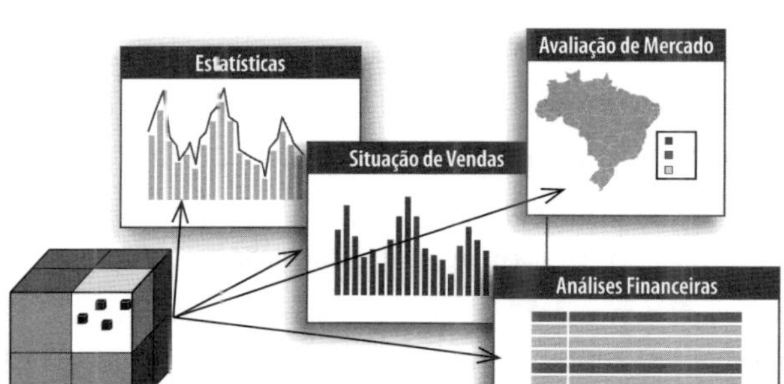

Nessa fase, devemos ficar atentos à taxa de adoção de uma inovação (Figura 7.10), uma vez que as características que podem afetar a taxa de adoção são:

- **Vantagem relativa:** a inovação parece superior aos produtos existentes (vantagem de se utilizar o tablet para várias coisas);.
- **Compatibilidade:** a inovação corresponde aos valores e às experiências das pessoas (os tablets são compatíveis com o estilo de vida da classe média);.
- **Complexidade:** a inovação é relativamente difícil de ser compreendida ou utilizada. (os tablets são complexos, portanto, leva tempo para serem amplamente utilizados em casa);
- **Divisibilidade:** a inovação pode ser experimentada em uma base limitada (aluguel com opção de compra tablets aumenta sua demanda);
- **Comunicabilidade:** os resultados benéficos da utilização são observáveis ou podem ser descritos aos outros (os tablets se prestam à demonstração e à descrição o que ajuda sua difusão ser mais rápida).

Figura 7.10 Classificação dos adotantes com base no tempo relativo de adoção de inovações

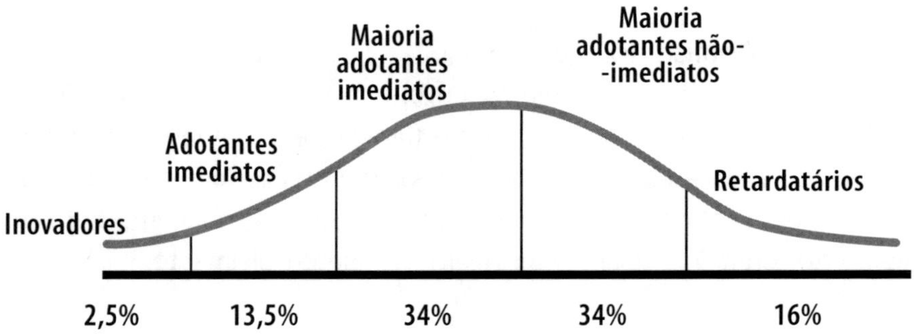

Os estágios no processo de adoção são:

- **Conscientização:** o consumidor toma conhecimento do produto;
- **Interesse:** o consumidor se informa sobre o novo produto;
- **Avaliação:** o consumidor avalia se vale a pena experimentar o produto;
- Experimentação: o consumidor experimenta o produto adquirindo em menor escala;
- **Adoção:** o consumidor compra o produto e decide usá-lo de forma constante.

7.7.6 Desenvolvimento do produto

O desenvolvimento do produto passa pelas etapas de concepção e elaboração, e implica desenvolvimento do protótipo e testes com este, além do desenvolvimento de embalagem e da marca, da execução dos testes com embalagem e da produção do produto piloto.

7.7.7 Teste de mercado

Desenvolvido o produto, é hora de realizar os testes de mercado, que são feitos por meio de uma pesquisa de campo, geralmente em Campinas, Manaus ou Curitiba.

Os mercados-teste podem ser:

- Mercados-teste padrão: quando a empresa faz uma campanha completa de marketing em um pequeno número de cidades representativas;
- Mercados-teste controlado: quando a empresa utiliza algumas lojas selecionadas que concordam em expor o novo produto mediante o pagamento de uma taxa;
- Mercados-teste simulados: quando a empresa testa os novos produtos em ambientes de compras simulados.

No teste de mercado, o produto e o programa de marketing são apresentados em cenários de mercado mais realistas, e os elementos que a empresa pode avaliar são produto, posicionamento, propaganda, distribuição, preço, marca, embalagem e nível de orçamento.

Nos bens de consumo, os tipos de testes de mercado são:

- Compra simulada utilizando grupo selecionado de consumidores, exposição continuada de comerciais, buscando formar a intenção de compra, consumidores recebem dinheiro para efetivação da compra e análise do processo de compra do consumidor;
- Painel de lojas: permite controlar a localização do produto nas lojas, o número de concorrentes em potencial, aspectos promocionais e a sensibilidade a preço;
- Mercado-teste: as cidades-teste proporcionam previsões mais confiáveis de vendas futuras e testes de diferentes compostos de marketing.

Para produtos industriais, podemos fazer testes de uso de produto com clientes selecionados e por tempo ilimitado, promover feiras de comercialização, o que possibilita verificar o nível de interesse e expõe o produto à concorrência, realizar *showrooms*, nos quais se verifica a preferência pelo produto ou serviço num ambiente normal de venda do produto e fazer testes de mercado controlados, estabelecendo fabricação e venda em área geográfica limitada, e, também, o apoio promocional para a região escolhida.

7.7.8 Comercialização

Com as informações fornecidas pelos testes de mercado, podemos decidir pela comercialização ou não do produto ou serviço a ser lançado. Nesse momento, é importante definir alguns pontos, como: "Para quem?" (a empresa estabelece quem serão os novos usuários, os *heavy-users*, quem são os líderes de opinião e se são acessíveis pela mídia), "Quando?" (a companhia deve entrar antes dos concorrentes, em paralelo ou depois), "onde? (estabelecemos onde será comercializado – qual cidade ou região – e se o produto terá âmbito nacional ou internacional) e "como?" (define-se a estratégia de lançamento, o que envolve decisões de produto, preço, praça e promoção.

ELABORANDO UM PROJETO

Nessa etapa do projeto, começamos a definir nossos produtos ou serviços, o que inclui atributos, características, diferenciais, posicionamento, embalagem etc. A partir do resultado da pesquisa que efetuaram, descrevam suas ideias.

Resumo

O produto é essencialmente tangível, ao passo que o serviço é intangível – essa é a diferença básica entre produtos e serviços. As principais características dos serviços são intangibilidade, inseparabilidade, variabilidade e perecibilidade.

No caso dos serviços, além das quatro estratégias de marketing: produto, preço, praça e promoção, juntam-se às características envolvidas em serviços, como pessoas, evidências físicas e processos. Quanto aos benefícios procurados, podemos destacar o básico, o ampliado e o diferenciado.

Os produtos e serviços podem ser de consumo ou industrial – também denominado empresarial (empresas industriais ou de serviços) –, institucional (escolas, hospitais etc.) e governamental (governos municipal, estadual e federal, autarquias e empresas mistas). E quanto ao critério de compra, os produtos se classificam em conveniência, escolha, especialidade e não procurados.

O mix de produtos de uma empresa consiste em todos os produtos e itens que determinado vendedor põe à venda, e afirmamos que uma empresa possui consistência em sua linha de produtos quando sua linha possui abrangência, extensão, profundidade.

Marca é um nome, uma designação, um sinal, um símbolo ou uma combinação de todos esses elementos com o propósito de identificar bens ou serviços de um vendedor ou grupo de vendedores e de diferenciá-los de seus concorrentes. *Brand equity* é a diferença dos resultados mercadológicos com a marca e sem ela, e com ou sem o valor adicionado gerado pela marca. Trata-se do conjunto de ativos que dá à empresa uma vantagem competitiva sobre os concorrentes e que pode ser medido pelo valor que alguns consumidores estão dispostos a pagar a mais pela marca que procuram. Logotipo, por sua vez, é a representação gráfica da marca.

Embalagem é a atividade de projetar e produzir o recipiente ou envoltório de um produto e envolve a forma como o produto vai ser exposto, transportado e armazenado. Em serviços, a embalagem é representada pelas instalações físicas onde o serviço será prestado, e aqui são avaliadas a atmosfera, a limpeza, a organização e a decoração, entre outros fatores. Os rótulos, por sua vez, são as informações impressas que aparecem sobre ou dentro da embalagem – os países possuem leis específicas na utilização dos rótulos. Um produto ou um serviço, assim como um ser vivo, nasce, cresce, amadurece e morre.

Ele passa por fases ou estágios durante seu ciclo de vida, a saber: introdução, crescimento, maturidade e declínio do ciclo de vida do produto. Cada uma dessas fases possui características específicas e exigem estratégias focadas.

Quando pensamos em lançar novos produtos, é importante seguirmos e as seguintes etapas: geração de ideias, seleção das ideias, desenvolvimento e teste de conceito, definição das estratégias de marketing, análise do negócio, desenvolvimento do produto, teste de mercado e comercialização.

Questões para discussão

Algumas questões exigirão dos alunos uma pesquisa extra. Para isso, eles podem utilizar alguns recursos para aprofundar o tema, como a internet ou a biblioteca.

1. Você acha que os produtos desenvolvidos hoje estão cada vez mais com sua obsolescência planejada? Justifique sua resposta.

2. Você está começando um negócio e seu produto é um bem de conveniência. Você investiria em comunicação, destacando sua marca, ou em embalagem? Justifique seu posicionamento.

3. O processo de produção do serviço encaminha as seguintes variáveis: pessoas, evidências físicas e processos. Exemplifique e explique essas variáveis para:
   a. Um restaurante
   b. Uma oficina mecânica

4. Identifique e explique as características dos serviços para:
   a. Uma faculdade
   b. Um clube esportivo

5. **(Provão 2002)** Hélio Ribeiro é um frequente comprador de livros de *marketing* pela internet. Ele prestigia a livraria virtual Virtulivro, da qual é cliente há quatro anos. Hélio percebe que a Virtulivro pratica a estratégia da customização em massa quando observa que o *site*:
   a. sugere-lhe novos títulos, baseado em suas compras anteriores.
   b. apresenta uma grande variedade de títulos.
   c. cobra preços mais baixos do que as filiais reais.
   d. oferece uma variedade de títulos muito maior do que as lojas reais.
   e. é especializado em livros de *Marketing*.

6. **(Provão 2002)** Um grupo de amigos resolveu abrir um negócio voltado para homens sozinhos e que trabalham fora. Percebendo a necessidade nesse segmento de alguém para cuidar da casa, o grupo abriu a Casa Fácil – um empreendimento que começou como um serviço de arrumação de casa. O serviço teve grande sucesso e os sócios o expandiram segundo uma estratégia de diversificação. Assim, criaram um serviço de:
   a. mecânica de automóvel para homens sozinhos que trabalham fora.
   b. arrumação de armários para homens sozinhos que trabalham fora.
   c. arrumação de casa para senhoras sozinhas que ficam em casa.
   d. reparos domésticos para senhoras sozinhas que ficam em casa.
   e. reparos domésticos gerais para homens sozinhos que trabalham fora.

7. **(Provão 2002)** Uma edição recente da revista *Exame* versou sobre o avanço de marcas de produtos baratos no mercado brasileiro, que conquistaram os consumidores de baixa renda e causaram sensíveis perdas de parcelas de mercado das marcas líderes. São situações que propiciam o surgimento de novas marcas de produtos baratos:

a. maturidade de mercado, cartel e grande número de consumidores de baixa renda.

b. crescimento de mercado, marcas tradicionais vulneráveis e necessidades não satisfeitas.

c. grande poder de negociação dos distribuidores, preços tabelados e necessidades não satisfeitas.

d. estabilização econômica, protecionismo do mercado e grande extensão de linha dos concorrentes.

e. protecionismo de mercado, poucos concorrentes e grande desigualdade social.

8. **(Provão 2001)** Em uma prova de administração mercadológica, um aluno escreveu: "Um ponto crítico em serviços, que confere a eles uma imagem de baixa qualidade, é sua variabilidade". Tal afirmativa merece reparos porque:

a. a variabilidade não é uma característica típica dos serviços.

b. a variabilidade dos serviços pode ser justamente a razão que gera uma boa imagem do serviço.

c. a variabilidade de um serviço e a satisfação do consumidor apresentam alta correlação positiva.

d. a influência da variabilidade sobre a qualidade percebida dos serviços é mínima se comparada à da perecibilidade.

e. bens físicos também apresentam variabilidade e não têm sua imagem prejudicada por isso.

9. **(Provão 2001)** A Sawon – uma empresa do ramo de higiene pessoal – acaba de ampliar sua linha de produtos. Em que situação uma empresa pode tomar uma decisão dessas?

a. A empresa está a ponto de se retirar do mercado e qualquer nova fonte de receita é bem-vinda.

b. A empresa utiliza plenamente sua capacidade de produção e, com isso, conta com os benefícios do efeito escala.

c. A empresa adota a estratégia de alta lucratividade, e as ampliações de linhas costumam aumentar sua rentabilidade.

d. A empresa decide neutralizar um ou mais concorrentes no segmento de preços mais baixos para evitar sua entrada no segmento superior.

e. O canal de distribuição conta com vários níveis, e o surgimento de novos produtos pode contribuir para a redução de uma indesejável concorrência entre esses níveis.

10. **(Provão 2000)** Considerando a sua linha de cereais matinais, que vem perdendo participação de mercado há seis meses consecutivos, o gerente de marketing de uma empresa regional de alimentos considera a possibilidade de pleitear que se realizem investimentos para a criação de uma extensão no ciclo de vida de um dos principais produtos dessa linha. Para criar uma extensão no ciclo de vida desse produto a empresa deverá:

a. fazer propaganda cooperada e lançar nova linha de produtos.

b. criar novos usos para matéria-prima básica e reformular seu merchandising.

c. aumentar o preço e reduzir o giro de estoque desse produto.

d. terceirizar a fabricação e modificar a logística de distribuição do produto.

e. promover o incremento do consumo entre os usuários atuais e renovar a embalagem.

11. **(Provão 2001)** Ao decidir pela variedade de sua linha de produtos, o executivo principal de uma empresa do setor de bens de consumo deve avaliar:

I. a sua própria propensão ao risco;

II. a natureza dos produtos;

III. a logística de distribuição de sua empresa;

IV. o estágio do ciclo de vida de seus produtos;

V. a matéria-prima empregada na produção;

VI. as ações da concorrência;

VII. as condições de acesso aos mercados internacionais.

As alternativas corretas são:

a. I, II, IV e VI apenas.

b. I, IV, VI e VII apenas.

c. II, III, V e VI apenas.

d. II, III, IV e VI apenas.
e. III, IV, VI e VII apenas.

12. (Provão 1999) Para aumentar sua competitividade no mercado, a Companhia de Utensílios Domésticos, além da pontualidade e garantia dos serviços aplicados a seus produtos, também oferece o transporte do cliente de sua casa ou de seu trabalho até a fábrica para visita às suas dependências, onde há um posto de vendas. Nesse caso, agregando essas vantagens aos produtos da empresa, caracteriza-se, sob a óptica do marketing, a oferta do produto:
a. estratégico.
b. esperado.
c. ampliado.
d. potencial.
e. básico ou genérico.

13. (Provão 1999) Os serviços possuem quatro características: intangibilidade, inseparabilidade, variabilidade e perecebilidade. Quando se diz que "um avião decolou do aeroporto com vinte e três lugares não ocupados", as características que se identificam neste caso são:
a. intangibilidade e variabilidade.
b. intangibilidade e perecebilidade.
c. inseparabilidade e variabilidade.
d. perecebilidade e inseparabilidade.
e. variabilidade e perecebilidade.

14. (Provão 1999) Celso e Jane desenvolveram um novo produto de conveniência que possui um benefício específico de alta utilidade para os consumidores. Nesse tipo de situação, historicamente a concorrência tem respondido de forma rápida, colocando produtos similares no mercado. Assinale a opção que apresenta uma afirmação correta em relação à estratégia de preço indicada para o caso.
a. Preços altos devem ser adotados para selecionar os compradores pelo poder aquisitivo até a entrada dos concorrentes.
b. Preço de penetração é uma estratégia inadequada, pois perder-se-ia a oportunidade de maior lucratividade.

c. A concorrência não é fator preocupante, portanto, preço alto é a melhor alternativa para conquistar os clientes no mercado.

d. A grande demanda do produto permite estimular uma política de preço de desnatação e possibilitar, assim, um maior retorno para a empresa.

e. Uma estratégia de preço baixo deve ser empregada para aproveitar a diferenciação do produto, conquistando maior número de clientes.

15. **(Enade 2006)** Jeremias trabalha como diretor de marketing da "Pé no Chão", empresa que produz sandálias de couro. A empresa nunca desenvolveu uma marca de produtor, comercializando seus produtos no Brasil e no exterior por meio de varejistas, que os vendem com suas próprias marcas. Jeremias tem tentado convencer os donos da empresa a desenvolver uma marca de produtor, com a qual eles poderiam vender os produtos. O que o uso de uma marca de produtor permitiria à empresa "Pé no Chão"?

a. Vender seus produtos através de distribuidores exclusivos, o que garantiria maiores margens de lucro.

b. Ficar protegida em caso de flutuações na demanda.

c. Construir uma imagem junto a seu público-alvo.

d. Posicionar melhor o produto como de alta qualidade combinando uma marca de produtor com preço popular.

e. Segmentar o mercado demograficamente, o que não seria possível com marcas próprias de varejistas.

16. **(Enade 2006)** A "Quitutes da Tia Zuzu" é uma pequena empresa brasileira que produz misturas pré-preparadas para bolos e tortas. O sucesso dessa empresa é tal que os diretores estão considerando expandir o composto de produtos, comercializando bolos e tortas prontos. Os gerentes de produto, no entanto, temem que as novas linhas de produtos canibalizem a linha de misturas. Como a empresa pode se proteger da possibilidade de canibalização?

I. Direcionando a comunicação do novo produto para um público com perfil psicográfico diferente daqueles que compram as misturas pré-preparadas.

II. Concentrando a distribuição da nova linha de produtos em regiões onde as misturas de bolos e tortas não são distribuídas.

III. Comercializando a nova linha de produtos com uma marca diferente, usando uma estratégia de multimarcas.

Está(ão) correto(s), apenas, o(s) item(ns)

a. I.

b. II.

c. III.

d. I e II.

e. I e III.

17. **(Enade 2012)** No hotel Durmaqui, são oferecidos diversos serviços de cualidade a seus hóspedes, da estética à locação de veículos. Muitos serviços têm hora certa para serem executados, como a preparação do café da manhã e a arrumação dos quartos dos hóspedes. Considerando o contexto apresentado, avalie as asserções a seguir e a relação proposta entre elas.

I. Agiu corretamente o gerente do Durmaqui que decidiu capacitar muito bem sua equipe para não haver atrasos nos serviços que têm hora certa para serem executados, já que não é possível armazenar esses serviços.

PORQUE

II. Em geral, os serviços disponibilizados pelo hotel Durmaqui possuem a característica da inseparabilidade, o que não permite separá-los das pessoas que os oferecem.

A respeito dessas asserções, assinale a opção correta.

a. As asserções I e II são proposições verdadeiras, e a II é uma justificativa da I.

b. As asserções I e II são proposições verdadeiras, mas a II não é uma justificativa da I.

c. A asserção I é uma proposição verdadeira, e a II é uma proposição falsa.

d. A asserção I é uma proposição falsa, e a II é uma proposição verdadeira.

e. As asserções I e II são proposições falsas.

18. **(Enade 2012)** O fabricante de uísque WHK contratou uma consultoria para avaliar questões de mercado da empresa. Essa consultoria, ao verificar os dados de vendas, decidiu fazer uma análise do ciclo de vida do produto e constatou que ele estava na fase de maturidade. Recomendou que a empresa buscasse ampliar sua base de clientes e ingressasse em novos segmentos de mercado. Com base nesse contexto, avalie as seguintes asserções e a relação proposta entre elas.

I. A recomendação feita pela consultoria objetivou aumentar as vendas da empresa.

PORQUE

II. Na fase de maturidade de produtos, verifica-se que há redução no volume de vendas da empresa.

A respeito dessas asserções, assinale a opção correta.

a. As asserções I e II são proposições verdadeiras, e a II é uma justificativa da I.

b. As asserções I e II são proposições verdadeiras, mas a II não é uma justificativa da I.

c. A asserção I é uma proposição verdadeira, e a II é uma proposição falsa.

d. A asserção I é uma proposição falsa, e a II é uma proposição verdadeira.

e. As asserções I e II são proposições falsas.

19. (Enade 2012) A empresa Frutos Tropicais, do segmento de bebidas não alcoólicas, está com dificuldades de aumentar sua receita vendendo os mesmos produtos para consumidores que estão cada vez mais exigentes. Ela sabe que a inovação tornou-se fator essencial para a permanência das empresas no mercado. Consequentemente, o desenvolvimento de novos produtos sustenta a expectativa das empresas em aumentar sua participação de mercado e rentabilidade. Preocupada com a concorrência cada vez mais acirrada, a Frutos Tropicais pretende desenvolver um novo produto, no entanto, a empresa dispõe de poucos recursos para empregar nesse projeto. Considerando as especificidades da empresa e levando em consideração que inovar é introduzir novidades que precisam ser aceitas pelo mercado, a empresa pode categorizar seu novo produto como:

I. extensão de linha, ou seja, uma nova variação de uma linha de produtos já estabelecida.

II. reposicionamento, ou seja, um novo uso, em um novo mercado, para um produto já existente.

III. inovador, ou seja, uma renovação do produto existente, transformado em um novo produto.

É correto o que se afirma em:

a. I, apenas.

b. III, apenas.

c. I e II, apenas.

d. II e III, apenas.

e. I, II e III.

20. **(Enade 2012)** O salão de beleza Sempre Linda existe desde 1998. A proprietária, Marta Miranda, afirma que as atividades vêm-se desenvolvendo de forma acentuada. Essa evolução, segundo ela, é decorrência de mudança nas necessidades das pessoas, que se mostram cada vez mais preocupadas em estar sempre bem arrumadas e saudáveis. O aumento da renda e a disponibilidade para gastos, considerados antes não essenciais, explicam essa nova situação. Ciente desse novo cenário, a proprietária acredita ser necessário diferenciar-se da concorrência, agregando novos serviços às atividades atuais. Para isso, contratou uma consultoria especializada que fez as seguintes sugestões:

I. Tornar disponível um estacionamento.

II. Utilizar produtos químicos de maior qualidade.

III. Treinar funcionários para desenvolver melhor suas atividades.

IV. Oferecer um computador com *software* para simulação de penteados e maquiagem.

Para a situação anterior, com relação ao conceito de níveis de produto, considera-se produto ampliado apenas o descrito em:

a. I.

b. II.

c. I e IV.

d. II e III.

e. III e IV.

21. **(Enade 2012)** As marcas se classificam em marcas de fabricantes – que se diferenciam de seus concorrentes e agregam valor – e as chamadas marcas próprias – aquelas dos distribuidores – que pretendem concorrer no mercado com marcas exclusivas daquele canal de distribuição. Conforme o texto anterior, um supermercado que cria sua marca e a coloca à venda:

a. pretende concorrer no varejo para combater o distribuidor no atacado.

b. estabelece uma marca própria, que o concorrente não pode oferecer.

c. oferece um produto de luxo ao mercado antes de seus concorrentes.

d. fatura mais *royalties* que os demais concorrentes diretos.

e. cuida melhor dos clientes, oferecendo marcas distintas e mais luxuosas.

22. **(Enade 2012)** O marketing de serviços necessita de considerações especiais para sua comercialização. Não basta que um prestador de serviços tenha de decidir a respeito das características dos serviços que irá comercializar, tais como marca, qualidade e preço. Um gestor do setor de serviços deve considerar e decidir como essa atividade será desempenhada, onde e por quem será oferecida ao mercado. Para isso, deverá decidir também como gerenciar o processo de prestação de serviços. Considerando que um cliente interage com vários aspectos da organização da empresa e, portanto, que esse processo impõe que os serviços sejam desempenhados de forma estruturada e com qualidade, com vista à satisfação dos clientes, avalie as afirmações seguintes.

I. Ao desenhar um fluxograma de prestação de serviços, o gestor de serviços deve objetivar a satisfação de seus clientes de forma racional e lucrativa para a empresa.

II. Processos aleatórios devem ser evitados, pois o processo faz parte do pacote de benefícios de compra do cliente.

III. Processos muito burocratizados acabam exigindo do cliente esforço adicional para obter o serviço.

É correto o que se afirma em

a. I, apenas.
b. III, apenas.
c. I e II, apenas.
d. II e III, apenas.
e. I, II e III.

23. **(Petrobras 2011)** Extensão de marca tem como base o processo de utilizar nome de uma marca já estabelecida para introduzir um novo produto no mercado, e sua prática pode ser classificada por categorias. A categoria extensão de linha caracteriza-se pela:

a. utilização da credibilidade da marca-mãe para alcançar novos mercados.
b. utilização da marca-mãe visando a entrar em uma nova categoria de produto.
c. utilização da marca-mãe para nomear um novo produto que visa a um novo segmento dentro da categoria no qual ela atua.
d. interdição do desgaste natural que a marca-mãe sofrerá ao longo dos anos.
e. criação de um novo nome que irá substituir a marca-mãe em seu segmento de atuação.

24. **(Enade 2009)** Entre as decisões a serem consideradas na determinação do composto de produto, estão:

I. composição de linhas de produto oferecidas

II. o nível de qualidade do produto
III. a embalagem e a marca
IV. a localização do ponto de venda
Estão CORRETAS somente as afirmativas:

a. I, II e III
b. I e III
c. II e IV
d. II e III
e. I, II e IV

25. (Enade 2009) Leia as seguintes afirmativas:
Um fabricante de sapatos pode usar a mesma marca em duas ou mais linhas de produtos, com o objetivo de reduzir os custos de marketing.
PORQUE
É comum o fabricante juntar numa mesma linha de produtos aqueles que possuem matéria-prima, uso ou tecnologia de fabricação similares.
A respeito dessas duas frases, é CORRETO afirmar que:

a. a primeira afirmativa é falsa, e a segunda verdadeira
b. a primeira afirmativa é verdadeira, e a segunda é falsa
c. as duas afirmativas são falsas
d. as duas afirmativas são verdadeiras, e a segunda justifica a primeira
e. as duas afirmativas são verdadeiras, e a segunda não justifica a primeira

26. (Enade 2009) A avaliação contínua de atitudes de clientes de estabelecimentos de serviços contribui positivamente para o faturamento.
PORQUE
Sempre que os clientes avaliam positivamente um prestador de serviços, eles se tornam fiéis.

a. a primeira afirmativa é falsa, e a segunda verdadeira
b. a primeira afirmativa é verdadeira, e a segunda é falsa
c. as duas afirmativas são falsas
d. as duas afirmativas são verdadeiras, e a segunda justifica a primeira
e. as duas afirmativas são verdadeiras, e a segunda não justifica a primeira

27. (Enade 2009) Todos os dias, mais de 200 milhões de embalagens do tipo longa-vida são distribuídas em mais de 165 países. O fabricante fornece suas embalagens para produtores de molhos de tomates, sucos, leite e vinhos. Em todos, há menção da marca do fabricante de embalagem juntamente com a marca do produto acondicionado em seu interior. Quanto a essa relação entre fabricante da embalagem e fabricante do produto, é CORRETO afirmar que é realizada uma estratégia de:

a. extensão de marca
b. marca própria
c. marcas combinadas
d. multimarcas
e. nova marca

28. **(Enade 2009)** Em termos das decisões de compra de consumidores, como são classificados os sapatos de tamanho grande (acima de 45 para homens; e acima de 42 para mulheres)?

a. Produtos de compra comparada
b. Produtos de conveniência
c. Produtos de especialidade
d. Produtos industriais
e. Produtos não procurados

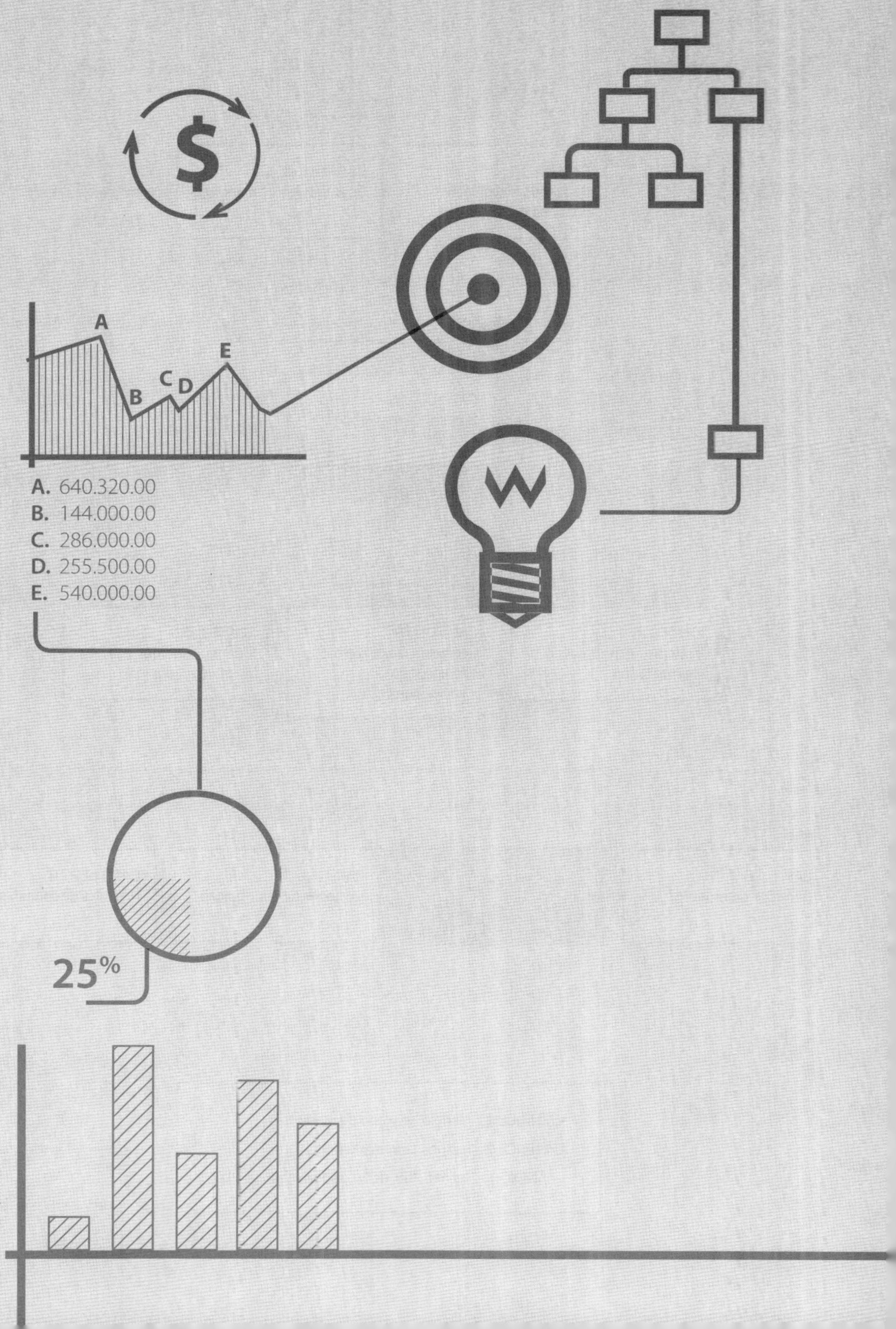
A
B
C
D
E
A. 640.320.00
B. 144.000.00
C. 286.000.00
D. 255.500.00
E. 540.000.00
25%

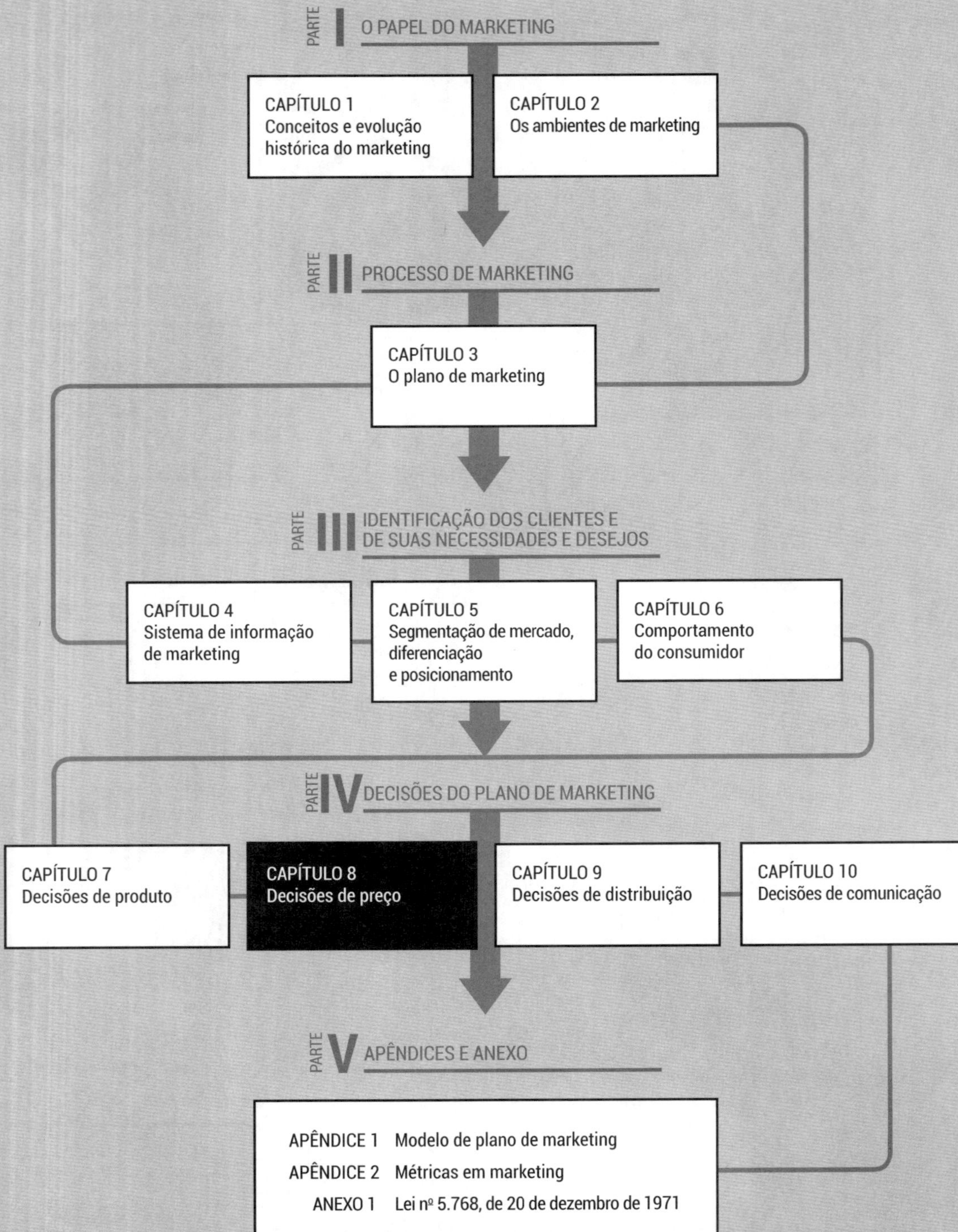
PARTE I O PAPEL DO MARKETING
CAPÍTULO 1 Conceitos e evolução histórica do marketing
CAPÍTULO 2 Os ambientes de marketing
PARTE II PROCESSO DE MARKETING
CAPÍTULO 3 O plano de marketing
PARTE III IDENTIFICAÇÃO DOS CLIENTES E DE SUAS NECESSIDADES E DESEJOS
CAPÍTULO 4 Sistema de informação de marketing
CAPÍTULO 5 Segmentação de mercado, diferenciação e posicionamento
CAPÍTULO 6 Comportamento do consumidor
PARTE IV DECISÕES DO PLANO DE MARKETING
CAPÍTULO 7 Decisões de produto
CAPÍTULO 8 Decisões de preço
CAPÍTULO 9 Decisões de distribuição
CAPÍTULO 10 Decisões de comunicação
PARTE V APÊNDICES E ANEXO
APÊNDICE 1 Modelo de plano de marketing
APÊNDICE 2 Métricas em marketing
ANEXO 1 Lei nº 5.768, de 20 de dezembro de 1971

8

DECISÕES DE PREÇO

Objetivos do capítulo

Após a leitura deste capítulo, você será capaz de:

- Compreender como se estabelece o preço;
- Identificar os objetivos de preços;
- Entender a importância do ponto de equilíbrio;
- Identificar quando a demanda é elástica e quando é inelástica;
- Estabelecer a melhor política de preços para nossos produtos e serviços;
- Conhecer as estratégias de preço.

O primeiro resultado da segmentação é o preço, e, ao definirmos quem é nosso cliente, estamos sinalizando quem está disposto a comprar nosso produto ou serviço. Portanto, o preço contribui para o seu posicionamento.

Algumas empresas buscam posicionar-se no mercado por meio dos preços que praticam, sendo vistas como populares ou sofisticadas. Os preços representam a parte mais intangível das decisões de marketing, mas são perceptíveis. Na realidade, não existe uma fórmula para se calcular o preço, portanto, temos de entender que ele não pode ser alto a ponto de afastar nossos consumidores, nem barato a ponto de desqualificar nosso produto ou serviço, lembrando que o que sustenta nosso preço é o grau de satisfação que o consumidor tem ao comprar nossos produtos ou serviços.

Em outras palavras, pagar 1 real por um produto pode ser caro para o consumidor se ele não proporcionar a satisfação esperada, mas pagar mil reais pode ser barato se o produto adquirido proporcionar satisfação ao consumidor. Preço é a quantia em dinheiro, produtos ou serviços que damos para comprar um produto ou utilizar um serviço, e enquanto todos os elementos do mix de marketing produzem custo, o preço produz receita; além disso, é flexível, podendo ser alterado rapidamente, se for necessário.

Para estabelecermos o preço, devemos levar em consideração a sensibilidade de nosso consumidor a preço, a segmentação de mercado, a influência das variáveis incontroláveis, em que estágio do ciclo de vida nosso produto ou serviço está, os preços da concorrência e os objetivos de marketing.

O preço praticado é estratégico para as empresas, e a responsabilidade por sua determinação deve ser compartilhado por mais de um departamento.

8.1 Influências na determinação do preço

As características do mercado influenciam a determinação do preço. Dentro dessa categoria, há algumas divisões, como:

Monopólio: predomina um único fornecedor de um produto ou serviço, não existe substituto e os preços são determinados pelo governo ou por uma agência reguladora – por exemplo: energia elétrica, gás encanado etc.
Concorrência monopolística: há muitas empresas no mercado, mas apenas uma ou duas oferecem um diferencial exclusivo. Em geral, elas procuram atender consumidores que valorizam alguns atributos – por exemplo, automóveis de luxo.
Oligopólio: existem poucos vendedores no mercado, cada um com uma parte da influência. Quando um deles abaixa o preço, todos abaixam, e a tendência é a formação de cartéis – por exemplo, cimento, pneus etc.
Concorrência perfeita: mercado com vários vendedores e compradores, com baixo custo para a mudança de vendedor, que não possui grande influência no mercado.
Mercado monopsônio: possui um único comprador e vários vendedores, e as compras feitas por meio de licitação, como, por exemplo, os órgãos públicos, empresas de capital misto, entre outras.

Os consumidores são sensíveis ao preço, e estes tendem a priorizar os ganhos financeiros obtidos na transação. Outros consumidores, porém, são mais sensíveis aos benefícios obtidos, e acabam não se importando de pagar mais caro pelo produto ou serviço adquirido. Entre os fatores que influenciam a sensibilidade podemos citar:

- **preço de referência:** são os limites superior e inferior de preço que o consumidor está disposto a pagar pelo produto ou serviço;
- **dificuldade de comparação:** se o consumidor não consegue comparar o produto ou serviço que está adquirindo com o concorrente, terá menos sensibilidade ao preço;
- **custo de mudança:** quanto maior o custo de mudança na decisão da compra, menor a sensibilidade ao preço;

- **qualidade:** os consumidores estão dispostos a pagar mais por produtos com mais qualidade e prestígio;
- **benefício final:** quanto menor o gasto com relação ao benefício final do produto ou serviço, menor a sensibilidade ao preço;
- **custo compartilhado:** quando terceiros assumem parte do preço pago, os consumidores têm menor sensibilidade ao preço;
- **efeito justiça:** quando o consumidor percebe que o produto ou serviço está fora da faixa de preço que está disposto a pagar, ele é mais sensível ao preço.
- **pouco investimento:** quando o produto que será comprado é parte de um conjunto maior, como um acessório, os compradores são menos sensíveis a preço;
- **estocagem:** quando o consumidor não consegue estocar o produto, ele é menos sensível ao preço;
- **exclusividade:** quando o produto ou serviço apresenta atributos exclusivos, o consumidor é menos sensível ao preço.

8.2 Objetivos de preços

Devemos estabelecer os objetivos de preços de acordo com os preços que pretendemos praticar, tendo sempre a preocupação de mantê-lo coerente com os objetivos de marketing estabelecidos e com as estratégias do mix de marketing utilizadas. Os principais objetivos de preço são o retorno do investimento (a empresa busca o retorno do investimento feito nos produtos ou serviços que comercializa, o que significa que, quanto menor o prazo estipulado, maior o preço que ela praticará) e os objetivos da concorrência.

Podemos, inicialmente, nos preocupar com os preços praticados pelos concorrentes, em vez de nos preocuparmos com os custos que teremos para produzir o produto ou serviço que pretendemos vender. Nesse caso, a empresa considera o preço dos concorrentes como ponto de partida para os que ela vai praticar. Sendo assim, se a empresa tiver um diferencial que justifique um preço mais alto, pode determiná-lo mais caro que o do concorrente; por outro lado, se quisermos uma penetração mais rápida no mercado, por exemplo, deve praticar preços mais baixos. Isso é o que ocorre, por exemplo, com as empresas que pequeno porte, as quais não dispõem de recursos técnicos para elaborar seus custos e, por esse motivo, adotam tal objetivo.

No que diz respeito aos preços promocionais, a empresa pode estabelecer um objetivo para seus produtos ou serviços visando a melhorar uma situação que enfrenta, como o equilíbrio no caixa, por exemplo, uma vez que esse objetivo gera recursos rápidos para a empresa. Algumas empresas adotam esse objetivo por um determinado tempo e, depois, retomam os preços normais praticados.

Outro ponto a ser considerado é a fatia de mercado, um objetivo que a empresa estabelece a fim de aumentar sua participação de mercado. Se a empresa estabelece um aumento de participação de mercado como objetivo de marketing, os preços praticados serão fundamentais para seu alcance.

Concernente ao fluxo de caixa, é importante ressaltar que os preços dos produtos ou serviços serão praticados para que a empresa obtenha caixa, e os varejistas adotam essa estratégia, por exemplo, para acompanhar a tendência ou para gerar recursos em períodos nos quais as vendas diminuem, como ocorre após as festas natalinas.

Convém destacarmos também as duas estratégias de preços para produtos e serviços novos: determinação de preços de desnatamento (*skimming* de mercado) ou determinação de preços de penetração de mercado.

A determinação de preços de desmatamento é uma estratégia com altos preços iniciais para "retirar" do mercado, camada após camada, o "máximo de nata" (*skim*) das receitas. Essa prática está associada ao objetivo de marketing de retorno rápido dos investimentos feitos em desenvolvimento de um novo produto e é utilizada por empresas que lidam com demanda inelástica e possuem patentes. Quando os concorrentes conseguem entrar no mercado, os preços baixam até que novos produtos sejam lançados para substituir o antigo. Para isso, devemos atentar para o fato de que a qualidade e a imagem do produto devem sustentar o preço, os consumidores devem querer o produto ao preço determinado, os custos de produção do produto em pequeno volume não devem anular a vantagem dos preços mais altos e que os concorrentes não devem ser capazes de entrar facilmente no mercado, por causa do diferencial proposto.

A determinação de preços de penetração de mercado estabelece um baixo preço inicial para incentivar os consumidores a experimentar o produto ou serviço, o que ajuda a penetrar rápida e profundamente no mercado e atrair grande número de compradores, conquistando, assim, grande participação de mercado. O problema é que essa prática pode prejudicar os lucros da empresa, pois, como ela tende a aumentar as vendas, as empresas atuam com a lógica do ganho em escala. A obtenção dos resultados financeiros esperados deriva fundamentalmente das quantidades vendidas e não diretamente de margens de lucro elevadas.

Para que os lucros não sejam prejudicados, devemos estar atentos para:

- se o mercado é sensível ao preço,
- à relação inversa entre custo de produção e distribuição e crescimento das vendas e;
- se os preços baixos mantêm a concorrência fora do mercado.

8.3 Processo para a determinação de preços

A Figura 8.1 demonstra os procedimentos para estabelecermos os preços.

Figura 8.1 Sequência para a determinação de preços

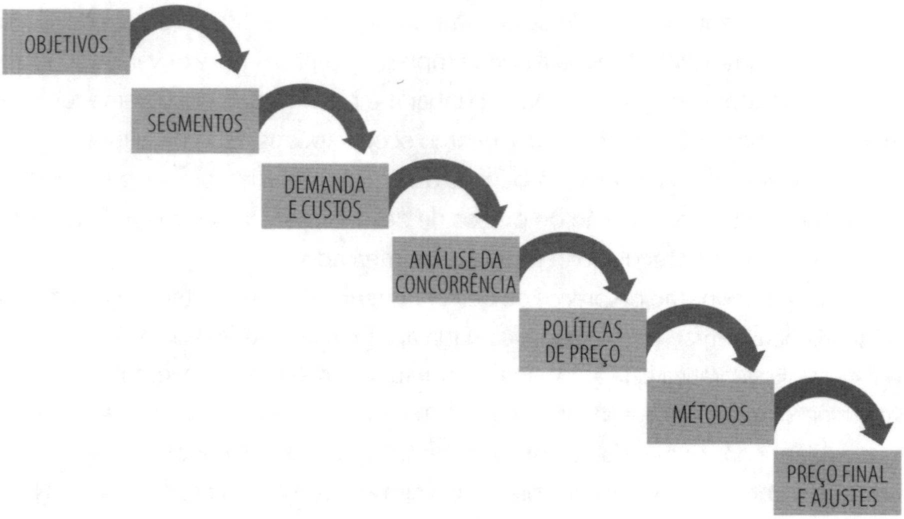

8.3.1 Objetivos

Todo o processo de fixação de preços deve estar atrelado aos objetivos de marketing da empresa.

8.3.2 Segmento de mercado

Devemos prestar atenção ao segmento de mercado que a empresa pretende atender com o produto ou serviço – o perfil do segmento ajudará a definir o preço. Se o segmento que a empresa quer atender tem um poder aquisitivo mais elevado, haverá mais flexibilização nos preços que a empresa pode praticar.

8.3.3 Determinação da demanda e custos

Ao estabelecer um preço para seu produto ou serviço, a empresa pode escolher entre alguns objetivos, tais como: lucro que se deseja obter, acompanhar o volume de vendas, obter vantagem competitiva sobre seus concorrentes e criar um posicionamento. A análise do nível da demanda de um produto contribui de forma importante para a determinação do preço.

8.3.3.1 Demanda

A área de marketing é a responsável pela imagem que os produtos e serviços têm no mercado. Essa é a área que acompanha o desempenho dos produtos nas gôndolas e vitrines, bem como sua adequação ao perfil dos consumidores visados, além de ser responsável por fazer os consumidores perceberem o valor do produto, dar condições para que seja comprado e consumido, e acompanhar sua satisfação.

Compete às outras áreas, principalmente à área financeira, acompanhar os custos dos produtos e serviços. No mercado, o que prevalece é a relação entre a oferta e a procura (ou demanda), e esse equilíbrio se desfaz, afetando nossos preços quando existe uma forte pressão de uma delas sobre a outra. Assim, quando a procura é maior que a oferta, normalmente os preços aumentam. Por outro lado, quando a oferta é maior que a procura, os preços tendem a baixar.

O acompanhamento e a análise do nível da demanda são importantes para a determinação de nossos preços, e para a definição de preços é importante perceber como o mercado reage às suas alterações, com as influências recebidas do ambiente onde está inserido. Podemos simular, por meio da análise econômica, as diferentes realidades do mercado, os preços que oferecerão a maior margem de lucro para nossa empresa.

Lembre-se sempre de que não é por custar mais caro que um produto ou serviço nos darão mais lucros, e essas simulações permitirão identificar a elasticidade do preço dos produtos ou serviços que pretendemos vender.

A elasticidade ou sensibilidade ao preço mede a variação da procura por determinado produto ou serviço quando a variação de preço e a procura (demanda) é considerada inelástica quando ela não muda (ou a mudança é muito pequena), conforme variamos o preço, como o sal, a gasolina etc. Se houver alteração na procura, à medida que alteramos o preço denominamos de demanda elástica. Em outras palavras, a demanda é elástica quando o preço aumenta, diminuem as vendas; e, diminuindo o preço, aumenta a quantidade vendida. A demanda é inelástica quando a variação de preços não altera a quantidade vendida. Podemos exemplificar a demanda inelástica com o clássico exemplo do sal de cozinha, cujas vendas não se alteram mesmo tendo alteração nos preços; por outro lado, podemos exemplificar a demanda elástica com o exemplo da carne de boi, ou seja, quando o preço desta aumenta, diminui sua procura, o que leva o consumidor a trocar esse produto pela carne de frango ou de porco. Porém, diminuindo os preços, aumenta a procura e o consumo da carne de boi.

Na Figura 8.2 podemos observar os gráficos das demandas elástica e inelástica.

Figura 8.2 Curvas da demanda

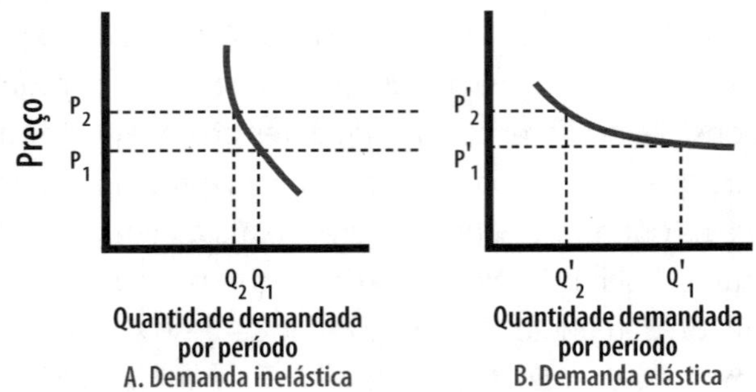

8.3.3.2 Custos

A composição do preço de um produto é feita da seguinte forma:

PREÇO DE VENDA = CUSTO FIXO + CUSTO VARIÁVEL + MARGEM DE LUCRO

Com o aumento da concorrência e, consequentemente, o aumento das ofertas de produtos e serviços para o consumidor, podemos ilustrar a composição do preço de venda da seguinte forma:

CUSTO FIXO + CUSTO VARIÁVEL + MARGEM DE LUCRO = PREÇO DE VENDA **desde que o consumidor esteja disposto a pagar**

Cada vez mais os preços estabelecidos para a venda devem refletir a capacidade e a qualidade de nossos produtos ou serviços, para que possamos permanecer no mercado. Assim, podemos afirmar que o preço de venda de nossos produtos e serviços é a nossa capacidade mercadológica resultante da soma dos nossos custos fixos e variáveis, que refletem nossa capacidade de produção e operação, com a margem de lucros.

PREÇO DE VENDA =	CUSTO FIXO + CUSTO VARIÁVEL	+ MARGEM DE LUCRO
CAPACIDADE MERCADOLÓGICA	CAPACIDADE PRODUTIVA OU OPERACIONAL	

O preço deve refletir a competência mercadológica da empresa em posicionar seus produtos e serviços de modo eficaz, gerando preços maiores e fugindo da concorrência e da competência operacional da empresa, com uma estrutura de custos competitiva, em função da qualidade de suas áreas de produção e financeira. A demanda de um produto ou serviço estabelece um teto para o preço que deverá ser cobrado, pois, para a maioria deles, um aumento de preços acarretará uma diminuição nas vendas.

A composição dos preços, conforme vimos anteriormente, é feita pelos custos, cujos tipos são:

- **Custos fixos:** envolvem as despesas fixas de uma empresa, como folha de pagamento, aluguel, energia, entre outras despesas, que não variam conforme varia sua produção. Por exemplo, aluguel, IPTU, folha de pagamento dos administrativos com encargos, despesas de manutenção do prédio, despesas com escritório de contabilidade, depreciações e amortizações, despesas com telefones, água e luz, material de escritório. São também chamados de custos indiretos;
- **Custos variáveis:** também conhecidos como custos diretos, são aqueles que costumam variar de acordo com a quantidade produzida, como custo das vendas, impostos sobre vendas, folha de pagamento com encargos do pessoal de vendas e produção, comissões de vendedores, matéria-prima etc.;
- **Custos totais:** são a soma dos custos fixos mais os custos variáveis;
- **Custo médio:** é o resultado da divisão do custo total pela quantidade produzida.

Para que a empresa possa perceber se está praticando um preço interessante para o consumidor sem causar prejuízo, é importante calcular seu ponto de equilíbrio (***break-even point***). (Figura 8.3) o qual determina a quantidade que deve ser vendida a um preço estabelecido, para que a empresa tenha seus custos cobertos.

Figura 8.3 Ponto de Equilíbrio

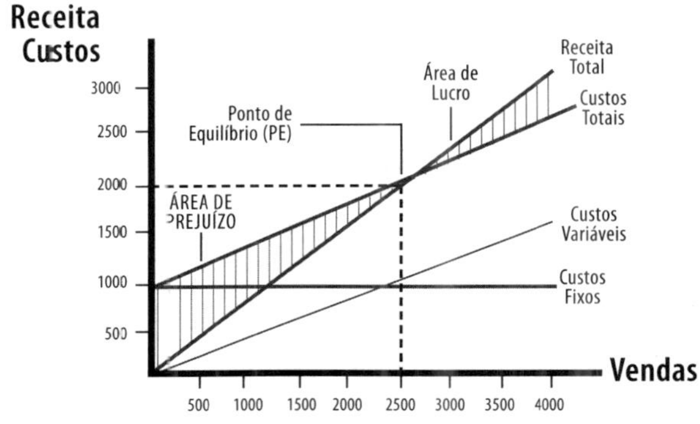

Para calcular o ponto de equilíbrio, utiliza-se a seguinte fórmula:

$$PE = \frac{\text{CUSTOS FIXOS}}{\text{PERCENTUAL DA MARGEM DE CONTRIBUIÇÃO}}$$

Para entender como a empresa identifica o percentual de sua margem de contribuição, tomemos como exemplo a empresa A, a seguir:

DEMONSTRAÇÃO DE RESULTADOS DA EMPRESA "A"		
ITEM	**VALORES**	**%**
RECEITA	R$ 200.000,00	100%
(–) CUSTOS VARIÁVEIS	R$ 130.000,00	65%
= MARGEM DE CONTRIBUIÇÃO	R$ 70.000,00	35%
(–) CUSTOS FIXOS	R$ 56.000,00	
= RESULTADO	R$ 14.000,00	

Devemos estar atentos aos chamados custos invisíveis ou não monetários, que não são considerados diretamente na produção de produtos ou serviços, mas devem ser levados em conta no valor pago pelo consumidor ao adquiri-los, como:

- **Custos da pesquisa:** envolve o esforço feito pelo consumidor na busca e aquisição do produto ou serviço;
- **Custos de tempo:** envolve o tempo gasto pelo consumidor para adquirir nosso produto ou serviço;
- **Custos de conveniência:** envolve o processo de compra;
- **Custos psicológicos:** envolve o desgaste do consumidor para efetuar sua compra.

8.3.4 Análise da concorrência

Considerar os preços praticados pelos concorrentes é importante para que a empresa estabeleça seu preço. Para isso, ela deve ajustar seus preços à realidade da concorrência no mercado, observando os objetivos de marketing estabelecidos, e pode optar por ter preços mais baixos, no mesmo nível ou acima dos concorrentes.

Quando a empresa pratica preços abaixo dos concorrentes, isso a ajuda a aumentar suas vendas quando a elasticidade de preços no mercado é alta, uma vez que atrai seus clientes por ter reduzido o preço ou por tê-lo mantido mesmo quando os concorrentes aumentaram, o que é útil no mercado consumidor, orientado para preço. Todavia, se o consumidor for orientado para a qualidade, o preço menor pode gerar uma percepção negativa para ele, e tal opção pode corroer os lucros de nossa empresa, o que significa que, sempre que a empresa utilizar tal estratégia, o ganho obtido pelo aumento da quantidade vendida deve ser compensador.

Os preços também podem ser definidos no mesmo nível da concorrência. Quando a empresa define seu preço no nível da concorrência, ela pode tentar obter alguma vantagem agregando alguns diferenciais a seus produtos e serviços. O problema de adotar essa estratégia é que pode sugerir uma prática oligopolística e a formação de cartel.

Os preços também podem ser definidos acima dos concorrentes, quando a empresa acredita que seus produtos e serviços possuem diferenciais suficientes para oferecer maior valor para seus consumidores e clientes do que a concorrência. Sendo assim, a empresa precisa identificar qual diferencial o consumidor procura e quanto está disposto a pagar mais por ele.

A licitação, que no Brasil é regida pela Lei nº 8.666, é como se denomina o processo de compra das empresas públicas pela comparação de propostas ou orçamentos feitos com base em um edital que ela emite. Podem ser estabelecidos critérios distintos para identificar a melhor oferta, como preço mais baixo, melhor técnica ou melhor técnica e preço.

É importante considerar os seguintes fatores nos preços dos concorrentes:

- quantidade de concorrentes com produtos e serviços de qualidade superior;
- tamanho dos concorrentes;
- atributos e diferenciais inseridos nos produtos e serviços oferecidos;
- acesso dos concorrentes aos canais de distribuição;
- habilidades de marketing que possuem.

8.3.5 Políticas de preço

A empresa deve levar em conta as percepções dos clientes e consumidores sobre o valor da negociação e do consumo que estão fazendo, e conhecer os clientes e consumidores e saber o que consideram como preço razoável é fundamental para a empresa. A estratégia é fidelizar o cliente, cobrando preços justos por produtos de qualidade.

Preço de referência é aquele que os clientes e consumidores têm como base para comparar com os preços do que está sendo oferecido a eles. Portanto, devemos conhecer qual o preço de referência desses consumidores, que geralmente tem em mente uma faixa de preço daquilo que pretendem comprar.

As principais políticas de preços que podemos adotar são:

- **Preço costumeiro:** são aqueles que o consumidor está acostumado a pagar e que a empresa pode seguir caso decida entrar no mercado. O consumidor está habituado a pagar um determinado preço, ou em uma determinada faixa de preços, por alguns produtos, e isso não pode ser deixado de lado – todavia, os produtos de conveniência se encaixam nessa política;
- **Preço de linha:** a empresa pode ter uma linha de preço mais alta e outra mais baixa, o que é muito utilizada no segmento de vestuário. Ela pode ter uma camisa masculina que custa na faixa de R$ 100,00 e outra na faixa de R$200,00. Essa política permite uma cobertura de mercado mais abrangente, atendendo a diferentes segmentos – produtos de escolha e alguns de especialidade se adaptam a essa política;
- **Preço psicológico:** são os chamados "preços quebrados", geralmente ímpares. Um produto de R$100,00 é vendido por R$99,00, tática muito utilizada por bens de conveniência ou de escolha que entram em promoção. Atualmente, o varejo utiliza essa estratégia principalmente nos produtos que comercializa.
- **Preço único:** quando não existe diferenciação entre os clientes, ou seja, é inflexível. Um único preço é estabelecido para todos os clientes, e essa política é adotada, por exemplo, por quem comercializa revistas, jornais, cigarros etc.;
- **Preço negociado:** quando os preços variam de acordo com o caso. É comum ocorrer transações que envolvem grandes quantias entre empresas, e algumas condições podem ser negociadas entre o vendedor e o cliente, como prazo e local de entrega, condições de pagamento etc. Essa tática é muito utilizada em produtos de uso industrial.

8.3.6 Métodos para a determinação de preços

No varejo, temos duas formas para determinarmos os preços de venda. A primeira delas é a prática de preços baixos todos os dias, ou *every day low price* (EDLP), e a segunda, a prática de preços "alto-baixo". Ou seja, quando o varejista oferece sempre preços baixos e não dá descontos intermediários, denominamos "preços baixos todos os dias". Essa estratégia elimina a incerteza que o consumidor pode ter do preço aumentar de um dia para outro. Porém, quando o varejista estabelece promoções periódicas, alternado preços mais altos com os preços reduzidos das promoções, denominamos "alto-baixo". Nesse caso, o varejista deve estar atento para que a promoção estabeleça preços mais baixo do que o EDLP.

Existem outros métodos para a determinação do preço, como o método do custo *total-plus*, o *markup* e o preço geográfico. Vejamos cada um deles.

8.3.6.1 Custo total-plus

O custo *total-plus* corre quando todas as despesas para a execução do projeto são reembolsadas ao vendedor e mais um percentual é adicionado ao valor como pagamento pelos serviços prestados, método este que é utilizado para estabelecer o preço de grandes projetos ou de serviços pesados. Um arquiteto, por exemplo, pode utilizá-lo quando cobra por seus serviços um percentual do custo do projeto que está elaborando.

8.3.6.2 Markup

O *markup*, que é o método mais utilizado pelo mercado varejista, é um percentual padrão, acrescentado ao custo total do produto, que indicará o preço de venda indicado pela fórmula:

$$\text{PREÇO DE } \textit{MARKUP} = \frac{\text{CUSTO UNITÁRIO}}{(1 - \text{RETORNO SOBRE VENDAS DESEJADO})}$$

8.3.6.3 Preço geográfico

É preciso levar em consideração o lugar onde o produto é entregue, o que pode provocar variações no custo de fornecer um bem ou serviço. Por isso, a empresa pode, nesse caso, adotar essa estratégia para ajustar nossos preços às diferenças de custos de distribuição. O custo de transporte (frete) pode ou não ser acrescentado ao preço de venda, e pode ser enquadrado em uma das seguintes categorias: *free on board* (FOB), que é quando o transporte é de responsabilidade do comprador, devendo ser pago após o mesmo receber o material, e *cost, insurance and freight* (CIF), que é quando o vendedor fica responsável pelos custos de embarque, seguros e frete do produto. Algumas empresas como a Pirelli, assumem o custo do transporte de seus produtos até as lojas de varejo que os revende.

Podemos estabelecer preços considerando algumas características dos produtos, como a perecibilidade, distintividade e o seu ciclo de vida. Com relação à perecibilidade, alguns produtos têm um prazo de validade imediato (serviços), outros são considerados curtos (alimentos) e outros têm um prazo de validade mais longo (automóveis). O preço é afetado pelo grau de perecibilidade. Já a distintividade está associada à diferenciação entre os produtos e serviços – alguns permitem mais possibilidades de diferenciação que outros. Se os consumidores perceberem que os produtos de determinada empresa são superiores aos da concorrência, ela pode praticar um preço mais alto. Por fim, o ciclo de vida dos produtos estabelece que, para cada estágio, devemos adotar estratégias de preços diferentes, como:

- **Introdução:** geralmente preços mais altos, para recuperar o investimento em P&D, ou adotar preços mais baixos para ocupar mais rapidamente o mercado;
- **Crescimento:** o preço fica um pouco alto por causa da alta demanda, uma vez que a tendência de acompanhar o líder de mercado;
- **Maturidade:** o preço fica mais baixo, refletindo a intensa concorrência;
- **Declínio:** os preços ficam baixos, para vender o que resta do estoque, ou alto, para servir a um mercado de nicho.

8.3.7 Preço final e ajustes

Algumas empresas determinam o preço final de seus produtos (preço de lista), o qual estabelece uma sugestão de preços que o varejo deve cobrar dos consumidores e prevê os descontos que serão dados. A vantagem disso é a uniformização dos preços e a preservação da imagem de seu produto ou serviço no mercado – as editoras, por exemplo, empregam essa forma de precificação.

8.3.7.1 Descontos

O desconto é uma forma de fazer ajustes nas tabelas de preços. São muitas as possibilidades de descontos, porém os mais comuns são:

- **Desconto por quantidade:** redução no preço unitário por quantidade maior de compra efetuada. Pode ser elaborada uma tabela estipulando o desconto por quantidade comprada em determinados períodos. Por exemplo: Bandeja com 6 potes de iogurte por R$6,00 e cada pote individual por R$1,50;
- **Desconto comercial:** ou para intermediários: é desconto percentual no preço da tabela oferecido para os agentes, atacadistas ou varejistas – muito útil no caso de a empresa trabalhar com lista de preço (preço final). Por exemplo, aquelas editoras que dão 30% de desconto sobre o preço final;
- **Desconto sazonal:** redução de preços em períodos de baixa procura – por exemplo, hotéis no litoral com preços mais baixos no inverno;

- **Desconto para pagamento à vista:** é o desconto dado como incentivo para pagamento no momento da aquisição – por exemplo: desconto dado em assinaturas de jornais ou revistas;
- **Desconto promocional:** são aqueles de curta duração para estimular o consumidor a comprar e experimentar o produto – por exemplo, os restaurantes que oferecem um desconto de 20% em determinado mês;
- **Abatimento por troca:** é o desconto dado pelo oferecimento de um produto mais uma soma em dinheiro – por exemplo, a concessionária que recebe o carro usado na troca por um novo, como parte do pagamento;
- **Preço-isca:** estabelecer os preços perto ou abaixo do custo para atrair clientes – por exemplo, o supermercado que vende seu pão francês a cinco centavos, atraindo seu cliente para a compra de frios, manteiga etc.

ELABORANDO UM PROJETO

Após definirmos os aspectos relativos a produto ou serviço em nosso plano de marketing, vamos descrever as decisões referentes a preço. Descrevam os objetivos de preço, a política mais adequada, a estratégia que será adotada, o ponto de equilíbrio e a planilha dos custos envolvidos.

Resumo

Os consumidores são sensíveis a preços, e as características do mercado que influenciam a determinação do preço são monopólio, concorrência monopolística, oligopólio, concorrência perfeita e o mercado monopsônio.

Os principais objetivos de preço são: retorno do investimento, objetivos da concorrência, preços promocionais, fatia de mercado e fluxo de caixa. As estratégias de preços para produtos e serviços novos utilizadas geralmente são o desmatamento (*skimming* de mercado) ou penetração de mercado.

O processo para a determinação de preços segue a seguinte ordem: determinação dos objetivos, definição do segmento de mercado, cálculo da demanda e dos custos, análise do preço da concorrência, determinação da política de preços, definição dos métodos para a determinação e estabelecimento do preço final e ajustes.

Questões para discussão

Algumas questões exigirão dos alunos uma pesquisa extra. Para isso, eles podem utilizar alguns recursos para aprofundar o tema, como a internet ou a biblioteca.

1. A partir dos conceitos observados até o momento, estabeleça a diferença entre preço e valor. Exemplifique e justifique sua resposta.

2. Quais as vantagens e desvantagens de se utilizar preços psicológicos? Exemplifique.

3. Qual a melhor política de preço para um produto de conveniência? Justifique e exemplifique.

4. Quando devemos usar as estratégias de desnatação e de penetração? Justifique e exemplifique.

5. **(Provão 2001)** Considerando que determinada empresa decide introduzir um produto no mercado adotando a estratégia de apreçamento por *skimming* (desnatação de mercado), a sua equipe de marketing reúne os argumentos a seguir para apresentar à diretoria geral.

   I. É preciso estimular a demanda, que parece elástica.
   II. O produto é trivial.
   III. A empresa utiliza capital intensivo.
   IV. A empresa precisa de margem para custear os investimentos em desenvolvimento.
   V. O mercado é desconhecido.
   VI. Faltam recursos iniciais para promoção.
   VII. A concorrência é iminente, devendo lançar um produto semelhante dentro em breve.

   Os argumentos a favor do apreçamento por *skimming* são:

   a. I, II, e IV apenas.
   b. II, IV e V apenas.
   c. III, V e VII apenas.
   d. IV, V e VI apenas.
   e. V, VI e VII apenas.

6. **(Provão 1999)** Você é o gerente de marketing de uma empresa que opera com um determinado produto em um mercado em concorrência pura (ou perfeita). Para que você se enquadre melhor no mercado com relação aos itens **diferenciação** e **preço** de produto, a combinação que deve ser feita corresponde a produto:
   a. não diferenciado e preço abaixo da média dos concorrentes.
   b. não diferenciado e preço no nível dos concorrentes.
   c. diferenciado e preço no nível dos concorrentes.
   d. diferenciado e preço abaixo da média dos concorrentes.
   e. diferenciado com preço acima da média dos concorrentes.

7. **(Enade 2012)** O composto preço, integrante do *mix* de marketing, tem como característica sua natureza variável e uma relação direta em face do nível de vendas na margem de contribuição propiciada pelo produto, e, principalmente na posição estratégica que ocupa no mercado. Com base nessas características, as empresas apresentam e buscam atender objetivos quanto à formulação e fixação do preço, que são:
   a. lucratividade, volume de vendas, concorrência, prestígio ou posicionamento.
   b. custeio direto, custeio por absorção, custo-padrão, custo-meta e curva ABC.
   c. custos diretos, custos indiretos, receita operacional bruta e margem de lucro.
   d. *premium price*, penetração de mercado, desnatação de mercado e *skimming*.
   e. custos operacionais, custos de produção, custos de manutenção e custos de estocagem.

8. **(Enade 2012)** Essas embalagens de sabão em pó encontram-se lado a lado nas prateleiras de diversos supermercados e são vendidas apenas em caixas de 1 kg. A marca desconhecida, identificada como MARCA XXXXX, vem, há vários anos, ultrapassando em vendas a MARCA FAMOSA em pontos de venda cujo público-alvo é a classe D. Uma pesquisa realizada pela empresa da MARCA FAMOSA identificou que o preço estava muito elevado para esse público de baixo poder aquisitivo. A pesquisa revelou também que esse público gostaria de consumir o sabão da MARCA FAMOSA,

mas o preço era restritivo. O consumidor da classe D possui condições financeiras de comprar uma caixa do produto ao preço médio de R$ 1,50. Outra pesquisa revelou que a maioria dos brasileiros prefere a MARCA FAMOSA a qualquer outro sabão em pó. Considerando esse contexto, avalie as seguintes estratégias de percepção de valor, para que a empresa que produz a MARCA FAMOSA possa atingir o consumidor da classe D.

I. Criar uma versão do produto com 500 g, cobrando o preço de R$ 1,50. Nesse caso, espera-se que os consumidores comprem pelo valor que eles atribuem ao produto, pelo valor que percebem que o produto tem e escolham comprar o produto com maior valor até o limite das suas restrições financeiras.

II. Elaborar uma promoção especial, oferecendo o produto de 1 kg pela metade do preço durante algumas semanas, para que o consumidor compre pelo preço reduzido. Nesse caso, espera-se que os consumidores comprem durante as semanas da promoção, experimentem, gostem e depois voltem a comprar pelo preço normal de R$ 3,00.

III. Modificar o *slogan* do produto para "o sabão que ajuda a economizar". Nesse caso, pretende-se que o consumidor passe a entender, a partir do *slogan*, que a marca conhecida também traz economia na compra, pois, apesar de ser mais cara, seu preço é compatível com o rendimento do produto.

É correto o que se afirma em

a. I, apenas.
b. III, apenas.
c. I e II, apenas.
d. II e III, apenas.
e. I, II e III.

9. **(Enade 2009)** Um fabricante de telefones celulares sem câmera percebeu que seu produto entrou em fase de declínio. Qual deve ser a estratégia de preços a ser implementada pela empresa?

a. Descontos progressivos baseados na qualidade comprada.
b. Preços altos que afastem os concorrentes.
c. Preços altos que compensem os custos do desenvolvimento.
d. Preços baixos para vender o que resta nos estoques.
e. Preços baixos que impeçam guerras de preços.

10. (Enade 2009) Uma grande empresa de televisores de LED utiliza sua economia de escala para dominar o mercado.

PORQUE

A economia de escala faz com que custos sejam mais baixos, o que permite que a empresa pratique preços mais baixos.

a. a primeira afirmativa é falsa, e a segunda verdadeira.
b. a primeira afirmativa é verdadeira, e a segunda é falsa.
c. as duas afirmativas são falsas.
d. as duas afirmativas são verdadeiras, e a segunda justifica a primeira.
e. as duas afirmativas são verdadeiras, e a segunda não justifica a primeira.

11. (Enade 2009) Um segmento de mercado possui um grande número de consumidores. Se o objetivo da empresa para o produto a ser lançado é atingir o maior número possível de consumidores a curto prazo, qual será a melhor estratégia de preço inicial?

a. Liderança na qualidade do produto.
b. Máximo crescimento de mercado.
c. Máximo retorno de lucro.
d. Preço de desnatamento.
e. Preço de penetração.

12. (Enade 2009) Quando uma empresa está analisando a concorrência para ajustar seus próprios preços, essa empresa deve:

I. assumir que o concorrente não alterará seu preço.
II. pesquisar os preços praticados no segmento de atuação.
III. saber os benefícios que o mercado-alvo deseja.
IV. selecionar o método de apreçamento antes dessa análise.

É CORRETO o que se afirma em:

a. I
b. II
c. III
d. II e IV
e. I e IV

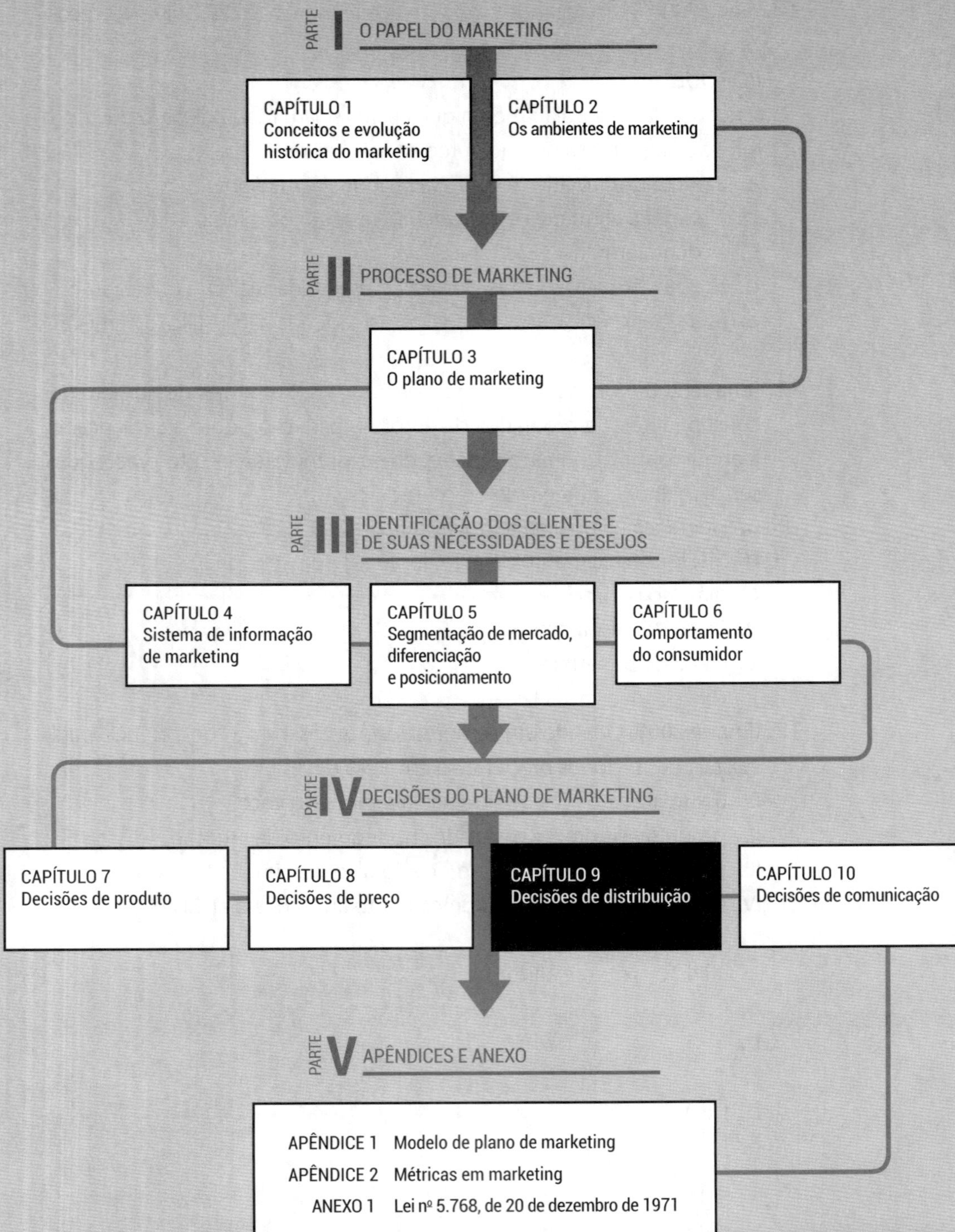
PARTE I O PAPEL DO MARKETING
CAPÍTULO 1 Conceitos e evolução histórica do marketing
CAPÍTULO 2 Os ambientes de marketing
PARTE II PROCESSO DE MARKETING
CAPÍTULO 3 O plano de marketing
PARTE III IDENTIFICAÇÃO DOS CLIENTES E DE SUAS NECESSIDADES E DESEJOS
CAPÍTULO 4 Sistema de informação de marketing
CAPÍTULO 5 Segmentação de mercado, diferenciação e posicionamento
CAPÍTULO 6 Comportamento do consumidor
PARTE IV DECISÕES DO PLANO DE MARKETING
CAPÍTULO 7 Decisões de produto
CAPÍTULO 8 Decisões de preço
CAPÍTULO 9 Decisões de distribuição
CAPÍTULO 10 Decisões de comunicação
PARTE V APÊNDICES E ANEXO
APÊNDICE 1 Modelo de plano de marketing
APÊNDICE 2 Métricas em marketing
ANEXO 1 Lei nº 5.768, de 20 de dezembro de 1971

9

DECISÕES DE DISTRIBUIÇÃO

Objetivos do capítulo

Após a leitura deste capítulo, você será capaz de:

- Identificar as utilidades e a importância da distribuição nas decisões estratégicas de marketing;
- Compreender os conceitos de canais de distribuição;
- Identificar os tipos de canais e suas características: agente, atacado e varejo;
- Diferenciar canais de distribuição de bens de consumo de canais de distribuição de bens industriais;
- Reconhecer os sistemas horizontais e verticais de marketing, e suas áreas de influência;
- Estabelecer o melhor canal de distribuição para nossos produtos;
- Conhecer as funções da logística.

A maioria dos fabricantes utiliza intermediários para levar seus produtos até o consumidor final ou o usuário industrial, o que aumenta a eficiência da distribuição de bens por torná-los amplamente disponíveis e acessíveis aos mercados-alvo, uma vez que tais intermediários elaboram um canal de distribuição para ajudá-los nessa tarefa. O canal de distribuição é formado por empresas independentes, que colaboram para tornar um produto ou um serviço disponível para o consumidor ou cliente, e as vantagens de utilizá-los são: seus contatos, sua experiência, sua especialização e a escala de operação proporcionada.

Canal de distribuição é o caminho que os produtos e sua titularidade seguem desde a fábrica ou produtos até o consumidor final ou usuário industrial, e é formado pelos agentes, atacadistas e varejistas. A logística, por sua vez, é a movimentação física efetuada de forma eficiente desde a linha de produção até o consumidor final ou usuário industrial, e envolve a localização da fábrica, o armazenamento, o manuseio, o controle de estoque etc.

Por muito tempo, os canais de marketing não eram valorizados quando comparados com as outras atividades do mix de marketing, e muitas produtores tratavam o canal de marketing como algo secundário e operacional. O poder se concentrava nos produtores, por causa de seu faturamento e por serem em menor número. Com o crescimento dos intermediários e a concentração de poder em poucos varejistas, o poder no canal de distribuição mudou. Com isso, o poder deixa de ser do produtor e passa a ser do intermediário.

As pressões exercidas pelos consumidores e clientes, sua maior consciência e exigência, o aumento do número de produtores, a entrada dos importados e a gestão das marcas como estratégia mercadológica foram as condições que levaram à mudança no relacionamento do canal de marketing. Isso ocorreu em razão da dificuldade de se obter vantagem competitiva sustentável, do poder crescente dos varejistas, da necessidade de reduzir custos de distribuição e do crescente papel da tecnologia.

Uma decisão que envolve uma estratégia do mix de marketing deve nos levar a rever as outras estratégias que fazem parte do mix, e não se esqueça de que as decisões que envolvem o mix de marketing são sistêmicas e, portanto, relacionadas. Quando a empresa estabelece um projeto de canal, deve estar atenta e analisar as necessidades do consumidor. Com base nessa análise, a empresa então dimensiona o tamanho do lote, o tempo de espera, a variedade de produtos, a conveniência espacial, a retaguarda de serviços, entre outras coisas, e estabelece os objetivos do canal.

9.1 Utilidades

O conceito que sustenta a teoria do consumidor é o de utilidade, a qual é atribuída à satisfação do consumidor e representa o prazer que os consumidores retiram do consumo de um bem. Apesar de ser difícil quantificá-la e atribuir-lhe algum valor, podemos ordenar as preferências do consumidor, eé por meio do conceito de utilidade que podemos explicar a forma como os consumidores conseguem efetuar suas opções de consumo considerando seus ganhos, bem como os preços dos bens, os quais explicam a forma das curvas da procura.

As utilidades que proporcionam satisfação aos consumidores são:

9.1.1 Utilidade de forma

A utilidade da forma é criada quando um produto ou serviço é fornecido a um comprador em uma forma que lhe seja útil e utilizável. As empresas transformam matérias-primas em produtos – por exemplo: as empresas transformam madeira em móveis, algodão em roupas, aço em automóveis. No mix de marketing, porém, essa utilidade se dá em produto.

9.1.2 Utilidade de tempo

A utilidade de tempo refere-se à satisfação obtida com a disponibilidade de um produto no momento em que o consumidor o deseja, e quanto mais rápido os consumidores adquirem seus produtos, maior sua satisfação – justamente por isso existem tantas lojas de conveniência. No mix de marketing, essa utilidade se dá em distribuição ou praça.

9.1.3 Utilidade de lugar

É a satisfação que os clientes sentem quando um produto está localizado onde eles o desejam. Essa é a razão pela qual McDonald's e Subway possuem tantas filiais e o porquê de o e-commerce crescer com grande rapidez. No mix de marketing, essa utilidade ocorre no estágio praça.

9.1.4 Utilidade de posse

A satisfação ocorre quando os intermediários do canal prestam serviços de modo tal que os consumidores possam adquirir e usar os produtos com o menor número possível de obstáculos. Os pontos de venda aceitam todos cartões de créditos, os supermercados aumentam o número de caixas em operação, entre outras ações. No mix de marketing, essa utilidade se dá em praça.

Diante do exposto, podemos perceber a importância da estratégia de distribuição nas decisões de marketing. Além disso, a empresa deve evitar erros, como observar empresas investindo em comunicação e não se preocupar em colocar seu produto ou serviço em um local no qual o consumidor esteja disposto a ir para adquiri-lo.

9.2 Canais de distribuição

Também conhecidos como canais de marketing, os canais de distribuição são compostos de intermediários denominados agentes, atacadistas e varejistas, que são empresas distintas com objetivos diferentes. E é importante dizer que esses intermediários utilizados para alcançar os consumidores otimizam os esforços realizados pela empresa.

Observe a Figura 9.1. Para que a empresa atinja três consumidores sem utilizar intermediários, seria necessário um determinado esforço mercadológico. Todavia, ao utilizar três intermediários, o mesmo esforço mercadológico faria que a empresa atingisse nove consumidores.

Sendo assim, o uso de intermediários se justifica pela maior eficiência deles em atender os consumidores, visto que possuem experiência, escala operacional e contatos, oferecendo ao produtor condições que ele não dispõe para atender o mercado.

As principais funções de um intermediário são: a transação, a movimentação e a facilidade de compra e venda. Na transação, os intermediários compram produtos e serviços para revendê-los, vendem produtos para clientes potenciais e solicitam pedidos, e também assumem os riscos de os produtos deteriorarem, danificarem ou ficarem obsoletos.

Com relação à movimentação, os intermediários movimentam bens e os combina em quantidades que os tornem fáceis de comprar, concentram bens de vários lugares para um único ponto de venda, mantêm estoques e protegem os bens de maneira que satisfaça as necessidades dos clientes, e também compram bens em quantidade e os dividem em volumes desejados pelos clientes.

Figura 9.1 Redução de custo com a utilização de canais de distribuição

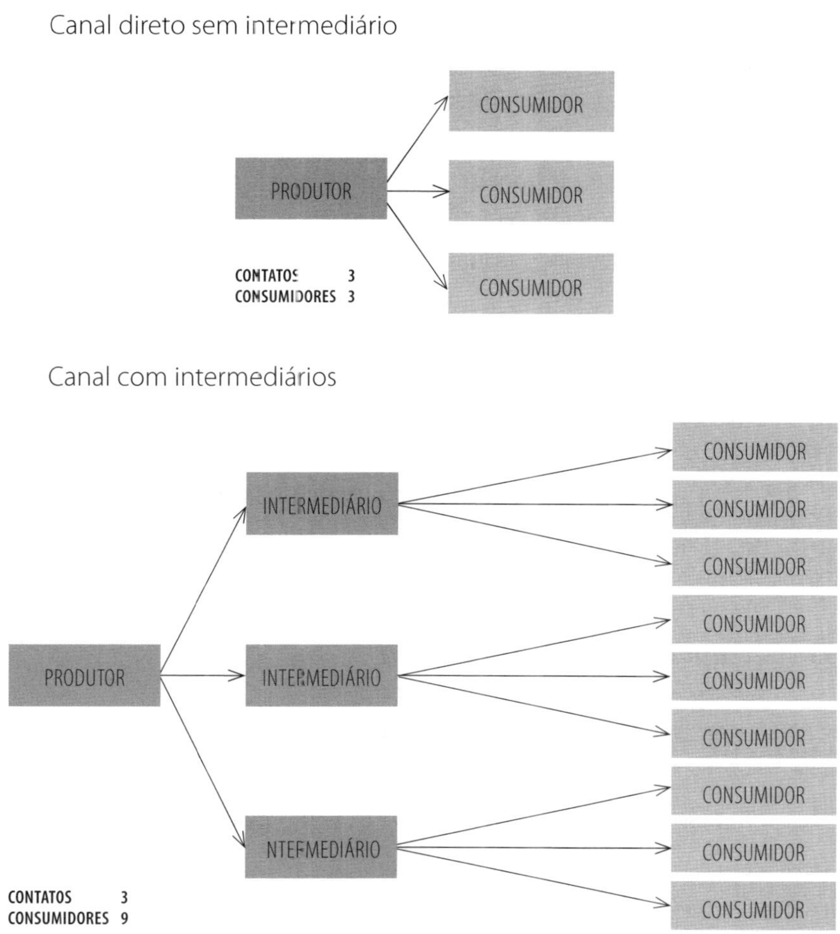

Além do que já foi exposto, os intermediários também são responsáveis por reunir produtos parecidos de várias origens, formando um estoque maior e mais

homogêneo, dividir o estoque em lotes menores, construir uma variedade de produtos a partir de vários produtores, e também por trazer os produtos de onde eles foram fabricados para onde eles são comprados ou utilizados, o que inclui transporte, armazenamento, administração de estoques e processamento de pedidos.

No que diz respeito à facilidade de compra e venda, isso envolve reunir e comunicar informações pertinentes ao mercado, como vendas esperadas, tendências dos consumidores e força competitiva, além de controlar os produtos e classificá-los em categorias, e proporcionar crédito aos consumidores, facilitando a transação.

9.3 Estrutura de canais

Os canais de distribuição ou marketing contribuem para o sucesso da estratégia de marketing e, consequentemente, para o sucesso da empresa. Para que uma empresa cresça no mercado, é importante que aumente suas vendas e, para isso, quanto maior a disponibilidade, melhor, uma vez que esta está relacionada à quantidade de pontos de venda disponíveis. Logo, precisamos estabelecer uma estratégia de distribuição que permita obter a quantidade de pontos de venda necessários para se atingir os objetivos estabelecidos.

Quando a empresa projeta seu canal de distribuição, deve levar em conta o alcance que ele terá e o padrão de serviço que deve oferecer. Portanto, deve estar atenta a seu posicionamento e ao conjunto de benefícios que quer entregar ao consumidor.

9.3.1 Canais de distribuição de produtos de consumo

O canal de distribuição de produtos de consumo é formado por fabricante, agente, atacadista, varejista e consumidor final (Figura 9.2).

Figura 9.2 Estrutura de canais de consumo

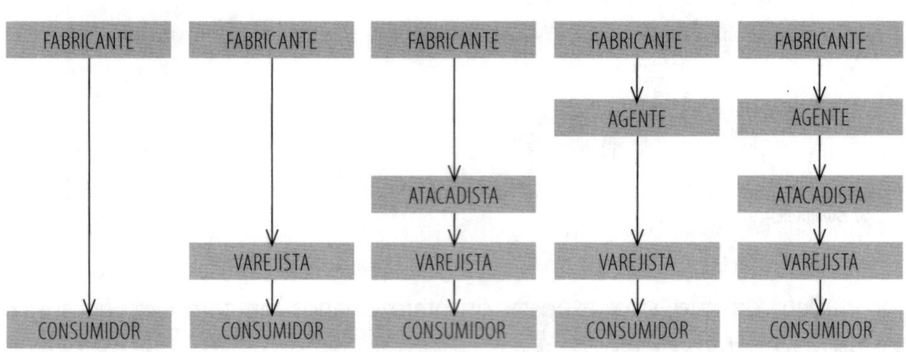

9.3.1.1 Fabricante – consumidor final

Também denominado canal direto, o fabricante não quer utilizar os intermediários, optando por uma equipe de vendas própria e se responsabilizando pela entrega do produto. Ao decidir por esse canal, o produtor tem maior controle das atividades de marketing que deverão ser desempenhadas – por exemplo, Avon, Natura, Yakult e Dell utilizam esse canal. O fabricante é escolhido em virtude da estratégia competitiva da empresa, e quando ela utiliza intermediários, estes absorverão parte dos recursos envolvidos no negócio. Se considerarmos que os intermediários não agregam valor às marcas, então não há por que utilizá-lo; além disso, a empresa deve refletir sobre alguns pontos ao adotar essa estratégia, por exemplo, como vender e como entregar e trocar, se for o caso.

A venda pode ser direta, por meio de abordagem pessoal, como fazem os representantes da Avon e da Natura, por exemplo. Essa abordagem permite a customização da venda por meio do vendedor, e se este for competente, o serviço será considerado de qualidade, entregando exatamente o que o consumidor espera receber. Considerando que abordagem pode ser feita em casa, no trabalho, na escola ou em qualquer outro lugar, o vendedor demonstra o produto e pode oferecer produtos complementares. Todavia, os custos de vendas podem ser uma dificuldade; então, para compensá-lo, a empresa pode aumentar a procura por seu produto praticando um preço mais em conta do que aqueles praticados na lojas.

Também é possível vender por meio de um sistema interativo chamado marketing direto, utilizando-se uma ou mais mídias para atender a determinado segmento de mercado, como fazem empresas como Dell Computers e Hermes, que utilizam televisão, catálogo, mala-direta e Internet. A Dell utiliza a internet e a mídia – principalmente a escrita – para se comunicar com seus potenciais consumidores; já a Hermes utiliza catálogos para se comunicar com seus consumidores e também seu site, denominado Compra Fácil.

O problema é que, ao optar por essa modalidade, e empresa perde o contato "olho no olho" com seus consumidores e, consequentemente, perde boa parte das sensações do comprador e, com isso, boa parte do controle sobre o processo de tomada de decisão, o que pode ser um problema. Embora os investimentos em propaganda sejam altos, eles nem sempre trazem uma resposta por parte do consumidor.

Os principais pontos de distribuição direta são: a redução da dependência de membros do canal, a melhora do relacionamento com os consumidores, sobretudo se a empresa tiver uma boa estrutura CRM (*costumer relationship management*), e o fato de proporcionar melhor gestão de negociação e exposição do produto, oferecendo mais informações do que a venda no varejo. Entretanto, também necessita de maiores investimentos.

9.3.1.2 Fabricante – varejista – consumidor final

É um dos canais mais utilizados, principalmente por produtos de escolha ou compra comparada – como artigos de vestuário, eletroeletrônicos, livros e automóveis –, pois o produtor ou fabricante transfere para o varejista grande parte das estratégias de marketing. O varejo, por sua vez, assume a venda, a armazenagem, o financiamento e a entrega para o consumidor.

9.3.1.3 Fabricante – atacadista – varejista – consumidor final

Esse canal é utilizado quando a empresa quer atender um número grande de consumidores. Um atacadista compra dos fabricantes, fraciona a quantidade e entrega para os pequenos varejistas. Quando a empresa busca uma cobertura intensa de mercado, pode estabelecer esse tipo canal, que é utilizado por alimentos, produtos de limpeza, refrigerantes e cervejas.

9.3.1.4 Fabricante – agente – varejista – consumidor final

É uma opção das empresas utilizar agentes para atender o varejo, pois estes enfatizam as vendas dos produtos. É muito utilizado por empresas de ferramentas e, atualmente, também vem sendo utilizado por indústria farmacêutica, alimentos, entre outros, como veremos adiante.

9.3.1.5 Fabricante – agente – atacadista – varejista – consumidor final

É o canal mais longo para a distribuição de produtos –como doces e balas –, e sua cobertura de mercado é intensa. Utilizado quando a empresa visa a uma expansão geográfica ampla.

9.3.2 Canais de distribuição de produtos industriais

O canal de distribuição dos produtos industriais ou empresariais é formado por: fabricante, agente, distribuidor industrial e usuário industrial (veja a Figura 9.3).

Figura 9.3 Estruturas de canais industriais

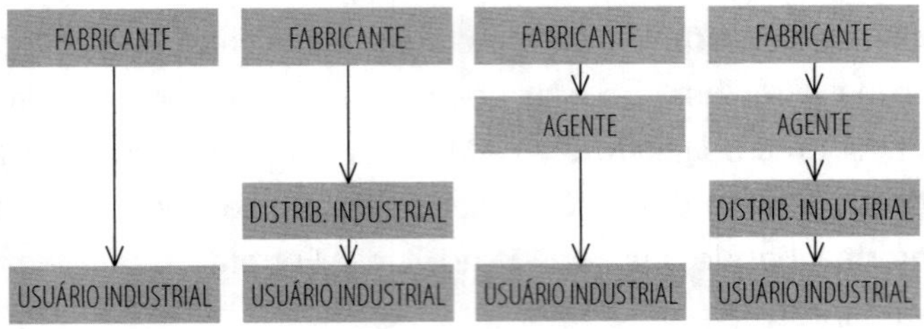

9.3.2.1 Fabricante – usuário industrial

Ocorre quando a empresa opta por entregar seus produtos diretamente ao usuário industrial. Por exemplo, a Cofap produz amortecedores e vende diretamente para a Ford, a qual utiliza esses amortecedores na montagem de seus automóveis.

9.3.2.2 Fabricante – distribuidor industrial – usuário industrial

A diferença entre o varejista e o distribuidor industrial é que este último faz tudo o que o varejista faz e ainda presta assistência técnica para o usuário industrial. Por exemplo: a Cofap entrega seu amortecedor à Ford, que o repassa para suas concessionárias; mas quando precisamos trocar o amortecedor de nosso carro, vamos à concessionária, que o conserta. A Ford deixa de ser usuária industrial e passa a fazer o papel de distribuidor industrial para a concessionária, que utiliza o produto para consertar nosso carro.

A Cofap também pode vender seu amortecedor para a MercadoCar, loja de autopeças. Quando nosso carro quebra, levamos ao mecânico, que compra o amortecedor no MercadoCar e conserta nosso automóvel. A Cofap continua com o papel de fabricante, a MercadoCar assume o papel de distribuidor industrial e o mecânico que consertou nosso automóvel faz o papel de usuário industrial.

9.3.2.3 Fabricante – agente – usuário industrial

Esse canal é utilizado quando a empresa deseja atender uma região maior ou pequenas empresas que não têm condições de comprar diretamente da fábrica. Continuando com nosso exemplo anterior, suponhamos que haja uma fábrica de carretas e reboques pequenos, localizada distante da Cofap. Como sua capacidade de produção é pequena, ela não consegue comprar direto da fábrica, entretanto, a Cofap atende esse fabricante por meio de seus agentes.

9.3.2.4 Fabricante – agente – distribuidor industrial – usuário industrial

Continuando com o exemplo da Cofap, vamos imaginar que na mesma cidade onde está localizada a fábrica de carretas e reboques existam alguns proprietário de automóveis da marca Ford. Se o amortecedor apresentar algum defeito ou se desgastar pelo tempo de uso, ele deve ser trocado. Nessa cidade, existem mecânicos e lojas de autopeças, e a Cofap utiliza o agente para vender seus amortecedores para o distribuidor industrial (loja de autopeças), e este fornece ao mecânico, para que ele possa consertar os automóveis.

9.3.3 Canais de distribuição de serviços

O canal de distribuição de serviços é formado pelo produtor de serviço, agentes, varejistas de serviços e pelos clientes. (Veja Figura 9.4).

Figura 9.4 Estruturas de canais industriais

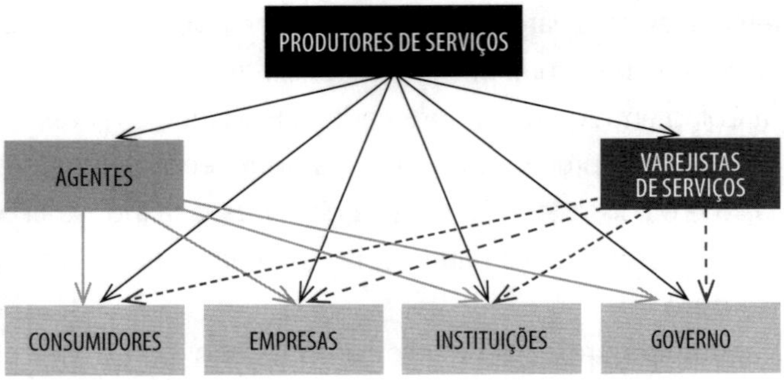

Fonte: ROSENBLOOM *apud* GIOIA et. Al., 2006.

As características dos serviços, como intangibilidade, perecibilidade, heterogeneidade e simultaneidade, fazem que os serviços sejam consumidos, na maioria das vezes, no ato de sua produção, mas parte de sua distribuição pode ser feita por meio de intermediários. Por exemplo: as companhias aéreas podem utilizar agências de viagens para atender melhor seus clientes (empresas) ou consumidores, e uma empresa pode contratar seus colaboradores por meio de agências de empregos. Essas organizações atuam como varejistas de serviços, na medida em que estocam e revendem em lotes menores seus serviços – as agências de viagens possuem várias passagens e vendem uma a uma, ao passo que as agências de emprego possuem vários profissionais e indicam um a um para as empresas que estão precisando.

9.3.4 Sistema multicanal

O sistema multicanal ocorre quando a empresa estabelece o uso de vários canais concomitantemente para atingir seus consumidores ou para atingir vários mercados. Algumas empresas, como a Yakult, utilizam essa estratégia, vendendo diretamente aos consumidores por meio de vendedores que transportam os produtos em carrinhos projetados para esse fim; esses vendedores atendem tanto o varejo, com embalagens com seis unidades, quanto o atacado, com embalagens com 24 unidades. Todavia, ao adotar essa estratégia, a empresa deve tomar cuidado para que não surjam conflitos de canal, como veremos adiante.

9.4 Fabricante

Para efeito de canal de distribuição, consideramos fabricante qualquer produtor de bens e serviços, seja ele pessoa jurídica (empresas, organizações) ou física. Por exemplo: Ford, *Whirlpool*, Unilever, Fazenda Santa Amália, entre outros.

9.5 Varejo

O varejo inclui todas as atividades envolvidas na venda de bens ou serviços diretamente aos consumidores finais para uso pessoal. Qualquer organização que utiliza essa forma de venda – seja um fabricante, atacadista ou varejista – está praticando varejo. Podemos dividir o varejo em dois formatos: sem loja e com loja.

9.5.1 Varejo sem loja

No varejo sem loja, estão a venda direta, a venda automática e a venda por marketing direto. A venda direta está relacionada ao contato pessoal e inclui: a) porta a porta (como a venda de livros), por grupos (Tupperware), por rede (Amway), os ambulantes, que ocupam ruas movimentadas, o delivery (como de pizzas) e os quiosques localizados em shoppingscenters.

A venda automática é aquela na qual inserimos dinheiro nas máquina para poder adquirir produtos ou serviços. São exemplos as máquinas de bebida e salgadinhos e as máquinas de livros. Por fim, temos o marketing direto, que são as malas-diretas (oferta de bens pelos correios ou nas ruas), o telemarketing, no qual os produtos são vendidos por telefone (por exemplo, um banco que oferece cartões de crédito), a televisão (programas como Polishop e Shoptime), cupons em jornais e revistas, e os sites de e-commerce e vendas na internet. O conceito de e-commerce ou comércio eletrônico ou comércio virtual é aplicável a qualquer tipo de negócio ou transação comercial que envolva a transferência de informação por meio da Internet, como o ato de vender, comprar ou mesmo pagar contas via Internet. Site de vendas são sites de comercialização de bens e serviços por consumidores diretamente a outros consumidores, como a eBay (site Web de leilões) e o Mercado Livre.

9.5.2 Varejo com loja

As lojas de conveniência são um dos exemplos dos varejos com loja. Trata-se de um formato de loja que vem crescendo, tanto no Brasil como em outros mercados, por causa da conveniência de tempo e de lugar, uma vez que elas atendem.

por exemplo, casais em que ambos trabalham fora e pessoas que moram sozinhas. As área de *fast-food*, com bebidas e petiscos, atraem também o público jovem, transformando muitas dessas lojas em *"points"*.

Essas lojas em geral estão localizadas próximas às zonas residenciais, têm um amplo horário de funcionamento, oferecem lanches, sucos e guloseimas e têm tamanho médio de 100 a 250 m^2; porém, os preços dos produtos oferecidos nessas lojas são em média 15% mais caros se comparados aos dos supermercados e sua linha de produtos é limitada.

Há também as lojas especializadas, que estão localizadas em grandes centros comerciais ou shopping centers e possuem linha limitada de produtos, como aquelas que vendem artigos esportivos, produtos para surfistas ou motociclistas, entre outras. Em suma, essas lojas possuem um público específico (nicho) e seu tamanho depende de sua especialidade. Alguns tipos de lojas especializadas em camisas, meias e gravatas estão com os dias contados, pois a preferência, principalmente do homem, é pelo conceito "magazine completo de confecção", onde encontra *"looks"* para todas as ocasiões desde moda praia, intima, esportiva, casual e social.

As lojas de departamento, como C&A, Renner e Leader, atuam com diversas linhas de produto. Elas normalmente estão localizadas em grandes centros comerciais e oferecem uma ampla linha de produtos com grande diversidade de itens, que são divididos nas mais variadas categorias (cama, mesa e banho, brinquedos, eletrodomésticos, eletro-portáteis etc.). Além disso, elas são compostas integralmente por produtos não alimentícios; mas esse é um segmento considerado decadente e que pouco a pouco vêm sendo substituído por hipermercados. O tamanho médio dessas lojas é de 2.000 m^2.

Os supermercados caracterizam-se pelo autosserviço, trabalham com baixa margem, alto volume, atendem a necessidades de alimentação, higiene pessoal e limpeza. Eles normalmente estão localizados em bairros e vizinhanças, e são baseados exclusivamente nos produtos de utilização diária e rotineira, como mercearia, perecíveis e bazar. Diferentemente dos hipermercados, os supermercados possuem baixa margem de lucro e vêm se estabelecendo como lojas de vizinhança, concorrendo com o pequeno varejo local. O tamanho médio dessas lojas varia de 700 m^2 a 2.000 m^2.

As lojas de desconto surgiram nos Estados Unidos logo após a Segunda Guerra Mundial. Em virtude da grande procura, os produtos eram colocados em grandes galpões a preços reduzidos. Essas lojas oferecem poucos serviços aos consumidores, dispõem de produtos padrão com alto volume e praticam preço e margem baixos. Com o passar do tempo, suas características foram se aproximando às das lojas de departamentos. Como exemplo, podemos citar Casas Bahia, Magazine Luiza, Insinuante e Gazin.

Um conceito importado do mercado norte-americano, as megastores oferecem produtos que os consumidores costumam comprar e também serviços de lavanderia, chaveiro, conserto de sapatos, assistência técnica de celulares, entre outros. Em geral estão localizadas em grandes centros comerciais e vendem produtos que atendem a situações específicas (nichos), mas possuem grande variedade dentro dessa categoria específica. Lojas como essa normalmente ultrapassam os 2.000 m^2.

Localizadas em grandes centros comerciais e nas vias expressas para possibilitar o fácil acesso dos clientes, as lojas supercenter têm como meta praticar preços mais baixos sempre, sejam elas hiper ou supermercados. O Walmart é a maior companhia do mundo nesse segmento, com faturamento próximo dos 500 bilhões de dólares. O tamanho médio desses supercenters é de 14.000m^2 a 19.000m^2.

As super lojas hipermercados estão localizadas nos grandes centros comerciais e nas vias expressas, a fim de facilitar o acesso dos clientes, e combinam características das lojas de departamento com as de supermercados. Esse é um modelo crescente desde o final da década de 1970 e começo da década de 1980 e possuem tamanho médio de 4.000 m^2 a 15.000 m^2.

Um conceito relativamente novo no Brasil, os varejistas *off-price* ou de liquidação oferecem produtos de ponta de estoque e são também conhecidos como *outlets*. Eles vendem ponta de estoque, com ciclos de vida relativamente curtos, elevado nível de renovação de linha e sazonalidade, principalmente de artigos ligados à moda. Atuam com marcas e fabricantes estabelecidos e praticam preços baixos. Essas cadeias de abastecimento são descentralizadas. No caso dos *showrooms* de vendas por catálogo, estes vendem a preços menores ou com desconto produtos que os clientes escolhem pelo catálogo e retiram nas lojas.

Há também as lojas próprias do fabricante, que são menos dependentes estrategicamente do varejo e fazem contato direto com o consumidor, oferecendo a ele linhas completas de produtos. Esse tipo de loja é uma espécie de proteção adicional contra as importações feitas pelo varejo e apresentam maior rentabilidade e lucratividade, além de se destacar por um melhor planejamento de longo prazo.

Por fim, temos as franquias, que, no Brasil, foram regulamentadas pela Lei 8.955, de 15 de dezembro de 1994. Trata-se de um modelo de negócios que envolve a distribuição de bens e serviços por meio da concessão e transferência de marca, tecnologia, consultoria operacional e produtos ou serviços, mediante contrato entre franqueador e franqueado.

O franqueador é o detentor da marca, da tecnologia, do modelo de negócios, e formata e negocia a franquia do negócio com o franqueado, que é uma pessoa física ou jurídica. No sistema de *franchising*, o franqueado investe recursos em seu próprio negócio, e opera com a marca, os padrões e a supervisão do franqueador. A essência está na parceria – o franqueado é o primeiro grande cliente do franqueador, e deve ser tratado como tal. Podemos afirmar que a franquia é a forma mais barata de expansão geográfica de um produtor, cuja filial é gerenciada por um proprietário. A Cacau Show é um exemplo de franquia.

9.5.3 Áreas de influência

Segundo a American Marketing Association (AMA), a área de influência é uma área geográfica contendo os consumidores de uma empresa particular ou grupo de empresas para bens ou serviços específicos. Em outras palavras, é a área geográfica que contém a maior parte dos clientes de uma loja. Alguns fatores devem ser levados em consideração ao se definir a área de influência: *as linha de produtos* (conveniência *versus* escolha *versus* especialidade), o tamanho da loja (lojas grandes – conforto, preços competitivos e serviços) e a concorrência.

As lojas que comercializam produtos de conveniência têm uma área de influência menor que as lojas que vendem produtos de escolha e de especialidade, ao passo que as lojas maiores, que oferecem mais conforto, maior variedade de produtos e preços competitivos, tendo, assim, maior capacidade de atrair clientes, possuem uma área de influência maior. Os locais com maior densidade populacional têm área de influência mais restrita, e as características do concorrente podem ampliar ou restringir a extensão de sua área de influência. A localização dos concorrentes da loja determina o impacto do tamanho da área de influência tanto da loja como de seus competidores, e o esforço de comunicação de marketing, como encartes em jornais, anúncios de ofertas etc., pode modificar a área de influência das lojas.

A área de influência (Figura 9.5) estipula que o maior faturamento vem dos consumidores que moram ou estão mais próximos das lojas, e é feita pela classificação quanto ao critério de compra dos produtos comercializados.

Figura 9.5 Áreas de influência

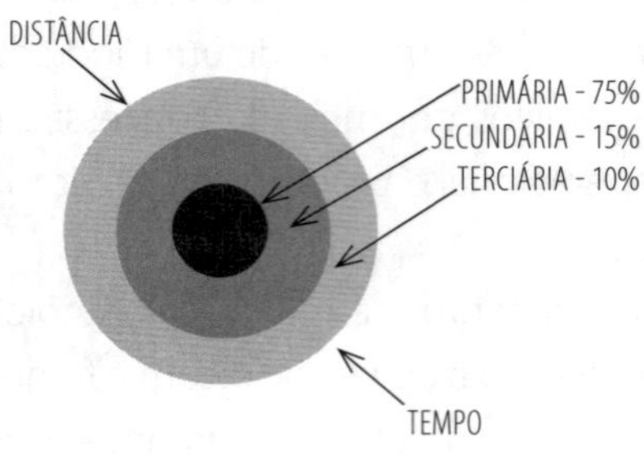

A área de influência primária é a região mais próxima da loja e concentra em torno de 75% dos clientes da loja; a secundária é a região em torno da área de influência primária e concentra em torno de 15% dos clientes; por fim, a área de influência terciária é região mais distante e que concentra cerca de 10% dos clientes. Por exemplo:

Área de influência de lojas que comercializam bens de conveniência, como farmácias, restaurantes por quilo, lojas de conveniência etc.

- Área de influência primária: até 2 km.
- Área de influência secundária: até 4 km.
- Área de influência terciária: até 8 km.

Área de influência de lojas que comercializam bens de escolha, como os shopping centers etc.

- Área de influência primária: até 4 km.
- Área de influência secundária: até 8 km.
- Área de influência terciária: até 16 km.

Área de influência de lojas que comercializam bens de especialidade, como joalherias, lojas com marcas muito fortes. A Ferrari, por exemplo, possui apenas uma loja no Brasil, localizada na região dos Jardins, em São Paulo.

- Área de influência primária: até 8 km.
- Área de influência secundária: até 16 km.
- Área de influência terciária: acima de 16 km.

9.6 Atacado

Atacadistas são as organizações que se caracterizam por comprar dos produtores em grandes quantidades, fracionam e revendem, geralmente em menores quantidades para os pequenos varejistas ou para uso industrial, como restaurantes e lanchonetes. A decisão do uso de atacadistas pode proporcionar algumas vantagens ao canal de distribuição.

Para os produtores, isso proporciona aumento do mercado, aumento da produção com ganhos de escala, mais informações do mercado, redução de riscos e concentração de foco na produção; para os varejistas, possibilita o acesso a informações do mercado, reduz os custos do aumento de variedade de produtos, facilita a seleção de itens, diminui os custos de acesso aos produtores e permite focar nas vendas e relacionamentos com os clientes. Para os consumidores finais, proporciona a redução de preços pelo aumento da eficiência do canal e acesso a uma maior variedade de produtos. Os atacadistas desempenham as seguintes atividades:

- Venda e promoção: proporciona a ampliação do mercado dos produtores a custos viáveis;
- Financiamento e riscos de pagamento: financiam a compra dos clientes;
- Subdivisão de lotes: a quebra de lotes facilita o acesso do pequeno varejista a alguns produtos;
- Armazenamento e transporte: assume o custo de armazenagem e de transporte para favorecer o pequeno varejo.

Eles podem ser classificados em função completa e função limitada, como mostra o Quadro 9.1.

Quadro 9.1 Classificação dos atacadistas

DE FUNÇÃO COMPLETA	DE FUNÇÃO LIMITADA	AGENTES
Gerais: operam com uma linha completa de produtos e serviços. **Linha:** operam em determinado ramo de mercado. **Especialidade:** atuam com produtos especializados.	**Pague e leve:** é um autosserviço e atua expondo seus produtos para os clientes que compram, pagam e levam – por exemplo, Makro. **Transportadores *(truck jobber)*:** vende, entrega e fatura no ato – por exemplo, refrigerantes. **Direto *(drop shipper)*:** o atacadista somente vende; quem transporta e armazena é o próprio fabricante. **Repositor *(rack jobber)*:** assessora o pequeno varejista, mantendo suas gôndolas e prateleiras sempre cheias.	Corretores Comissários Representantes

9.7 Agentes

São atacadistas que operam com base em prestação de serviços comissionados (corretores, representantes comerciais, comissários), e sua principal função é intermediar negociações, sendo principalmente um vendedor da empresa que representa. Os agentes não trabalham com estoques.

Recentemente os *brokers* surgiram como elemento importante no canal de distribuição, que classifico, pessoalmente, como um agente. São empresas contratadas pelos produtores para atender os pequenos varejistas com eficiência e seu objetivo é oferecer uma alternativa competitiva a pequenos varejos de atendimento de consumidores finais em relação a grandes redes de varejo, bem como reduzir poder de barganha de redes de varejo sobre fabricantes e ampliar volume potencial de escoamento de produtos para produtores.

As vantagens de utilizar os *brokers* são que eles trabalham para um número limitado de empresas, não tem custo de estocagem, oferecem material de *merchandising* e de promoção, bem como um mix de produtos das empresas que representa, gerenciam o estoque dos pequenos varejistas e não há incidência da bitributação.

Os *brokers* colaboram tanto com os produtores, com o pequeno varejo e com o consumidor final quanto com as grandes redes. Com relação aos produtores, eles ampliam seu poder de barganha sobre as grandes redes varejistas – a "queda de braço" entre os produtores e os varejistas sofreu um desequilíbrio grande. Como as grandes redes de varejo no Brasil respondem por grande parte do abastecimento, elas exigem descontos enormes e pressionam os produtores por condições mais vantajosas.

Nesse cenário, o pequeno varejista não tem poder de barganha com os produtores e, para se manter no mercado, sofre uma pressão enorme das grandes redes. Ao utilizar os *brokers*, os produtores facilitam seu acesso a produtos mais em conta, uma vez que os gastos com eles são bem menores e permitem que os pequenos varejistas possam competir em igualdade de condições com as grandes redes.

No que diz respeito ao pequeno varejo, os *brokers* prestam consultoria de negócio e oferecem menores preços. Além disso, os pequenos varejistas recebem treinamento, apoio nas ações promocionais e de *merchandising*, suporte técnico, entre outros serviços. E o consumidor, por sua vez, é favorecido pela conveniência competitiva dos pontos de venda, uma vez que ele não precisa de deslocar para conseguir preços competitivos e condições vantajosas de consumo.

As grandes redes, no entanto, sofrem com a concorrência progressiva dos pequenos varejistas, o que reduz seu poder de barganha com os produtores. Entre as empresas que já adotaram os *brokers* como elemento do canal de distribuição, podemos citar:

- Adrià (grupo M. Dias Branco): tem motoboys trabalhando como vendedores;
- Garoto (Nestlé): utiliza *brokers* com suas respectivas equipes de vendas, para entregar os produtos e fazer o *merchandising* nas loja;

- Laboratório Boehringer: usa para atender o varejo de pequeno porte;
- Votorantim Cimentos: substituiu distribuidores e criou centros de canal de distribuição em regiões estratégicas.

Diferenciamos os possíveis intermediários que podemos utilizar em nossa empresa, mas não podemos nos esquecer que eles são nosso segundo cliente (o primeiro é o nosso colaborador). Utilizamos o canal porque nem sempre podemos atender todo o mercado que queremos, pois os custos seriam muito elevados; sendo assim, é preciso definir o que queremos, se produzir ou comercializar. Além disso, é importante considerar que o Brasil é muito grande e com contrastes culturais profundos e, nesse cenário, os intermediários são importantes aliados para acessá-lo melhor.

9.8 Gestão do canal

A Gestão dos Canais tem por objetivo avaliar como as empresas se unem para levar produtos e serviços do local de origem (fabricante) até o local de consumo (consumidor final. É um elemento fundamental para a estratégia comercial.

Para que a gestão dos canais seja eficaz, é necessário considerar o ponto de vista dos clientes. Identificarmos com que frequência compram, qual sua disposição de deslocamento, se exigem contato pessoal para o ato da compra, se é importante a presença física do produto e se ele está à disposição no momento da compra, se exige serviço associado antes e depois da venda.

9.8.1 Intensidade do canal de distribuição

Quando a empresa decide utilizar um canal de distribuição para atender melhor seus cliente e consumidores, deve considerar se essa distribuição será intensiva, seletiva ou exclusiva, uma vez que isso representa a quantidade de intermediários que serão utilizados para chegar até o mercado, de forma a sustentar o posicionamento definido. O maior ou menor número de intermediários utilizados definirá a intensidade do canal de distribuição, que pode ser intensiva, seletiva ou exclusiva.

A distribuição intensiva é utilizada quando se quer dar ampla cobertura ao mercado no qual a empresa pretende atuar, e são muitos os atores envolvidos no processo. Essa estratégia permite colocar os estoques da empresa em vários pontos de venda, mais próximos dos consumidores, tendo em vista que o objetivo é atender o maior número possível de pessoas. Essa estratégia é empregada para produtos de conveniência (como balas, doces, canetas esferográficas descartáveis, pilha, entre outros), cujo valor unitário é baixo e, frequência de compra, alta. E, quanto maior a exposição, maior a venda.

Já a distribuição seletiva ocorre quando a empresa seleciona seus intermediários, seleção esta que é feita de acordo com o posicionamento que pretende ter. As escolas geralmente são baseadas na localização, na carteira de clientes e na imagem, entre outros fatores. São vários os atores no processo, e esse tipo de distribuição oferece boa cobertura de mercado e um desempenho de vendas superior, pois é mais concentrado do que a distribuição intensiva. É o mais adequado para produtos de escolha ou compra comparada, como eletroeletrônicos, algumas marcas de roupas, computadores, perfumes, sapatos etc.

Por fim, a distribuição exclusiva ocorre quando existe uma seleção criteriosa dos pontos de venda, que são limitados, e há apenas um ator no processo por região, e isso ajuda a empresa a estabelecer um posicionamento diferenciado, baseado em benefícios sociais e experimentais superiores. Além do mais, o controle sobre as vendas é alto. Esse tipo de distribuição é empregado quando um produto ou serviço exige abordagens de vendas especializadas, alto investimentos em instalações ou manutenção de estoques específicos, e é indicado para produtos de especialidade, como carros de luxo, sapatos e bolsas, roupas e joias sofisticadas.

9.8.2 Estratégias de comunicação para o canal

Os produtores devem estabelecer estratégias específicas para todo o canal de distribuição, tanto para o consumidor final como para os intermediários (veja a Figura 9.6).

Figura 9.6 *Pushing* e *pulling*

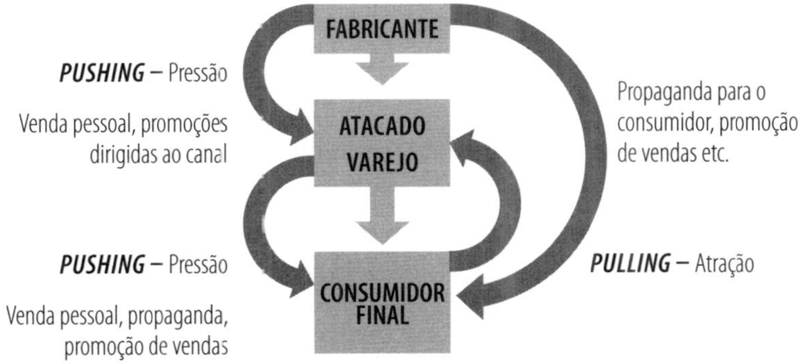

Pushing implica utilizar estratégias com os intermediários para estimular a compra. Em outras palavras, os produtores "empurram" seus produtos para o canal, com o objetivo de aumentar suas vendas., e podem utilizar algumas estratégias nesse sentido, como:

a. aumentar os esforços da equipe de venda;
b. propaganda cooperativada;
c. aumento dos espaços nas lojas;
d. merchandising.

Já o *pulling* implica utilizar estratégias com os consumidores finais para que eles se dirijam aos pontos de venda e "puxem" da prateleiras e gôndolas os produtos disponíveis. As ferramentas que podem ser utilizadas são propaganda, *merchandising* e ações promocionais conjuntas.

9.8.3 Conflitos de canal

Com tantos atores no processo de distribuição, cada um deles com seus objetivos específicos e independentes entre si, normalmente surgem problemas de relacionamento ou nas negociações. Esses problemas podem ser horizontais ou verticais. O horizontais ocorrem no mesmo nível do canal, isto é, entre dois fabricantes, dois atacadistas ou dois varejistas., e podem ter origem em territórios de vendas, práticas comerciais inadequadas etc.

Os verticais, por sua vez, ocorrem quando o conflito se dá em diferentes níveis do canal – um fabricante com um varejista, um varejista com um atacadista, e assim por diante. Entretanto, o mais comum é o de hierarquia, tendo em vista que muitas empresas privilegiam o consumidor quando deveriam privilegiar o intermediário; pode se dar em preço, condições de pagamento, prazos de entrega etc.

Outra situação comum é quando empresas líderes em seus mercados impõem determinadas condições às demais, como é o caso das grandes redes de supermercados, que pressionam os pequenos e médios produtores, impondo, muitas vezes, condições que estes não conseguem atender.

Sendo assim, é muito importante manter boa relação com os demais membros do canal, pois, com isso, adquire-se cooperação entre os membros do canal, minimizando possíveis conflitos. Para isso, a empresa pode considerar os membros do canal como parte dela, responsabilidade esta que recai sobre o líder do canal de distribuição. Outra forma é adotar um sistema de distribuição.

9.8.4 Sistemas de distribuição e canais

O sistema de distribuição, ou sistemas de canais de marketing, é resultante do entendimento de que o processo de distribuição é uma unidade de operação responsável pelo fluxo de produtos e serviços entre os membros do canal. Sendo assim, controlar esse canal é estratégico para empresas que operam em determinados mercados.

Esse sistema de distribuição pode ser horizontal ou vertical. No sistema horizontal de marketing ocorre quando uma empresa adquire outra concorrente, uma prática que pode criar os chamados monopólios, sendo, por isso, alvo de controle do governo, ou quando uma empresa de determinado ramo de atividade se associa a outra para potencializar seus negócios de forma integrada. Por exemplo, um supermercado e um banco comercial se associam para o lançamento de um cartão de crédito com a marca do supermercado.

Já o sistema vertical de marketing ocorre em virtude da necessidade que uma empresa tem de se obter certo controle dos canais de distribuição. Quando o país foi industrializado, as empresas montaram seus canais de distribuição com os produtores exercendo um controle natural no processo. Com a concentração de capital no setor varejista, esse cenário se reverteu, obrigando os produtores, independentemente de seu tamanho, a repensar a estratégia de distribuição de seus produtos e serviços.

Atualmente, a questão que se tem é a seguinte: quem determina os padrões de funcionamento do setor? Com o objetivo de se obter eficiência no processo de distribuição, procurou-se integrar os membros do canal – produtores e distribuidores, promovendo a gestão do canal de modo geral.

Em marketing, são os conceitos dos Sistemas Verticais de Marketing (SVM) que estudam essa nova realidade, com o objetivo de obter maior eficiência e causar maior impacto no setor. É uma forma de as empresas responderem aos problemas de relacionamento existentes, metas e estímulos dentro da comercialização. O SVM colabora com a organização das atividades comerciais das empresas, por meio de procedimentos formais, com a designação de metas, papéis e solução de conflitos.

No SVM, produtores, atacadistas e varejistas atuam como um sistema unificado, em que um membro tem controle sobre os demais ou trabalha com eles sob contrato, ou, ainda, tem poder suficiente para obter cooperação. Esse poder pode ser exercido pelo fabricante, pelo atacadista ou pelo varejista.

Existem o SVM corporativo (ou empresarial), o SVM contratual e o SVM Administrado. O SVM corporativo, também chamado de empresarial, ocorre quando as empresas procuram controlar a distribuição do canal por meio do controle das outras empresas que participam na distribuição e quando o canal de distribuição é de um único dono. Isso permite que o sistema funcione de forma uniforme, observando a capacidade produtiva do produtor e dirigida ao consumidor.

O SVM contratual ocorre quando existe um contrato operacional entre os membros do canal. São empresas independentes, em diferentes níveis de distribuição, que se associam, por meio de contratos, buscando aumentar as vendas e diminuir seus custos. Podem ser:

- **Cooperativa patrocinada por atacadista:** quando um atacadista estimula a formação de uma cooperativa formada por pequenos varejistas, os controla por meio de um contrato, padronizando e coordenando suas compras. No Brasil, ocorreu com o atacadista Martins em relação aos supermercados Smart.
- **Cooperativas patrocinadas por varejistas:** quando pequenos varejistas se unem para aumentar seu poder de barganha com os fornecedores. Essa união os ajuda a enfrentar a concorrência de grandes redes de farmácias ou de supermercados, por exemplo, e utilizam nomes e padrões de organização comuns entre eles.
- **Franquias:** a franquia é o exemplo mais comum e visível de SVM contratual. Trata-se de um sistema de distribuição contratual em que um franqueador concede a um franqueado o direito de operar o negócio e utilizar sua marca, obedecendo a um plano de negócios por ele elaborado. As franquias podem ser classificadas em:
    a. **franquia varejista patrocinada pelo fabricante:** os fabricantes licenciam revendedores para vender seus bens – por exemplo, postos de gasolina, concessionárias de automóveis, O Boticário etc.
    b. **franquia atacadista patrocinada pelo fabricante:** ocorre quando o licenciamento da fabricação e comercialização de produtos e marcas é obtido pelas empresas a partir de revendedores – por exemplo, as engarrafadoras da Coca-Cola, que compram o xarope da matriz.
    c. **franquia varejista patrocinada por empresa de serviço:** quando ocorre o licenciamento de um sistema formado por varejistas para prestar serviços a consumidores finais – por exemplo, as locadoras de automóveis, os Correios, supermercados etc.

9.8.5 Logística

As empresas viviam um dilema: custos de distribuição mais altos provocavam um atendimento ao cliente melhor, ao passo que os custos de distribuição mais baixos provocavam um atendimento ao cliente pior. Elas procuraram um meio de fornecer um nível desejável de atendimento ao cliente com o mínimo custo possível.

A logística envolve levar o produto certo até o cliente certo, no lugar certo, na hora certa e, entre suas principais funções, temos:

- redução de custos, assegurando os objetivos da logística;
- processamento do pedido: recebimento, administração e envio;

- armazenagem: gestão de estoque de distribuição;
- gerenciamento de programação: *just-in-time;*
- gestão, seleção e contingenciamento de transporte.

Algumas empresas dão mais ênfase à logística por diversas razões, entre elas o fato de que o atendimento e a satisfação do cliente se tornaram as pedras fundamentais da estratégia de mercado, e porque a logística é um item importante de custo para a maioria das empresas. Além disso, a explosão que ocorreu na variedade de produtos criou a necessidade de aperfeiçoar a logística de armazenagem, o aperfeiçoamento da tecnologia de informação criou oportunidades para ganhos importantes na eficiência da distribuição e, também, por causa da natureza e da importância da logística de mercado.

A logística de mercado (distribuição física) envolve o planejamento, a implementação e o controle do fluxo físico de bens e informações relacionadas, desde os pontos de origem até os pontos de consumo, a fim de atender às exigências dos clientes e lucrar com isso.

A logística de mercado envolve:

- Distribuição dirigida para fora da fábrica: transportar produtos da fábrica aos revendedores e consumidores.
- Distribuição dirigida para dentro da fábrica: transportar produtos e materiais dos fornecedores à fábrica.
- Distribuição reversa: transportar produtos danificados, indesejados ou em excesso devolvidos pelos consumidores ou revendedores.
- A logística é importante porque gera vantagem competitiva, uma vez que proporciona aos clientes melhor serviço a preços mais baixos e permite economias de custo à empresa e a seus clientes. Além disso, a variedade dos produtos requer uma logística melhor, e a tecnologia da informação criou oportunidades para a eficiência da distribuição.

A armazenagem, que pode ser feita em depósitos e centrais de distribuição, é a função que supera as diferenças entre quantidades necessárias e oportunidades de venda, garantindo que os produtos estejam disponíveis quando os clientes estiverem prontos para comprá-los. Os principais meios de transporte que as empresas utilizam são:

- **Ferroviário:** meio de transporte mais utilizado nos Estados Unidos e um dos mais rentáveis em custo, uma vez que transporta produtos pesados e volumosos a um custo competitivo;

- **Rodoviário:** geralmente feito por caminhões, esse tipo de transporte é altamente flexível e eficiente para transportar mercadorias de alto valor por curtas distâncias. Indicados para produtos de alto valor agregado;
- **Fluvial e marítimo:** baixo custo para transporte de mercadorias de baixo valor não perecíveis, e a forma mais lenta de transporte. Indicado para volumes grande e pesados;
- **Dutos:** transportar petróleo, gás natural e produtos químicos da fonte aos mercados consumidores. Possui um custo baixo, mas exige manutenção e conservação.
- **Aéreo:** o mais caro e mais rápido meio de transporte, é ideal quando a rapidez é essencial ou as praças de mercado são distantes. Transporta cargas pequenas, leves e de alto valor agregado.

A escolha do meio de transporte se dá por meio da avaliação de cinco variáveis: velocidade efetiva de entrega, confiança na empresa prestadora do serviço, capacidade de transportar os produtos, disponibilidade de acesso aos destinos e o custo do serviço.

ELABORANDO UM PROJETO
Nessa etapa do projeto, devemos estabelecer as estratégias de distribuição que utilizaremos para distribuir nossos produtos ou o local onde instalaremos nossos serviços. Devemos verificar o tipo de distribuição, canais que utilizaremos, local, área de influência, entre outras decisões.

Resumo

Canal de distribuição é o caminho que os produtos e sua titularidade seguem desde a fábrica ou produtor até o consumidor final ou usuário industrial, e é formado pelos agentes, atacadistas e varejistas. Logística é a movimentação física efetuada de forma eficiente desde a linha de produção até o consumidor final ou usuário industrial e envolve a localização da fábrica, armazenamento, manuseio, controle de estoque etc.

O conceito que sustenta a teoria do consumidor é o de utilidade, a qual representa o prazer que os consumidores retiram do consumo de um bem. As utilidades que proporcionam satisfação aos consumidores são: forma, tempo, lugar e posse. Dessas, apenas forma não se dá em distribuição.

O uso de intermediários se justifica pela maior eficiência deles em atender os consumidores. Eles possuem experiência, escala operacional e contatos oferecendo ao produtor condições que ele não dispõe para atender o mercado. O canal de distribuição de produtos de consumo é formado por fabricante, agente, atacadista, varejista e consumidor final.

O canal de distribuição dos produtos industriais ou empresariais é formado por fabricante, agente, distribuidor industrial e usuário industrial, ao passo que o canal de distribuição de serviços é formado pelo produtor de serviço, por agentes, por varejistas de serviços e pelos clientes.

O sistema multicanal ocorre quando a empresa estabelece o uso de vários canais, concomitantemente, para atingir seus consumidores ou atingir vários mercados.

Consideramos, para efeito de canal de distribuição, fabricante como qualquer produtor de bens e serviços, seja ele pessoa jurídica (empresas, organizações) ou física. Por exemplo: Ford, Whirlpool, Unilever, Fazenda Santa Amália, entre outros.

O varejo, que pode ser classificado em "com loja" e "sem loja", inclui todas as atividades envolvidas na venda de bens ou serviços diretamente aos consumidores finais para uso pessoal. O varejo sem loja inclui venda direta (contato pessoal), venda automática (via máquina) e venda marketing direto; já o varejo com loja inclui as lojas de conveniência, as especializadas, as de departamento, os supermercados, as lojas de desconto, as megastores, os supercenter, os hipermercados, os varejistas *off-price* ou de liquidação, *showrooms* de vendas por catálogo, loja própria do fabricante e a franquia.

A área de influência é a área geográfica que contém a maior parte dos clientes de uma loja e pode ser:

- Primária: é a região mais próxima da loja e concentra em torno de 75% dos clientes da loja;
- Secundária: é a região em torno da área de influência Primária e concentra em torno de 15% dos clientes;
- Terciária: é região mais distante e concentra cerca de 10% dos clientes.

Atacadistas são as organizações que se caracterizam por comprar dos produtores em grandes quantidades, fracionar e revender, geralmente, em menores quantidades para os pequenos varejistas ou para uso industrial, como restaurantes e lanchonetes. Podem ser:

- de função completa (gerais, de linha e de especialidade);
- de função limitada (pague e leve, transportadores – *truck jobber*, direto – *drop shipper*, repositor – *rack jobber*.
- agentes (corretores, comissários, representantes e os *brokers*)

Os agentes são atacadistas que operam com base em prestação de serviços comissionados (corretores, representantes comerciais, comissários). Sua função principal é intermediar negociações, sendo principalmente um vendedor da empresa que representa e não trabalha com estoques. Recentemente, surgiram os *brokers* como elemento importante no canal de distribuição, que classifico, pessoalmente, como um agente. São empresas contratadas pelos produtores para atender os pequenos varejistas com eficiência.

Quanto à intensidade, o canal de distribuição pode ser intensivo, seletivo e exclusivo. Os conflitos de canal podem ser horizontais (no mesmo nível) ou verticais (no mesmo canal, em níveis diferentes).

O sistema de distribuição ou sistemas de canais de marketing é resultante do entendimento de que o processo de distribuição é uma unidade de operação responsável pelo fluxo de produtos e serviços entre os membros do canal. Ele pode ser horizontal ou vertical.

A franquia é o exemplo mais comum e visível SVM contratual. Trata-se de um sistema de distribuição contratual em que um franqueador concede a um franqueado o direito de operar o negócio e utilizar sua marca, obedecendo a um plano de negócios por ele elaborado. A logística envolve levar o produto certo até o cliente certo, no lugar certo, na hora certa, e entre suas principais funções, temos: redução de custos, processamento do pedido, armazenagem, gerenciamento de programação e gestão, seleção e contingenciamento de transporte.

Os principais meios de transporte que as empresas utilizam são: ferroviário, rodoviário, fluvial e marítimo, dutos e aéreo.

Questões para discussão

Algumas questões exigirão dos alunos uma pesquisa extra. Para isso, eles podem utilizar alguns recursos para aprofundar o tema, como a internet ou a biblioteca.

1. **(Enade 2006)** A grande imprensa de negócios noticiou recentemente que uma das maiores redes mundiais de *fast-food* estava colocando à venda as lojas próprias que mantinha na América Latina, inclusive no Brasil. Tratava-se de uma mudança importante no modelo de negócio estabelecido, o qual apresentava sinais de esgotamento. Nesse sentido, no novo modelo a multinacional deixava de ter subsidiárias integrais e passava a receber os *royalties* pela concessão de sua marca. As lojas seriam vendidas em bloco para grandes franqueadores. Apresente e justifique uma

vantagem e uma desvantagem da franquia como estratégia de expansão de negócios de empresas multinacionais.

2. Qual o melhor canal de distribuição para produtos de conveniência que utilizam política de preço costumeiro? Justifique sua resposta.

3. Quanto à intensidade, o canal de distribuição pode ser intensivo, seletivo e exclusivo. Indique e justifique três exemplos para cada um deles.

4. Os atores do canal de bens de consumo são: fabricante, agente, atacado, varejo e consumidor final. Em sua opinião, existe algum ator que domina esse canal? Exemplifique e justifique sua resposta.

5. **(Provão 2001)** José Ferreira, diretor de marketing de uma grande confecção de moda feminina e fornecedor de lojas de departamentos, considera a possibilidade de abrir uma rede de lojas de venda direta da fábrica. A distribuição direta de um produto pelo próprio fabricante, sem intermediários, implica:
   a. maiores custos e distribuição intensiva.
   b. melhor controle de todos os aspectos do seu marketing.
   c. preços mais baixos ao consumidor final.
   d. montagem de uma operação de comércio eletrônico e terceirização do serviço de entrega.
   e. contratação de uma nova agência de propaganda.

6. **(Enade 2009)** Você é consultor e estuda o mercado de esmagamento de soja no Brasil. Os produtos comercializados nesse mercado são farelo de soja e óleo vegetal. As plantações de soja estão espalhadas por todo o interior do país. A margem de lucro dos produtos é muito pequena, e a logística é um custo significativo da operação. O transporte é feito via modal rodoviário, e o volume de soja colhida é muito superior ao volume somado de farelo e óleo. Para ter um desempenho sustentável em longo prazo, é necessário que as empresas tenham:
   I. grande volume de esmagamento;
   II. proximidade de centros de plantação de soja;
   III. frota de transporte próprio;
   IV. localização perto de uma grande capital metropolitana.

Estão CORRETAS somente as afirmativas:

a. I e III.

b. II e III.

c. I e II.

d. III e IV.

e. I e IV.

7. **(Enade 2012)** Pesquisa da Associação Brasileira de Franchising (ABF) aponta que as franquias de alimentação são as que mais crescem e faturam. Em dez anos, houve crescimento de 200% no número de lojas no mercado nacional. Em 2011, 19 mil novas unidades de franquias foram abertas (53 franquias por dia, ou duas por hora). A pesquisa indicou ainda que as especializadas em sanduíches faturam o dobro das outras lojas de *food service*. Ao entrar nesse sistema superconcorrido, uma das primeiras medidas adotadas pelas empresas é conhecer o perfil do consumidor que frequenta as praças de alimentação e, assim, criar ofertas que fazem o cliente retornar. A disputa pelo consumidor em shoppings tem sido o maior desafio das franquias do setor, que investem em ações promocionais e adaptam o produto ao ponto de venda para atender a demanda do cliente.

Disponível em: <http://www.portaldofranchising.com.br>.
Acesso em: 10 jul. 2012, adaptado.

A partir da situação descrita, assinale a alternativa correta.

a. O franqueado, sempre que necessário, deve adaptar seus produtos e serviços à realidade do local de venda para satisfazer a clientela.

b. Existe uma real preocupação dos franqueadores em se adaptar ao novo consumidor, atender às demandas e estimular a fidelidade à marca.

c. O crescimento do setor de alimentação mostra que, em breve, ele se estabilizará e não haverá novos concorrentes na disputa desse mercado.

d. Uma franquia de sanduíches é muito mais barata e, por isso, mais lucrativa que as demais franquias da área de alimentação.

e. Toda marca de alimentação que entra no ramo de franquia deve ter ponto de venda em *shopping*, por ser mais lucrativo.

8. **(Enade 2009)** Qual das alternativas NÃO é exemplo de intermediário?

a. Atacadistas do ramo alimentício que vendem apenas para varejistas.

b. Distribuidores especializados em apenas uma linha de produtos, como medicamentos.

c. Lojas que trabalham com várias marcas e vendem para o consumidor final.
d. Lojas de departamentos de produtos de luxo, em grandes centros urbanos.
e. Produtores com integração vertical que atendem os consumidores.

9. **(Enade 2009)** No final de 1998, a Vendequalquercoisa.com vendeu 250 milhões de dólares no quarto trimestre, mas ainda precisava ganhar um centavo para ter lucro. A razão é que a maioria de suas vendas é de livros e de CDs musicais, que não tem margens muito altas, e ela continua a investir em uma campanha publicitária intensiva, que lhe dá extrema visibilidade. Ela também está investindo pesadamente no desenvolvimento de armazéns de livros e de centros de distribuição. O motivo desse investimento em logística é:
I. diminuir os custos fixos e variáveis em propaganda;
II. implementar as ações do plano de negócios anteriormente planejado;
III. levar aos clientes os produtos no prazo combinado ao menos custo;
IV. testar a utilização de novos softwares de tecnologia de informação.

Está(ão) correta(s) somente a(s) afirmativa(s):
a. I.
b. II.
c. III.
d. II e III.
e. I e IV.

10. **(Enade 2009)** À medida que as empresas usam mais canais, a fim de aumentar suas vendas, elas correm o risco de gerar conflitos. O desafio não é eliminar conflitos, mas lidar com eles. A empresa K está com 206 mil pontos de venda, e a meta para 2009 é conquistar mais 50 mil novos estabelecimentos. "Antes, estávamos preocupados com desenvolvimento de produto, fabricação e venda. Agora, o foco está no consumidor e no ponto de venda", diz o diretor de trade marketing. Os distribuidores passaram a ter remuneração por desempenho. Além disso, o preço praticado não pode estar 10% abaixo ou acima do sugerido por K. Qual das razões de conflito a K está tentando evitar?
a. Dependência do varejista.
b. Diferenças de percepção.
c. Incompatibilidade de objetivos.
d. Papéis e direitos confusos.
e. Poder de coerção do varejista.

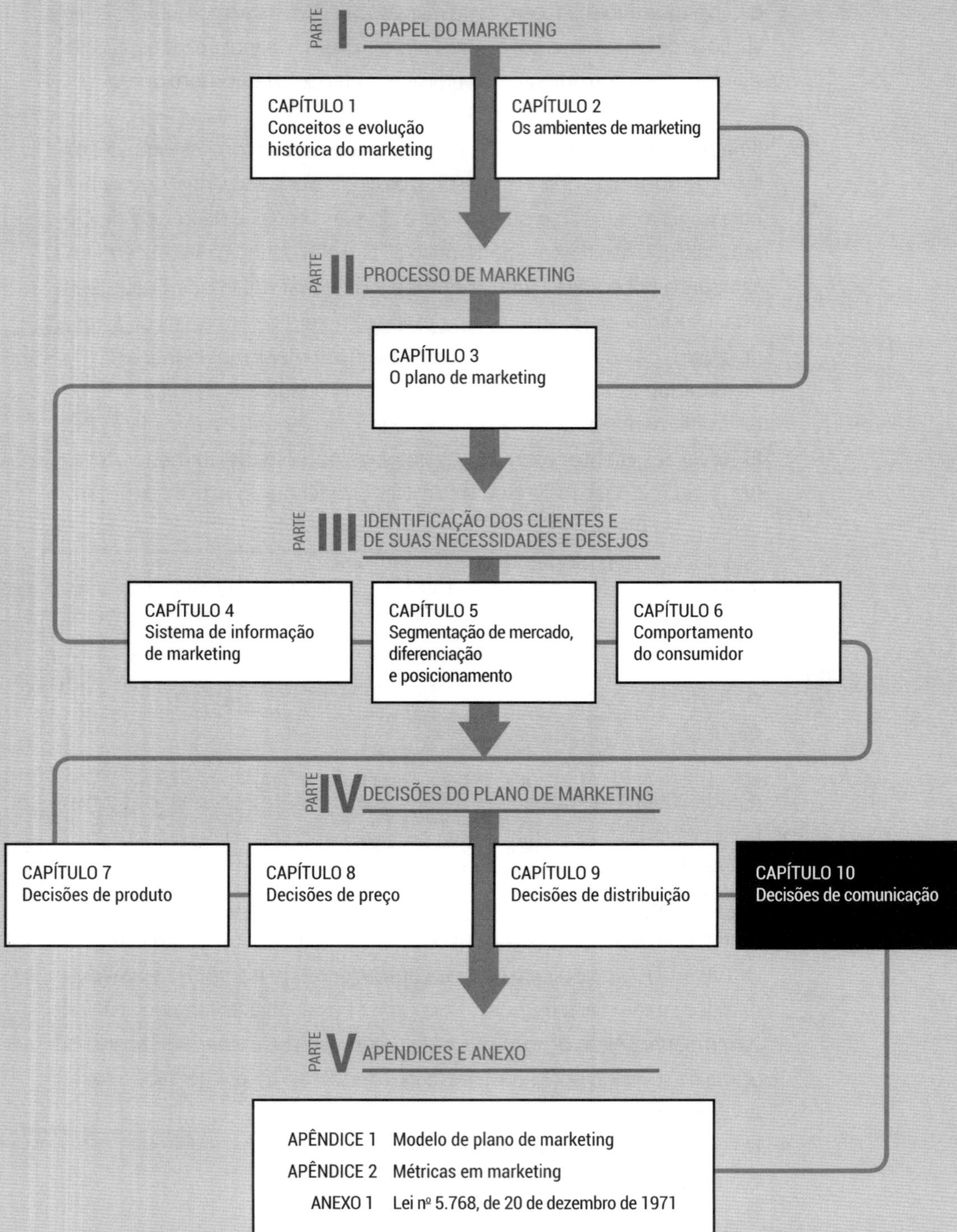
PARTE I O PAPEL DO MARKETING
CAPÍTULO 1 Conceitos e evolução histórica do marketing
CAPÍTULO 2 Os ambientes de marketing
PARTE II PROCESSO DE MARKETING
CAPÍTULO 3 O plano de marketing
PARTE III IDENTIFICAÇÃO DOS CLIENTES E DE SUAS NECESSIDADES E DESEJOS
CAPÍTULO 4 Sistema de informação de marketing
CAPÍTULO 5 Segmentação de mercado, diferenciação e posicionamento
CAPÍTULO 6 Comportamento do consumidor
PARTE IV DECISÕES DO PLANO DE MARKETING
CAPÍTULO 7 Decisões de produto
CAPÍTULO 8 Decisões de preço
CAPÍTULO 9 Decisões de distribuição
CAPÍTULO 10 Decisões de comunicação
PARTE V APÊNDICES E ANEXO
APÊNDICE 1 Modelo de plano de marketing
APÊNDICE 2 Métricas em marketing
ANEXO 1 Lei nº 5.768, de 20 de dezembro de 1971

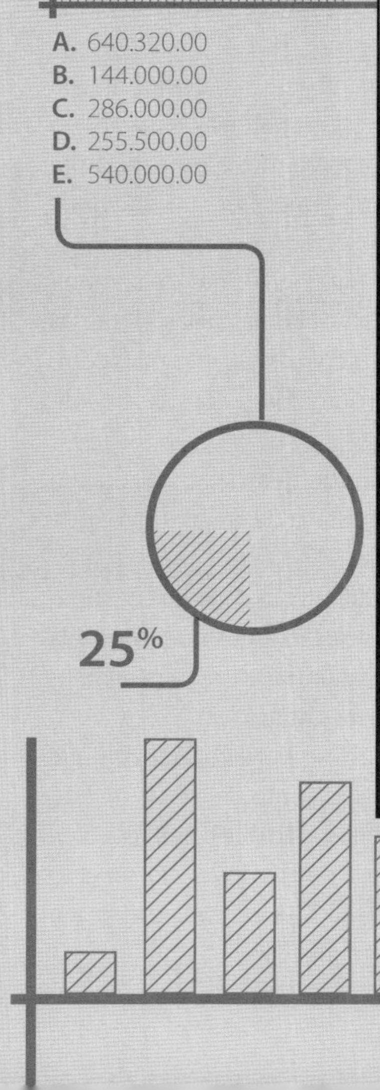

10

DECISÕES DE COMUNICAÇÃO

Objetivos do capítulo

Após a leitura deste capítulo, você será capaz de:

- Compreender o processo de comunicação de marketing;
- Identificar as estratégias do composto promocional;
- Entender o conceito de comunicação integrada de marketing;
- Conhecer os processos de propaganda, promoção de vendas, *merchandising*, relações públicas, venda pessoal e marketing direto;
- Identificar os canais de marketing on-line e as redes sociais.

Neste capítulo, abordaremos as ferramentas de comunicação de marketing que auxiliam as empresas no alcance dos objetivos estabelecidos. Essa é a estratégia mais visível do mix de marketing.

Alguns autores traduzem o "P" de *promotion*, de uma forma direta, para estratégias de promoção. Como objetivo de não confundir essa estratégia de marketing com a ferramenta denominada "promoção de vendas", adotaremos a nomenclatura "estratégias de comunicação" para designar tudo o que podemos fazer para divulgar nosso produto ou serviço.

Neste capítulo, verificaremos como são importantes as formas de comunicação de marketing e conheceremos as ferramentas mais utilizadas pelas empresas para convencer o consumidor sobre nossos produtos ou serviços. Quanto mais competente for a empresa em comunicar-se com seus consumidores, mais facilmente conquistará seu sucesso.

Para alcançar sucesso, é necessário um produto de qualidade, com preço justo, disponibilizado em um lugar onde o consumidor gostaria de encontrá-lo e que ele soubesse disso por meio de uma comunicação eficaz.

A comunicação é a estratégia que a empresa utiliza para dizer ao consumidor que seus produtos e serviços são a melhor opção deles. Ao mesmo tempo, ela deve monitorar constantemente os investimentos em comunicação, pois, geralmente, são altos e devem provocar resultados substanciais para justificá-los.

Devemos levar em conta que o nosso negócio é desenvolver diferenciais que ofertem valor aos nossos consumidores por meio do fortalecimento de nossas marcas. Quem deve desenvolver marcas fortes é a agência de comunicação que a empresa contratou, e esta deve se dedicar às estratégias de marketing, à gestão do relacionamento com os consumidores e em fortalecer nosso posicionamento. Quem deve assessorar a empresa na construção de marcas fortes é a agência de comunicação.

10.1 O processo de comunicação

As empresas buscam comunicar-se com seus consumidores para poder vender mais. Como a comunicação envolve reciprocidade entre um emissor e um receptor, em que o primeiro tenta convencer o segundo de suas decisões de compras. A comunicação de marketing busca persuadir o consumidor sobre a melhor forma de satisfazer seus desejos e necessidades, e deve criar consciência e formar imagens positivas no consumidor sobre nossos produtos e marcas, além de criar relacionamento no canal e criar valor.

Quando refletimos sobre o processo de comunicação, devemos considerar seus componentes (Figura 10.1).

Figura 10.1 Modelo de comunicação

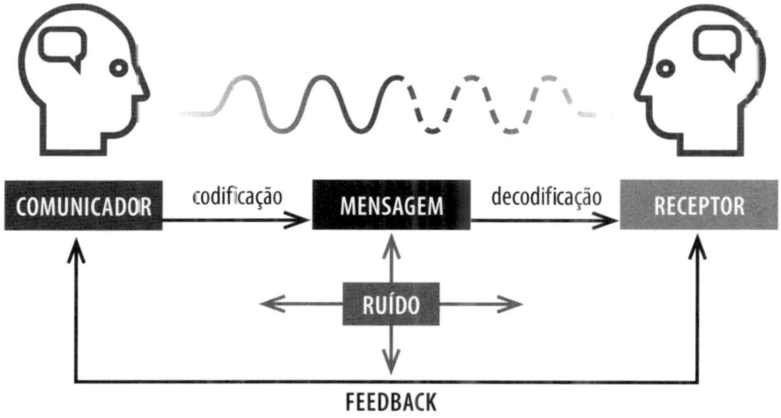

Comunicador: é a empresa que emite a mensagem, geralmente comunicam a marca, o slogan etc.

Codificação: é a transformação do recado da empresa em uma linguagem simbólica – é o material utilizado, como o comercial, displays, apresentações de vendas, e corresponde a símbolos, sinais e signos, envolvendo escrita, fala, imagens, cores etc.

Mensagem: é a essência da comunicação. Geralmente chega até o receptor por meio de uma mídia ou meio. Pode ser a TV, o rádio, revistas etc.

Decodificação: envolve como o receptor interpreta a mensagem – é a interpretação do consumidor, dos intermediários e do público em geral.

Receptor: é o consumidor ou cliente em potencial – são os atores mais importantes do processo.

Feedback: é a reação do consumidor à mensagem – pode ser um comentário dos clientes, relatórios de vendas etc.

Ruído: representa tudo o que interfere no entendimento da mensagem ao longo do processo de comunicação.

Estratégia de comunicação é o conjunto de mensagens que podemos enviar aos nossos consumidores ou aos formadores de opinião. As estratégias de comunicação, também denominadas mix de comunicação, ferramentas de comunicação ou composto promocional são: propaganda, promoção de vendas, relações públicas, merchandising, venda pessoal e marketing direto.

10.2 Propaganda

Segundo a AMA, propaganda é qualquer forma paga de apresentação não pessoal de ideias, produtos ou serviços, levada a efeito por um patrocinador identificado. Ela é utilizada para informar ou persuadir os consumidores. Existem dois tipos de propaganda: institucional (que visa a divulgar a imagem da empresa ou marcas de produtos, com a intenção de venda indireta) e promocional, que visa a estimular a venda imediata do produto ou serviço.

A partir do plano de marketing elaborado, podemos decidir sobre a comunicação e, se for possível, é muito importante a participação de um profissional ou de uma agência de comunicação no processo. As agências geralmente dispõem de três atividades básicas: atendimento, criação e mídia.

A área de atendimento é a que faz a ligação da agência com a empresa. Além do atendimento direto, outra fonte de informação é fundamental para o sucesso na relação: o *briefing*, que é um roteiro com informações importantes sobre a empresa e o produto ou serviço, geralmente sintetizando o plano de marketing.

A área de criação é quem vai propor ao cliente a comunicação que considera ideal, podendo ser racional ou emocional, comparativa – utilizando testemunho de algum formador de opinião – bem humorada ou cooperativada. A racional destaca os aspectos técnicos dos produtos e serviços, ao passo que a emocional apela aos sentimentos do consumidor.

A propaganda comparativa compara produtos ou serviços com os dos concorrentes, e a testemunhal visa à transferência de credibilidade do formador de opinião para o produto ou serviço. Aquelas que apelam ao humor tem por objetivo prender a atenção, proporcionando uma experiência agradável ao consumidor, o que pode ser considerada uma forma de aumentar a lembrança da mensagem.

A propaganda cooperativada surge da união do fabricante com o varejista no anúncio, sendo os custos divididos entre eles. Os encartes de jornais são um exemplo de propaganda cooperativada. A área de mídia é a que vai selecionar os veículos, ou mídias, que serão utilizados na comunicação, considerando, para isso, os horários, a frequência e os pontos de inserção. Ela é a responsável pelo planejamento da mídia utilizada, bem como pela execução e pelo controle.

Para qualquer tipo de propaganda, é importante atentar para alguns passos. O primeiro deles é a elaboração do *briefing*, que é uma síntese do plano de marketing e deve conter os seguintes pontos:

- Qual produto ou serviço estamos vendendo?
- Quem é nosso consumidor?
- Onde estamos vendendo?
- Quando estamos vendendo?
- Como estamos vendendo
- Quem influencia a compra?

O segundo ponto é a pesquisa de mercado. Além de consolidar as informações do *briefing*, a pesquisa pode responder a algumas questões fundamentais para o sucesso da propaganda. Pode-se também identificar as preferências de mídias, a que horas vê televisão, quais programas prefere, quais revistas lê entre outras informações pertinentes.

No que diz respeito à mensuração dos resultados, o mais indicado é que profissionais ou agências de comunicação assumam a responsabilidade sobre elas. As métricas são o resultado do trabalho da área de mídia da agência e a possibilidade de mensuração desse resultado.

O índice que permitirá essa avaliação chama-se *Gross Rating Points* (GRP), ou pontos de audiência bruta, e designa o somatório das audiências de uma campanha publicitária. Trata-se de uma unidade de medida utilizada para observar o impacto das mídias utilizadas, colaborando para que as agências, os profissionais e os anunciantes mensurem o efeito da campanha que estão realizando. Para calcular o GRP, devemos entender os seguintes conceitos:

- Frequência (F): é a quantidade de vezes que uma pessoa é exposta à mensagem em um período específico.
- Cobertura (C): refere-se ao número de residências, ou pessoas, que são expostas pelo menos uma vez a determinada mídia dentro de um período de tempo.

A equação para isso é:

$$GRP = F \times C$$

Por exemplo, um comercial é veiculado durante uma semana, três vezes em uma novela com 60 pontos de audiência e duas vezes em um jornal com 55 pontos de audiência. Para calcular a quantidade ou volume de GRP dessa programação, basta somar as audiências de todas as inserções. Isto é, três inserções na novela com 60 pontos de audiência representam 180 GRP. Mais duas inserções no jornal com 55 pontos de audiência significam 110 GRP. Assim, temos 180 GRP mais 110 GRP, que totalizam 290 GRP.

O GRP é uma métrica de comunicação, mas o problema é que esse número não fornece uma análise mais precisa do consumidor. As principais mídias utilizadas, suas vantagens e desvantagens, estão sintetizadas no Quadro 10.1.

Quadro 10.1 Principais mídias utilizadas na propaganda

MEIO	VANTAGENS	LIMITAÇÕES
JORNAIS	Flexibilidade, não é caro, boa cobertura de mercado local, ampla aceitação, alta credibilidade.	Vida curta, qualidade de reprodução, muitos anunciantes, leitura rápida.
TELEVISÃO	Combina visão, som e movimento, apela para os sentidos, alta repetição, alta cobertura.	Custo alto, saturação de comunicação elevada, exposição transitória, menor grau de seletividade do público.
MALA-DIRETA	Seletiva, flexível, ausência de concorrência dentro do mesmo veículo, personalização.	Custo por exposição relativamente alto, imagem de "correspondência inútil".
RÁDIO	Uso da massa, alto grau de seletividade geográfica e demográfica, baixo custo, boa aceitação.	Sem imagem, menor grau de atenção que a televisão, tarifas não tabeladas, exposição transitória.
REVISTA	Alto grau de seletividade geográfica e demográfica, credibilidade e prestígio, alta qualidade de reprodução, longa vida, boa circulação de leitores.	O espaço precisa ser comprado com muita antecedência, certo desperdício de circulação, nenhuma garantia de posição.
OUTDOOR	Flexibilidade, alto grau de repetição de exposição, baixo custo, baixa concorrência.	Seletividade de público limitada, limitações criativas.
PÁGINAS AMARELAS	Excelente cobertura local, alta credibilidade, ampla cobertura, baixo custo.	Alta concorrência, o espaço precisa ser comprado com muita antecedência, limitações criativas.

INFORMATIVOS	Seletividade muitíssimo alta, controle total, oportunidades interativas, custos relativos baixos.	Os custos podem fugir ao controle.
BROCHURA/ FOLDER	Flexibilidade, controle total, mensagens de maior impacto.	A produção excessiva pode levar ao descontrole dos custos.
TELEFONE	Muitos usuários, oportunidades de dar um toque pessoal.	Custo relativamente alto, a não ser que conte com voluntários.
INTERNET	Alta seletividade, possibilidades interativas, custo relativamente baixo, *cross-media* funciona, identifica interesses do consumidor.	Audiência limitada em alguns países, audiência crítica, mídia ainda pouco explorada.

Fonte: Adaptado de KOTLER e KELLER, 2006, p. 574.

10.3 Venda pessoal

A venda pessoal é uma forma de comunicação direta da empresa com seu cliente ou consumidor, e é considerada uma das atividades humanas mais antigas do mundo. Essa é uma forma pessoal de apresentar e demonstrar um produto ou serviço e responder, imediatamente, a possíveis objeções à compra, pois envolve comunicação pessoal de "duas mãos", entre o vendedor e o comprador. Ela é considerada uma das ferramentas mais eficientes de comunicação de marketing.

Cada empresa busca utilizar a venda pessoal da forma que considera mais adequada. Algumas delas não tem vendedores, como as empresas que vendem apenas por catálogos ou pela internet, mas na maior parte das empresas a força de vendas representa um papel importante para a empresa, pois é a única atividade de marketing que proporciona receita.

10.3.1 Administração da força de vendas

A AMA define administração de vendas como "planejamento, direção e controle de venda pessoal, incluindo recrutamento, seleção, treinamento, providências de recursos, delegação, determinação de rotas, supervisão, pagamento e motivação, à medida que essas tarefas se aplicam à força de vendas".

Hoje, a administração de vendas incorporou outras responsabilidades às suas atividades e agora se preocupa e participa da pesquisa, inovação, orçamento, planejamento, promoção, produção e até da localização das fábricas. As ferramentas de administração utilizadas são: planejamento, organização, direção e controle

Planejamento: a empresa deve quantificar seu mercado de atuação com base no planejamento da empresa, o que permitirá determinar o potencial de vendas, o nível de renda, a previsão de vendas e o orçamento necessário.
Organização: nessa atividade, devemos estabelecer os territórios e desenvolver os aspectos relacionados à motivação da equipe, recrutamento, seleção, treinamento, alocação de recursos etc.
Direção: a empresa deve liderar sua equipe de vendas e se preocupar com a execução dos planos estabelecidos, além de cuidar dos problemas diários que possam surgir, executar o que foi planejado e buscar cumprir as estratégias, objetivos e metas.
Controle: deve-se verificar se os objetivos estipulados no planejamento estão sendo alcançados. O controle deve ser frequente, e sua periodicidade varia de empresa para empresa.

O resultado dessa atividade é um plano de vendas tão, ou mais, meticuloso que o plano de marketing.

O plano de vendas é um documento escrito, operacional, no qual constam os principais tópicos do planejamento de vendas e que deverá servir de guia para as ações da área comercial da empresa. Esse plano deverá conter a estratégia, previsão e estrutura da força de vendas. Tendo os planejamentos estratégico e de marketing como referencial, nosso plano de vendas deverá contemplar as previsões de vendas, que podem ser mensal, anual ou até de dois e três anos.

A previsão pode ser feita a partir da análise do ambiente, dos concorrentes e do mercado em que atua, e leva em consideração o esforço de marketing da empresa. Pode ser feita por cliente, por região, por produto ou por mercado.

A maioria das empresas (pequenas e médias) utiliza métodos não científicos, como:

- Intenção de compra: por meio de uma pesquisa, questionamos o cliente sobre sua intenção de compra;
- Opinião da força de vendas: a partir dos vendedores, obtém-se uma expectativa de vendas;
- Vendas passadas: com base no histórico de vendas projetamos as vendas futuras, levando-se em conta a média das vendas anteriores e a expectativa de crescimento do mercado, incluindo sazonalidade;

- Julgamento dos executivos: os gestores utilizam sua intuição ou seu conhecimento para estimar as vendas.

Podemos dividir os territórios da força de vendas por área geográfica ou por produtos comercializados; isto é, um vendedor pode vender dentro de uma área geográfica todos os produtos de uma mesma linha ou um vendedor se especializa em um determinado produto e atende todos os clientes desse produto dentro do mesmo território geográfico.

Para alocar um território para o vendedor, devemos observar dois aspectos: primeiro, os territórios devem ter o mesmo potencial de negócios para o vendedor e, segundo, o trabalho despendido por cada vendedor deve ser equilibrado em relação aos demais componentes da equipe de vendas. Esse acompanhamento deve ser periódico.

10.3.1.1 Forma de recrutamento e seleção dos vendedores

As empresas possuem modelos próprios de recrutamento e seleção de vendedores, e uma vez definidas as características do cargo e o perfil do candidato, as empresas devem cuidar para que seu profissional tenha energia, autoconfiança, valores voltados para prestigio, status, ansiedade por ganhar mais e melhorar o padrão de vida, autonomia, garra e ser competitivo.

Para sabermos a quantidade de vendedores necessária, são primordiais algumas informações e alguns cálculos, como:

- Número de visitas básicas por cliente;
- Tempo dedicado a cada visita;
- Quantas visitas são precisas para se fechar uma venda;
- Qual é o valor média da venda fechada;
- Objetivo de vendas da empresa.

A seleção dos vendedores, de modo geral, passa por análise de documentação, testes, dinâmicas e entrevistas pessoais, bem como análise das referências pessoais, entrevista final e exames médicos.

10.3.1.2 Motivação

Para que os vendedores estejam permanentemente motivados, é importante que as tarefas sejam claras, que haja perspectivas de realização pessoal, que sua remuneração seja por incentivos e uma boa gestão. A boa gestão se caracteriza por fixar metas de forma clara, por estabelecer critérios de avaliação, e por ser empática e mostrar conhecimento sobre o assunto.

10.3.1.3 Remuneração dos vendedores

O plano de remuneração deve se consistente e compatível com o tipo de produto ou serviço vendido, e a empresa deve analisar as variáveis que afetam a empresa, tanto as internas quanto as externas, ser justa, proporcionar expectativa de aumento de ganho, ser capaz de atrair bons profissionais e considerar as diferenças relativas ao potencial de venda por território.

Podemos remunerar nosso vendedor de três formas: somente remuneração fixa, somente remuneração com base em comissão e remuneração fixa mais incentivos (comissões, abono, sistema de pontos, ajuda de custo e salários indiretos). Sendo assim, a decisão de remuneração dependerá do tipo de produto e como o mercado atua.

10.3.1.4 Treinamento de vendas

O treinamento de vendas deve ser constante. Aos iniciantes, envolve a transmissão de informações sobre produtos, mercados, empresas, apresentação eficiente de produtos e serviços, território e vendas, esforço de marketing das empresas, características dos clientes, entre outros. Para o aprimoramento das equipes que já atuam na empresa deve-se; programar o treinamento a partir da análise da necessidade; determinar os objetivos do treinamento; elaborar o programa com o conteúdo que será ministrado; e avaliar o programa e o treinamento ao término dele.

10.3.1.5 Avaliação e controle da força de vendas

Periodicamente, a força de vendas deve ser avaliada e receber um retorno dessa avaliação. As formas de se obter informações envolvem várias fontes, como o relatório de vendas (mais importante), relatórios de visitas, relatórios de despesas, lucro do território do vendedor, metas alcançadas, entre outras. Além desses mecanismos, a observação pessoal do gestor tem um papel importante na avaliação da força de vendas.

10.4 Promoção de vendas

A promoção de vendas é uma poderosa ferramenta de comunicação, e algumas de suas ações no Brasil são regidas pela Lei Federal nº 5.768, de 20 de dezembro de 1971 (Anexo 1). Segundo a AMA, promoção de vendas abrange as atividades que suplementam as vendas pessoais e a propaganda, coordenando-as e ajudando a torná-las efetivas. Destacaremos algumas entre as várias promoções que podem ser feitas com consumidor.

Ter *preços promocionais* implica a redução de preços dos produtos por um período determinado, como "leve três e pague dois", ou a oferta de um produto complementar, como a comprar duas escovas de dente e levar uma tubo com pasta de dente adicionado à oferta. Já as *amostras* favorecem a experimentação do produto e são a maneira mais efetiva de se lançar o produto, mas também é a mais cara. Ela é muito utilizada por produtos que envolvem os cinco sentidos – por exemplo, pode ser a degustação de um novo doce, a entrega de 50 gramas de um sabão em pó ou um *test-drive* com um automóvel.

Prêmios e vales-brinde são feitos diretamente, do tipo "achou, ganhou", ou indiretamente, por meio da coleção de selos, parte das embalagens, rótulos, tampinhas etc. Algumas pedem para enviar pelo correio e esperar pelo brinde, outras colocam estandes de trocas em pontos de venda variáveis.

Os concursos e jogos – que são regulados pelo Ministério da Fazenda e possuem limitações – oferecem, por meio de concursos, possibilidade de se ganhar viagens, mercadorias ou dinheiro como resultado da compra de algum produto ou serviço. É interessante utilizarmos uma empresa especializada para nos auxiliar, tendo em vista os aspectos legais da promoção (Anexo 1).

Os cupons, geralmente inseridos em jornais, revistas ou anexados a outros produtos, são certificados que permitem descontos em produtos ou serviços ao portador. Por fim, temos as exposições e feiras, o que envolve a participação da empresa nesses eventos. É interessante para aquelas empresas que necessitam de novos contatos e, para isso, utiliza-se material promocional, como catálogos, folhetos e a distribuição de brindes para os clientes e consumidores.

Além das que foram expostas anteriormente, as empresas ainda podem utilizar estratégias como recompensas pela preferência, promoções cruzadas, garantias, promoções vinculadas, descontos especiais, desfiles, shows, liquidações, exposições, aniversários, entre outras coisas

10.5 *Merchandising*

Segundo a AMA, *merchandising* "é a colocação de um produto no mercado, levando-se em consideração o lugar, o tempo, as quantidades e o preço certos". Se o marketing atua no mercado, com os consumidores, o *merchandising* atua nos produtos e serviços, aproximando-os dos consumidores. As ações de *merchandising* ocorrem nos pontos de venda, e destacam-se como atividades de *merchandising* a correta exposição dos produtos, a verificação dos níveis de estoques, da validade, dos preços, das condições de exposição dos produtos, entre outras.

Destacam-se como ferramentas de *merchandising*:

- Vitrine;
- Ponta de gôndola;
- Ilha;
- Display.

Tudo o que coloca o produto em evidência, podemos considerar como ação de *merchandising*.

Temos notado algumas ações feitas, principalmente na televisão e no cinema. Na TV, inserindo os produtos e marcas nos programas, com demonstrações e depoimentos dos apresentadores. Nas novelas, inseridas no enredo ou não, aparecem produtos e marcas próximos de determinados personagens. No cinema, os produtos estão nos filmes... Essas ações de exposição são chamadas pelo mercado e por alguns autores de *merchandising*.

Devemos atentar para as condições e as definições: essas ações são pagas (e caras), utilizam uma mídia, e nós identificamos quem está pagando – geralmente são feitas por formadores de opinião ou por personagens simpáticos ou heroicos. Logo, podemos denominar essas ações como propaganda testemunhal. Fica aqui a questão para a reflexão!

10.5.1 Promoção de vendas e merchandising no ciclo de vida do produto

No ciclo de vida dos produtos (CVP), conforme vimos anteriormente, temos estratégias de promoção e merchandising específicas para cada fase do ciclo.

Veremos, a seguir, as ações mais comuns praticadas pelas empresas, de acordo com o ciclo de vida de seu produto ou serviço.

10.5.1.1 Pesquisa e desenvolvimento

Pesquisa e desenvolvimento envolve a descoberta da necessidade existente no mercado determinante da oportunidade para o lançamento de um produto novo ou sua modificação ou adaptação. Nesse momento não é executada nenhuma ação de promoção de vendas e *merchandising*.

10.5.1.2 Introdução

O Quadro 10.2 sintetiza a situação, os esforços de marketing e de promoção/*merchandising* de um produto ou serviço na etapa de introdução do CVP.

Quadro 10.2 Etapa de introdução CVP

SITUAÇÃO	ESFORÇOS DE MARKETING	PROMOÇÃO E *MERCHANDISING*
Desconhecido	Comunicação integrada	Demonstração
Sem imagem	Torná-lo conhecido	Experimentação
Pouca venda	Ampliar vendas	Destaque no PV
Distribuição limitada	Provocar aceitação	Preços promocionais
Sem lucro	Ampliar distribuição	Estimular vendedor
Altos investimentos	Criar imagem, posicionar	Convencer distribuidor

AÇÕES:

- Para a força de vendas: convenções para a força de vendas e programas de incentivo dirigidos à força de vendas;
- Para nosso canal de distribuição: convenções para distribuidores e produção de material de apoio às vendas: *broadside*, catálogos, manuais, mostruários etc;
- Para nosso consumidor: distribuição de amostras, demonstração no ponto de venda, participação tem feiras e exposições, exposição do ponto de vendas (displays, cartazetes, folhetos, balcões, faixa de gôndola etc.), presença de promotores uniformizados e preço promocional para penetração no mercado.

10.5.1.3 Crescimento

O Quadro 10.3 sintetiza a situação, os esforços de marketing e de promoção/merchandising de um produto ou serviço na etapa de crescimento do CVP.

Quadro 10.3 Etapa de crescimento no CVP

SITUAÇÃO	ESFORÇOS DE MARKETING	PROMOÇÃO E *MERCHANDISING*
Pouco conhecido	Sedimentar imagem	Demonstração
Imagem crescente	Complementar conhecimento	Experimentação
Vendas aumentadas	Totalizar vendas	Ações com benefícios adicionais
Distribuição ampliada	Ocupar mercado	Destaque no PV
Início do lucro	Atingir participação	Embalagens promocionais
Altos investimentos	Combater concorrentes	Conquistar novos distribuidores
Surgimento de concorrentes	Completar distribuição	
	Propaganda/promoção	

AÇÕES:

- Para a força de vendas: programas de incentivo, concursos e premiações;
- Para nosso canal de distribuição:
  - Programas de incentivo para vendedores do distribuidor e material de apoio ao seu trabalho;
  - Bonificações e descontos por volume ao canal;
  - Fornecimento de material de apoio aos novos canais;
- Para nosso consumidor:
  - Distribuição de amostras;
  - Demonstração nos PDVs;
  - Participação em feiras e exposições;
  - Manutenção da exposição nos PDVs;
  - Início de ações de desconto para o consumidor;
  - Distribuição de brindes para o consumidor.

10.5.1.4 Maturidade

O Quadro 10.4 sintetiza a situação, os esforços de marketing e de promoção/*merchandising* de um produto ou serviço na etapa de maturidade do CVP.

Quadro 10.4 Etapa de maturidade CVP

SITUAÇÃO	ESFORÇOS DE MARKETING	PROMOÇÃO E *MERCHANDISING*
Imagem sedimentada	Manter participação	Concursos/sorteios
Totalmente conhecido	Revitalizar imagem	Experimentação
Vendas estabilizadas	Novos usos	Estimular novas formas de consumo, receitas etc.
Distribuição completa	Novas aplicações	*Banded-pack* (estoque)
Concorrentes agressivos	Combater concorrentes	Programas de incentivos para vendedores
Mercado ocupado	Novos canais de PV	Exposição promocional no PV
Novas tecnologias	Manter margem de lucro	Novos canais
Riscos de envelhecimento	Novos mercados	
	Novos públicos	
	Modificar e ampliar produtos	

AÇÕES:

- Para nosso vendedor: programas de incentivo, concursos e premiações para a força de vendas.
- Para o canal de distribuição:
  - Ações de bonificação, descontos por volume, assessoria e promoções cooperadas para o canal, além de brindes e material de PDV útil: luminosos, displays, catálogos, manuais etc.;
  - Concursos e programas de incentivos para vendedores do canal, brindes e ações de sorteio conjuntas;
- Para nosso consumidor:
  - Ações de fidelização, como sorteios, concursos, brindes, receitas, pacotes promocionais, cuponagem, experimentação das

novas formas de uso e consumo no PDV e para públicos multiplicadores, dirigidos ao consumidor e usuário;
- Material de *merchandising* impactual e diferenciado, folhetos explicativos das modificações e uso de promotores;

10.5.1.5 Declínio

O Quadro 10.5 sintetiza a situação, os esforços de marketing e de promoção/merchandising de um produto ou serviço na etapa de declínio do CVP.

Quadro 10.5 Etapa de declínio CVP

SITUAÇÃO	ESFORÇOS DE MARKETING	PROMOÇÃO E *MERCHANDISING*
Vendas em queda forte	Preparar substituição	Reduzir preço
Queda da imagem	Desovar estoque	Bonificar canal
Produto obsoleto	Fazer caixa	Descontos por quantidade
Perda de participação		
Queda rápida dos lucros		

AÇÕES:
- Para nossa força de vendas: premiação por volume de colocação de pedidos para a força de vendas do produtos.
- Para nosso canal de distribuição: bonificações e descontos para o canal.
- Para nosso consumidor: Pacotes promocionais com brindes e descontos para o consumidor e redução acentuada de preço.

10.6 Relações públicas (RP)

Relações públicas é a administração do relacionamento da empresa com fornecedores, clientes, distribuidores e imprensa com o objetivo de causar uma imagem favorável da empresa para maior eficiência. Podemos utilizá-la em eventos de lançamentos, reposicionamento ou defesa de produtos e serviços, construção da imagem corporativa de uma empresa e influência de públicos devida a sua credibilidade.

As relações podem desempenhar as seguintes funções na empresa:

- Assessoria de imprensa na colocação de notícias e informações de interesse público, em diferentes mídias;
- Comunicação com as comunidades;
- Atendimento a órgãos do governo;
- Relações com acionistas e investidores.

A grande dificuldade das ações de relações públicas é ter seu retorno quantificado, e as principais ferramentas dos profissionais de RP são:

- a notícia: buscam ou criam notícias favoráveis às empresas, seus produtos e pessoas;
- palestras: os executivos da empresa podem promover palestras de interesse público;
- eventos especiais: coletivas de imprensa, grandes inaugurações, pirotecnia, apresentações multimídia, shows, entre outros;
- materiais impressos: catálogos, relatórios anuais, revistas, artigos e boletins informativos;
- materiais audiovisuais: filmes, animações, DVD, filmes on-line etc.;
- materiais de identidade corporativa: para que o público identifique e reconheça imediatamente a empresa por meio do material. Envolve papel padronizado, logotipo, cartões de visita etc.;
- website: a gestão do site da empresa com informações e divertimentos. Pode ser utilizado, principalmente em momentos de crise.

10.7 Marketing direto

Marketing direto é o uso de canais diretos para chegar ao consumidor e oferecer produtos ou serviços sem intermediários de marketing.[1] As primeiras empresas a utilizarem marketing direto foram aquelas que atuavam com vendas por catálogo, por mala-direta e por telemarketing.

Com a evolução tecnológica, o marketing direto sofreu uma profunda transformação. O uso no banco de dados, o aumento da velocidade da internet, novas tecnologias incorporadas fizeram com que o marketing direto se transformasse em uma poderosa

1 KOTLER, P.; KELLER, K. *Administração de Marketing*. São Paulo: Prentice Hall, 2000. p. 606.

ferramenta de marketing e de comunicação – empresas como a Dell, a Amazon, o eBay, a Geico têm no marketing direto praticamente sua única ferramenta de marketing.

Para os compradores, o marketing direto é mais prático, privado e fácil de utilizar, pois não há necessidade de se enfrentar o frio ou o calor, não há trânsito, funciona 24 horas, não possui filas e é fácil de pagar, além de facilitar a pesquisa por meio de um acesso muito mais rápido a um número muito maior de fornecedores, o que permite a comparação de preços, prazos e formas de pagamento, bem como prazos de entrega, fretes etc.

Para os vendedores, é uma poderosa ferramenta para a construção de relacionamentos com seus consumidores, visto que pode interagir com os clientes diretamente, por telefone, e-mail e on-line, em tempo real. Aliada a outras tecnologias, facilita a customização de seus produtos e serviços.

Para que o marketing direto seja eficaz, é necessário um banco de dados completo de clientes. Banco de dados é um conjunto organizado de informações sobre clientes ou consumidores, atuais e potenciais, com dados geográficos, demográficos, comportamentais e psicográficos. Quanto mais informações sobre nossos clientes, mais fácil atendê-los em suas necessidades e desejos.

10.7.1 Modelos de marketing direto

Os principais modelos de marketing direto são mala-direta, catálogo, telemarketing, televendas, terminais de vendas, marketing *on-line*. Mala-direta é a remessa de um anúncio, oferta ou lembrete a uma pessoa em determinado endereço. Ela é seletiva, personalizada, flexível e mensurável (o e-mail é uma forma de malaidireta eletrônica, mas também é possível utilizar fax e o correio de voz).

Catálogo é uma publicação impressa e encadernada que anuncia a venda de vários produtos e oferece um mecanismo de colocação direta de pedidos. Geralmente são incluídas as descrições e a apresentação das principais características de cada um dos produtos ou serviços fotografias do produto, esquemas etc.

Com a internet, os catálogos estão se tornando digitais. Temos também o telemarketing, que implica a utilização de telefone para vender nossos produtos diretamente ao consumidor ou ao cliente. Aqui no Brasil é muito utilizado pelos bancos para venderem seus cartões.

Televendas podem ocorrer por meio da propaganda interativa ou de programas de televendas. A propaganda interativa consiste em um comercial, que pode durar até 120 segundos, na qual a empresa tenta persuadir o consumidor a fazer a compra, geralmente por telefone, sem custo de ligação. Alguns comerciais – os infomerciais – chegam a durar 30 minutos anunciando apenas um produto.

Programas de televendas são aqueles totalmente destinados à venda de produtos – alguns chegam a ficar 24 horas por dia no ar anunciando alguma oferta, e os consumidores podem fazer o pedido por telefone ou pela internet.

Os terminais multimídia são utilizados para fazer check-in de companhias aéreas ou para transferir fotos de cartões de memória, celulares e outros dispositivos para arquivo e impressão. Mas também é possível comprar, pagar, receber ofertas de produtos ou serviços, responder a essas ofertas, pesquisar, entre outras atividades, por meio do telefone celular. Atualmente, existem duas tecnologias (entre outras), o QRCode e a internet, que nos permitem selecionar um produto, comprá-lo, pagá-lo e solicitar que envie para nossa residência.

Por fim, vamos falar sobre a TV interativa, a qual permite a interação dos telespectadores com a programação e as propaganda que passam na TV. Sendo assim, eles podem selecionar e comprar por meio de seus controles remotos as ofertas feitas na TV.

10.8 Marketing on-line e as redes sociais

O uso da internet em marketing não para de crescer. A cada dia novas e surpreendentes opções de negócios surgem, provocando a mudança dos paradigmas de marketing.

A internet pode ser utilizada de quatro maneiras (Figura 10.2):

- B2C: empresa para consumidor;
- B2B: empresa para empresa;
- C2C: consumidor para consumidor;
- C2B: consumidor para empresa.

Figura 10.2 Formas de utilização da internet

	DIRECIONADOS A CONSUMIDORES	DIRECIONADOS A EMPRESAS
INICIADOS POR EMPRESAS	**B2C** *(business to consumer)* **Empresa - Consumidor**	**B2B** *(business to business)* **Empresa - Empresa**
INICIADOS POR CONSUMIDORES	**C2C** *(consumer to consumer)* **Consumidor - Consumidor**	**C2B** *(consumer to business)* **Consumidor - empresa**

Fonte: KOTLER e ARMSTRONG, 2006, p. 445.

Empresas para consumidores Podemos utilizar a internet para a venda de seus produtos ou serviços, porque praticamente tudo pode ser adquirido pela internet hoje. Quanto maior a facilidade de acesso à rede, mais diversificado é o consumidor e, no processo de compra pela internet, quem controla o processo é este último.

Empresas para empresas Podemos utilizar a internet com e-mails, catálogos on-line, redes de negociação on-line, entre outros recursos para atender clientes industriais ou empresarias. É possível atendê-los de forma mais eficaz a um custo menor.

Consumidores para consumidores A internet proporciona um meio eficaz de troca de informações entre os consumidores. Ela desequilibrou a balança da relação consumidor-empresa a favor do consumidor. As informações são trocadas por meio de fóruns digitais, que atraem grupos com determinado interesse, blogs de formadores de opinião, sites de reclamação, redes sociais, entre outros.

Consumidores para empresas É cada vez mais fácil para o consumidor se comunicar com a empresa. Essas, por sua vez, abrem canais de comunicação direta com seus clientes, convidando-os a enviar sugestões e questionamentos por meio de sites.

A utilização de redes sociais para comunicar-se com seus clientes e consumidores está se tornando comum nas empresas, uma vez que permitem que o cliente e o consumidor interajam mais, estimulam a colaboração e a interação, e podem permitir a geração de conteúdo pelos clientes. Eis alguns exemplos do uso das redes sociais com sucesso:

- A escolha do mascote (Fuleco) e do nome da bola (Brazuca) da Copa do Mundo de 2014;
- Três brinquedos da Lego nasceram de sugestões de internautas em votação nas redes sociais;
- Duzentas e vinte ideias de novos produtos e serviços da cafeteria Starbucks surgiram nas redes sociais;
- A Pepsico definiu os novos sabores das batatas Ruffles em um concurso on-line que ainda fez subir as vendas em 15%.

Segundo dados de junho de 2012[2], existem no mundo 1,5 bilhão de usuários da internet e 1,2 bilhão de usuários das redes sociais. Desses, 52 milhões de usuários da internet e 47,8 milhões de usuários das redes sociais estão no Brasil. Cinquenta e oito por cento das empresas têm algum tipo de participação nas redes sociais, e as mais utilizadas são Facebook (86%), LinkedIn (82%) e Twiter (71%).

10.8.1 Redes sociais

Rede social é o nome que se dá quando pessoas ou organizações estão conectadas por um ou mais tipos de relações com objetivos comuns.[3] O que caracteriza a rede social é o fato de não haver hierarquia entre os participantes e, além disso, ela pode tanto ser criada como se desfazer rapidamente.

As redes são uma ligação social, criada por afinidade, ou seja, as pessoas têm objetivos comuns; além disso, o limite da rede não é físico, mas sim de expectativas e lealdade, permitindo, assim, o compartilhamento de informações, interesses e opiniões, o que fortalece a democracia.

Essas redes permitem analisar como as pessoas atingem seus objetivos, como as organizações operam, e também a mensurar o valor obtido pelas pessoas no uso das redes. Além disso, a internet é importante facilitadora da comunicação integrada de marketing.

10.8.2 Comunicação integrada de marketing

Comunicação integrada de marketing (CIM) é a combinação das estratégias de propaganda, promoção de vendas, vendas pessoais, relações públicas, merchandising, marketing direto e on-line de forma harmônica, para causar maior impacto juntos aos nossos clientes e consumidores.

A comunicação integrada de marketing busca criar consciência nos consumidores e clientes, formar imagens positivas da marca, dos produtos e de serviços, identificar os clientes e consumidores em potencial, formar e fortalecer o relacionamento com o canal de distribuição e, sobretudo, reter os clientes.

Para a CIM seja bem-sucedida, é importante que a empresa conheça profundamente seus clientes e consumidores, bem como seus hábitos, suas práticas e seus desejos. O primeiro passo é a segmentação de mercado; portanto, identificar quem

---

2 LEAL, A. L.; DALMAZO, L.; FERRARI, B. As empresas caíram nas redes sociais. *Revista Exame*. Disponível em: <http://exame.abril.com.br/revista-exame/edicoes/1022/noticias/as-empresas-cairam-nas-redes>. Acesso em: 25 maio 2013.

3 DUARTE e FREI *apud* DUARTE, Fábio; QUANDT, Carlos; SOUZA, Queila. *O tempo das redes*. São Paulo: Perspectiva, 2008. p. 156.

são os clientes e consumidores, conhecer o tamanho do mercado, sua localização e suas características ajudará na escolha do melhor composto de comunicação.

Depois de identificado o mercado-alvo é necessário determinar os objetivos da comunicação integrada, isto é, a resposta que se deseja obter com base no plano de marketing elaborado.

Após a definição dos objetivos, elabora-se a mensagem buscando uma resposta positiva do consumidor. A mensagem deve chamar a atenção do receptor, manter seu interesse e despertar seu desejo de possuir o produto, serviço ou marca anunciada.

Com a mensagem elaborada, o próximo passo é selecionar os canais de comunicação que serão utilizados. Deve-se observar, nesse caso, o índice de audiência (medido pelo IBOPE, Marplan, entre outros), sua abrangência e alcance (número de pessoas expostas pelo menos uma vez a um determinado canal de comunicação), o custo por mil (custo relativo para se atingir mil pessoas ou domicílios) e o GRP (*Gross rating point* ou pontuação bruta total que é o somatório da audiência em um espaço de tempo específico). Deve-se observar ainda, a frequência, a localização, os hábitos da audiência e o valor da exposição.

Com os canais determinados, estima-se o investimento na Comunicação Integrada. A decisão do investimento deve estar atrelada aos objetivos de marketing da empresa e pode ser calculado a partir de um percentual fixo sobre o faturamento, a paridade competitiva com seus concorrentes, o custo por unidade, muito utilizada pelo varejo ou abordagem da tarefa, que se utiliza de fatos pontuais e recentes para determinar a estratégia de comunicação.

Exemplificando: na comunicação integrada, a empresa pode utilizar-se da mesma música (*jingles)* na propaganda televisiva e na mensagem no rádio. O slogan definido para a campanha de comunicação pode estar na mensagem veiculada na revista, no comercial veiculado na televisão e no *display* colocado no ponto de venda.

ELABORANDO UM PROJETO

Nesse momento, os alunos devem estabelecer as estratégias de comunicação que adotarão em seu plano, Lembrem-se de que os recursos são finitos e procurem utilizar sua criatividade para alcançar seus consumidores ou clientes.

Depois de estabelecida e descritas as estratégias, elaborem seu orçamento, façam a previsão de vendas e o plano de contingência.

Resumo

A comunicação é a estratégia mais visível do mix de marketing e deve criar consciência e formar imagens positivas no consumidor sobre os produtos e as marcas, bem como criar relacionamento no canal e criar valor. Estratégia de comunicação é o conjunto de mensagens que podemos enviar aos nossos consumidores ou aos formadores de opinião.

As estratégias de comunicação, também denominadas mix de comunicação, ferramentas de comunicação ou composto promocional, são: propaganda, promoção de vendas, relações públicas, merchandising, venda pessoal e marketing direto.

Propaganda é qualquer forma paga de apresentação não pessoal de ideias, produtos ou serviços, levada a efeito por um patrocinador identificado. Ela é utilizada para informar ou persuadir os consumidores e pode ser classificada em institucional ou promocional. As principais mídias utilizadas são jornal, televisão, mala-direta, rádio, *outdoor*, revista, internet entre outras.

A venda pessoal é uma forma de comunicação direta da empresa com seu cliente ou consumidor, e é considerada uma das atividades humanas mais antigas do mundo. A administração de vendas pode ser definida como "planejamento, direção e controle de venda pessoal, incluindo recrutamento, seleção, treinamento, providências de recursos, delegação, determinação de rotas, supervisão, pagamento e motivação na medida em que essas tarefas se aplicam à força de vendas". As ferramentas de administração utilizadas são planejamento, organização, direção e controle.

A promoção de vendas é uma poderosa ferramenta de comunicação e abrange as atividades que suplementam as vendas pessoais e a propaganda, coordenando-as e ajudando a torná-las efetivas.

Merchandising "é a colocação de um produto no mercado, levando-se em consideração o lugar, o tempo, as quantidades e o preço certos". Se marketing atua no mercado, com os consumidores, *merchandising* atua nos produtos e serviços, aproximando-os dos consumidores. Pode ser: vitrine, ponta de gôndola, ilha, display etc.

Relações públicas é a administração do relacionamento da empresa com fornecedores, clientes, distribuidores, imprensa, com o objetivo de causar uma imagem favorável da empresa para maior eficiência. Podemos utilizá-la em eventos de lançamentos, reposicionamento ou defesa de produtos e serviços, construção da imagem corporativa de uma empresa, e influência de públicos devida a sua credibilidade.

Marketing direto é o uso de canais diretos para chegar ao consumidor e oferecer produtos ou serviços sem intermediários de marketing. Os principais modelos são a mala-direta, o catálogo, o telemarketing, os televendas, terminais de vendas, o marketing on-line.

O uso da internet em marketing não para de crescer. Todos os dias novas e surpreendentes opções de negócios surgem, provocando a mudança dos paradigmas de marketing. Pode ser utilizada de quatro formas: B2C, B2B, C2C e C2B.

Redes sociais ocorrem quando pessoas ou organizações estão conectadas por um ou mais tipos de relações com objetivos comuns, denominamos rede social. O que caracteriza a rede social é o fato de não haver hierarquia entre os participantes. Além disso, ela pode tanto ser criada como se desfazer rapidamente.

Comunicação integrada de marketing é a combinação das estratégias de propaganda, promoção de vendas, vendas pessoais, relações públicas, *merchandising*, marketing direto e on-line de forma harmônica, para causar maior impacto nos clientes e consumidores.

Questões para discussão

Algumas questões exigirão dos alunos uma pesquisa extra. Para isso, eles podem utilizar alguns recursos para aprofundar o tema, como a internet ou a biblioteca.

1. Em sua opinião, as mídias escritas, como jornais e revistas, deixarão de existir? Justifique sua resposta.

2. Sites como Globo, UOL, Terra, POP, iG, entre outros, podem ser considerados mídia on-line? Justifique sua resposta.

3. Como vimos no capítulo 9, as empresas podem adotar duas estratégias de comunicação: *Pull* e *Push*. Como você as utilizaria para os produtos a seguir? Justifique sua resposta.

a. Pilha Alcalina.
b. Camisa social masculina.
c. Relógios *Tag Heuer*.
d. Alicate.
e. Enciclopédia Barsa.

4. (Provão 2001) A equipe de marketing de um fabricante de cerveja, que detém o terceiro lugar no mercado nacional em termos de vendas, está decidindo sobre a estratégia promocional a ser implementada no próximo ano.

Para condicionar o caráter do esforço promocional da empresa, na intenção de enfatizar estratégias de *push* (empurrar) e de *pull* (puxar), é necessário considerar, respectivamente:

a. o grau de diferenciação do produto e a possibilidade de construir preferência pela marca.
b. o grau de lealdade à marca e o grau de diferenciação do produto.
c. o índice de troca de marcas e o preço do produto.
d. os custos relativos das formas de comunicação e o tamanho da embalagem.
e. as estratégias promocionais dos concorrentes e o tempo de reposição do produto.

5. **(Provão 2001)** O gerente de vendas de uma editora, cujos principais produtos são enciclopédias, está considerando remunerar os vendedores de sua equipe exclusivamente por meio de comissões. Remunerar vendedores mediante comissões é adequado a situações em que:

a. se faz desbravamento e as vendas levam pouco tempo para concretizar-se.
b. se faz desbravamento e os vendedores meramente concretizam negócios.
c. a situação financeira da empresa está difícil, e ela precisa reduzir custos fixos.
d. a equipe envolvida na venda é extensa, e a definição de medidas para justificar comissões é complexa.
e. o resultado de vendas não é controlável, e algumas vendas levam muito tempo para concretizar-se.

6. **(Provão 1999)** O fabricante de um determinado desodorante utiliza as seguintes mensagens como recurso de comunicação para seu produto: "O produto que não afasta as pessoas de você!" e "Você merece esse cuidado!". Nas comunicações de marketing dessas mensagens são utilizados, respectivamente, o apelo:

a. sensorial e o social.
b. racional e o sensorial.
c. racional e o social.
d. social e o relativo ao ego.
e. relativo ao ego e o sensorial.

7. **(Enade 2012)** A integração dos canais de venda on-line e off-line da empresa Alfa é um dos grandes diferenciais para o sucesso da rede no Brasil, considerada hoje a maior no setor de produtos esportivos da América Latina. Com um sistema de gerenciamento integrado e nova plataforma de *e-commerce*, os consumidores têm opções de pesquisar na loja física, comprar na virtual e, se preciso for, trocar o produto nas lojas instaladas nos shoppings. O formato diferenciado é uma das chaves de sucesso da empresa, segundo a diretora de marketing. "A empresa começou em 1981, com uma loja em Belo Horizonte, Minas Gerais, e hoje está em 23 estados do Brasil e no Distrito Federal, além de contar com loja virtual. Fazemos sempre treinamento em todas as lojas e hoje o consumidor pode transitar entre o on-line e o off-line da forma como quiser.", diz.

   O grupo também se equilibra unindo o *branding* ao *retail*, que é o trabalho de construção da marca e sua visibilidade no varejo, por intermédio de campanhas e ofertas nos meios de comunicação. Outra aposta da empresa é o patrocínio de eventos esportivos e de atletas – em 2011, foram 100 ações focadas no esporte. Como estratégia de comunicação e marketing, todas as ações que levem o nome da empresa são contadas por centímetros. Além disso, os consumidores são peças importantes na hora de pensar em novos desafios. "É importante ouvir o cliente; com base em suas opiniões podemos atendê-lo cada vez melhor. Essa troca é muito importante e esse canal de mão dupla também é uma forma muito natural de levar a paixão do esporte a todo brasileiro", pontua a diretora de marketing.

   Com base na situação descrita anteriormente, avalie as asserções a seguir e a relação proposta entre elas.

   I. Os consumidores brasileiros que optam pela compra on-line de produtos, geralmente exigem que as empresas desenvolvam canais físicos para atendê-los.

   PORQUE

   II. Se, de um lado, a estabilidade econômica, o aumento do poder aquisitivo das classes sociais, aliadas a um maior acesso à informação – internet, participação em redes sociais – possibilitam que os consumidores identifiquem a forma mais adequada de atender suas necessidades, de outro as empresas têm identificado que as mudanças nesses segmentos estão limitadas por aspectos como a falta de confiança nos fornecedores (prazos e entregas), a impossibilidade de troca simplificada de produtos e a segurança nos pagamentos *online*.

Acerca dessas asserções, assinale a opção correta.

a. As asserções I e II são proposições verdadeiras, e a II é uma justificativa da I.

b. As asserções I e II são proposições verdadeiras, mas a II não é uma justificativa da I.

c. A asserção I é uma proposição verdadeira, e a II é uma proposição falsa.

d. A asserção I é uma proposição falsa, e a II é uma proposição verdadeira.

e. As asserções I e II são proposições falsas.

8. **(Enade 2012)** A empresa BoX, que comercializa bens de consumo, oferece cupons a seus clientes (sem a necessidade de compra) para concorrerem ao sorteio de um automóvel durante o mês de aniversário da marca. Para Kotler, essa ação da empresa é definida como "um conjunto de ferramentas de incentivo, a maioria em curto prazo, projetada para estimular a compra mais rápida ou em maior quantidade".

(KOTLER, P. *Administração de marketing*: a edição do novo milênio. 10 ed. São Paulo: Prentice Hall, 2000).

De acordo com a afirmação anterior, a ação executada pela empresa BoX classifica-se como:

a. marketing.

b. propaganda.

c. relações públicas.

d. promoção de vendas.

e. assessoria de imprensa.

9. **(Enade 2012)** A marca de sabão em pó LavaMais realizou recentemente uma ação promocional na TV, em horário nobre, paralelamente à entrega de amostras grátis nos supermercados das principais cidades brasileiras. Quando a promotora abordava o cliente, a maioria já conhecia o produto, pois havia visto os artistas utilizando essa marca. Isso facilitou bastante o trabalho de promoção no ponto de venda.

Qual das seguintes frases explica adequadamente essa situação?

a. *Merchandising* supõe que a promotora explore as outras formas de comunicação de massa.

b. *Merchandising* deve ser realizado apenas na mídia de massa e no ponto de venda.

c. *Merchandising* dá resultado somente se for usada mais de uma ação comunicacional.

d. *Merchandising* vende marcas mais caras para cobrir os custos promocionais.

e. *Merchandising* integrado tem melhores resultados do que as ações isoladas.

10. **(Enade 2012)** A tendência em estreitar relações com os clientes e obter resultados significativos permite que as empresas adotem novas formas de comunicação. Seguindo essa tendência e necessitando relacionar-se melhor com seus clientes, a empresa XYZ Ltda., que atua no segmento de cosméticos, contratou um consultor que, imediatamente, sugeriu a implementação do marketing direto na empresa.

Considerando essa situação, avalie as seguintes asserções e a relação proposta entre elas.

I. Para que a empresa XYZ Ltda. obtenha resultados satisfatórios, é primordial a implantação de um banco de dados de clientes, com atualizações frequentes.

PORQUE

II. Com a implantação de um banco de dados, a empresa pode enviar mala-direta, e-mail marketing, catálogos, amostras de produtos, convites, realizar vendas por telefone, ou seja, comunicar-se diretamente com o consumidor e distribuir produtos de forma direta, sem intermediários.

A respeito dessas asserções, assinale a opção correta.

a. As asserções I e II são proposições verdadeiras, e a II é uma justificativa da I.

b. As asserções I e II são proposições verdadeiras, mas a II não é uma justificativa da I.

c. A asserção I é uma proposição verdadeira, e a II é uma proposição falsa.

d. A asserção I é uma proposição falsa, e a II é uma proposição verdadeira.

e. As asserções I e II são proposições falsas.

11. **(Enade 2012)** As crianças influenciam consideravelmente as decisões de compra das famílias, conforme apontam diversas pesquisas de consumo realizadas em todo o mundo. Elas são consideradas um mercado potencial, principalmente para a indústria alimentícia. Tendo conhecimento dessas informações, a empresa Sugar & Sugar Ltda., que atua no segmento alimentício, lançará uma barra de cereais para o público infantil. Para promover seu novo produto no mercado, desenvolverá uma campanha publicitária utilizando como garoto propaganda um ídolo admirado pelas crianças.

Considerando a situação descrita, avalie as seguintes asserções e a relação proposta entre elas.

I. Antes de veicular a campanha publicitária de lançamento do novo produto, os profissionais de marketing precisam avaliar se essas ações interferem no *brand equity* da marca, pois a propaganda tem alto poder persuasivo sobre as crianças.

PORQUE

II. O aumento da obesidade infantil, especificamente por causa de hábitos não saudáveis e do consumo excessivo de alimentos industrializados com alto teor de gordura, açúcares e sal, contribui para a implementação de normas que reduzam o impacto da propaganda de alimentos direcionada às crianças.

A respeito dessas asserções, assinale a opção correta.

a. As asserções I e II são proposições verdadeiras, e a II é uma justificativa da I.
b. As asserções I e II são proposições verdadeiras, mas a II não é uma justificativa da I.
c. A asserção I é uma proposição verdadeira, e a II é uma proposição falsa.
d. A asserção I é uma proposição falsa, e a II é uma proposição verdadeira.
e. As asserções I e II são proposições falsas.

12. (Enade 2012) As vendas pela Internet já ultrapassaram a marca de 23 milhões de usuários no Brasil, porém, a qualidade dos serviços de e-commerce não tem acompanhado essa evolução. No primeiro semestre de 2011, o Procon-SP registrou 22.086 atendimentos referentes a problemas com compras pela internet. No mesmo período do ano anterior, foram 9.882 atendimentos do gênero. Segundo especialistas, as principais causas dessas reclamações são atrasos na entrega de mercadorias.

Considerando o Código de Defesa do Consumidor, avalie as afirmações a seguir.

I. Os *sites* de venda pela Internet não têm as mesmas obrigações das lojas físicas.

II. O cliente que não receber o produto comprado no *site* tem direito à devolução do valor pago.

III. A empresa vendedora não pode ser responsabilizada por atrasos originados pela transportadora na entrega.

IV. O valor do frete do produto deverá ser devolvido ao comprador em caso de atrasos na entrega superiores a uma semana.

É correto apenas o que se afirma em:

a. I.
b. II.
c. I e III.
d. II e IV
e. III e IV.

13. **(Petrobras 2011)** Os meios de propaganda têm forças diferentes em relação a seu impacto sobre o público. Cada um deles adapta-se melhor a determinados papéis dentro de um planejamento de comunicação. Sendo assim, com relação à mídia impressa, na utilização do jornal como meio de comunicação, deve-se considerar como **DESVANTAGEM**:

a. seu custo.
b. sua cobertura.
c. sua exposição.
d. sua vida útil.
e. suas diferentes seções.

14. **(Petrobras 2011)** No marketing digital, o processo de segmentação geográfica pode ser auxiliado por plataformas que trazem a geolocalização como mais uma forma de descobrir o comportamento e os locais usuais de consumidores. A rede social pela qual as pessoas podem informar sua localização e saber onde outras pessoas estão, tendo como base os dados de GPS do celular, é:

a. Drimio
b. Ning
c. Foursquare
d. MySpace
e. Formspring

15. **(Petrobras 2011)** O Twitter é uma das mídias sociais que mais possui ferramentas. Aquela que permite o gerenciamento de uma única ou de múltiplas contas, possibilitando, além de agendamento de tweets para serem lançados no futuro, encurtamento de URL e análise sobre cliques é:

a. Twhirl
b. HootSuit
c. Tweepz
d. Favotter
e. TwitBacks

16. **(Petrobras 2011)** Dentre os meios digitais mais populares da web, o Twitter se destaca por sua proposta conceitual de funcionamento e pelo imenso número de adeptos à rede, o que vem atraindo a atenção de muitas empresas. Baseado no conceito de microblog, as mensagens no Twitter, os tweets, devem ser resumidas levando em conta a seguinte quantidade de caracteres:

a. 130
b. 138
c. 140
d. 142
e. 150

17. **(Petrobras 2011)** Cada vez mais frequente em campanhas publicitárias o QR Code tem seu funcionamento baseado em um:

a. aplicativo para celulares que permite aos usuários acessar informação na internet sobre a campanha ao apontar a câmera de seus aparelhos para o código impresso no anúncio.
b. código que serve para os internautas realizarem pesquisas previamente filtradas pelo Google no PC.
c. código especial utilizado por empresas de *e-commerce* para ofertar promoções e descontos aos clientes.
d. código que permite o cadastramento de um aplicativo promocional de uma marca no ambiente do Facebook.
e. código utilizado para filtrar *hashtags* referentes a campanhas dentro do Twitter.

18. **(Petrobras 2011)** Apesar de a prevenção ser a melhor maneira de evitar uma crise de imagem, quando a crise acontece, o departamento de comunicação tem um papel fundamental na administração da situação negativa. NÃO cabe ao departamento de comunicação na administração da crise:

a. contratar um *call center* para atender ao público, caso a empresa pertença ao setor de serviço e a crise afete o fornecimento.
b. monitorar as notícias publicadas pela mídia.
c. abastecer a imprensa com a divulgação de boletins diários e atualizados.
d. permitir que todos os membros da equipe prestem qualquer esclarecimento, caso sejam abordados por jornalistas.
e. manter os colaboradores, acionistas, fornecedores, grupos de pressão, a sociedade e o governo bem informados, e acompanhar suas reações.

19. (Petrobras 2011) A propaganda persuasiva é indicada quando se deseja:
a. conscientizar os consumidores de que compraram o produto certo.
b. inserir um produto que não possui concorrentes no mercado.
c. lembrar seus consumidores de comprar determinado produto.
d. desenvolver uma demanda inicial para uma categoria de produto.
e. desenvolver uma demanda seletiva em meio à concorrência.

20. (Enade 2009) A interação direta e pessoal com clientes atuais ou potenciais, a qual permite a criação e o aprofundamento de um relacionamento com o cliente e tem resposta direta do entendimento e da avaliação do consumidor são características de qual ferramenta promocional?
a. *Merchandising*
b. Promoção de vendas
c. Relações públicas
d. Segmentação
e. Venda pessoal

PARTE V

APÊNDICES E ANEXO

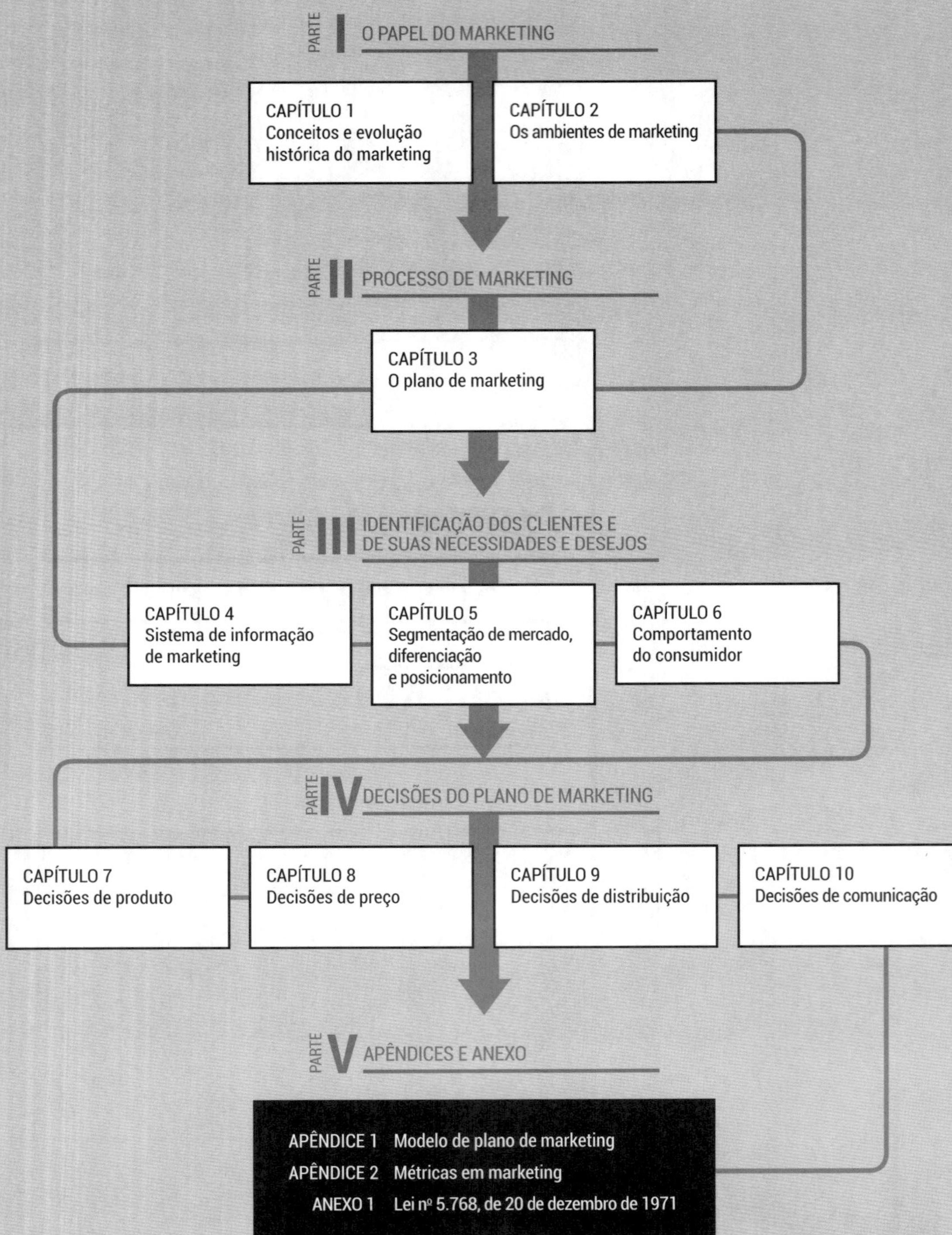
PARTE I O PAPEL DO MARKETING
CAPÍTULO 1 Conceitos e evolução histórica do marketing
CAPÍTULO 2 Os ambientes de marketing
PARTE II PROCESSO DE MARKETING
CAPÍTULO 3 O plano de marketing
PARTE III IDENTIFICAÇÃO DOS CLIENTES E DE SUAS NECESSIDADES E DESEJOS
CAPÍTULO 4 Sistema de informação de marketing
CAPÍTULO 5 Segmentação de mercado, diferenciação e posicionamento
CAPÍTULO 6 Comportamento do consumidor
PARTE IV DECISÕES DO PLANO DE MARKETING
CAPÍTULO 7 Decisões de produto
CAPÍTULO 8 Decisões de preço
CAPÍTULO 9 Decisões de distribuição
CAPÍTULO 10 Decisões de comunicação
PARTE V APÊNDICES E ANEXO
APÊNDICE 1 Modelo de plano de marketing
APÊNDICE 2 Métricas em marketing
ANEXO 1 Lei nº 5.768, de 20 de dezembro de 1971

Apêndice 1

MODELO DE PLANO DE MARKETING

Modelo do Plano de Marketing

Página de rosto

Sumário

Corpo do plano

Análise interna

Característica da organização

- Falar um pouco da empresa: tamanho, objetivo, missão;
- Produto fabricado e/ou comercializado: descrição do produto, seu uso, suas vantagens, seus benefícios;
- Programa de marketing atual (objetivos, segmentos-alvo, estratégia mix de marketing etc.);
- Indicadores de desempenho (ponto de equilíbrio, retorno financeiro, margem de lucro etc.).

Análise externa

Clientes e usuários

Quem toma a decisão, atitudes e opiniões.

Informações de mercado

Segmento em que a empresa atua, tamanho de mercado, potencial de mercado, participação dos concorrentes, características dos concorrentes etc.

Avaliação externa – mercado

VARIÁVEIS	TENDÊNCIAS	AMEAÇAS	OPORTUNIDADES
Clientes			
Fornecedores			
Concorrentes			
Outros			

Avaliação externa – ambiente

VARIÁVEIS	TENDÊNCIAS	AMEAÇAS	OPORTUNIDADES
Economia			
Político/legal			
Tecnologia			
Socioculturais			
Demográfico			
Ambiental			

Vantagens e desvantagens competitivas em relação a cada concorrente

CONCORRENTES	VANTAGENS COMPETITIVAS DE MINHA EMPRESA	DESVANTAGENS COMPETITIVAS DE MINHA EMPRESA

Lista de problemas a oportunidades

AMEAÇAS	OPORTUNIDADES
PONTOS FRACOS	PONTOS FORTES

Objetivo

Objetivo para a área de marketing: quantificado.

Desenvolvimento da estratégia

Estrutura de marketing: pessoal, tarefas, responsabilidades. Forma de organização da empresa.

Segmento de mercado

Mercado de consumo

- **Características geográficas:** regiões, centros urbanos, suburbanos ou rurais, cidades, municípios ou estados.
- **Variáveis demográfico-socioeconômicas:** idade, sexo, raça, nacionalidade, renda, educação, ocupação, tamanho da família, ciclo familiar, classe social, religião.
- **Variáveis psicográficas:**
    - Personalidade: autoritários, ambiciosos, sociáveis etc.;
    - Estilo de vida: atividades, interesse, opinião;
    - Atitudes: favoráveis, não favorávelis;
    - Percepção: como consumidores percebem o produto: mais técnico menos técnico, útil ou menos útil, status ou econômico, a quaisquer outros atributos.
- **Aspectos relacionados ao produto:**
    - Uso: intensidade alta, media ou baixa;
    - Sensibilidade ao preço: mais sensíveis ou menos sensíveis;
    - Lealdade a marca: leais, não leais, muito leais etc.;
    - Benefícios: status, economia, conveniência etc.
- **Variáveis comportamentais:**
    - Influência na compra: criança, esposa, amigos etc.;
    - Hábitos de compra: frequência, quantidade, locais, dias da semana;
    - Intenção: indecisos, propensos, interessados, desejosos.

Mercado industrial

- Tamanho: grandes, médias a pequenas empresas;
- Região onde está localizada: Norte; Nordeste; Sul; capital; interior; São Paulo; Rio; Santana; Vila Mariana;
- Usuário do produto: indústria: plásticos; alimentícios, farmacêuticos etc.

Pesquisa de marketing

Questionário aplicado, resultados tabulados e análise dos resultados.

Composto de marketing

Produto/Serviço: descrever

Benefícios do produto, classificação do produto, ciclo de vida do produto e da marca, marca do produto (histórico, razões para a escolha, validade da marca), layout (logotipo). Embalagem: desenvolvimento da embalagem, desenho ou modelo, razões para escolha; serviços garantias: assistência técnica, SAC etc.; qualidade: políticas de qualidade, composição do produto.

Preço: descrever

Objetivos de preço; estratégia de preço; determinação da demanda; custos: análise dos preços dos concorrentes; política de preços; método de determinação de preço.

Distribuição: descrever

Canais utilizados; tipos; armazenagem (se for o caso).

Local (serviços): descrever

Definição do ponto; layout; atmosfera; armazenagem (se for o caso)

Composto promocional: descrever

Propaganda: mídias, plano de mídia; promoção de vendas: tipos de promoção, cronograma; Merchand sing: peças de merchandising; Relações públicas: de que forma irá utilizá-la; Venda pessoal: planejamento, organização, direção e controle da equipe de vendas.

Plano de Ação referente a produto, preço, praça e promoção

Definir o que? Quando? Onde? Quanto? Como? Isto é... o que vocês vão fazer, quando vão fazer, onde farão e quanto custará. Utilizar planilha a seguir. Quantifiquem e temporizem as ações.

Plano de ação: objetivos, estratégias e ações

	OBJETIVOS	ESTRATÉGICAS	AÇÕES
Produto			Quantificar e temporizar as ações
Preço			
Praça			
Promoção			

Determinação do orçamento

Despesas de comunicação de marketing. Depois de calculadas, são inseridas em preço.

Viabilidade financeira

- Fluxo de caixa com descrição das despesas para os próximos 12 meses;
- Demonstrativo de resultados;
- Investimento inicial;
- *Payback* (retorno sobre o investimento e retorno médio de investimento);
- Ponto de equilíbrio;
- Margem de lucro.

Mecanismos de controle e plano de contingência

Definir os mecanismos que serão utilizados para monitorar as ações implementadas.

Apêndice 2

MÉTRICAS EM MARKETING

Métricas em Marketing

Para acompanhamento dos planos desenvolvidos pelas empresas, em um mercado cada vez mais competitivo, avaliá-los constantemente é uma condição necessária para seu sucesso. Para isso, devemos quantificar nossos objetivos para que possamos compará-los com os resultados alcançados. Para Farris et al.,[1] "métrica é um sistema de mensuração que quantifica uma tendência, uma dinâmica ou uma característica", acrescentando que "(...) no mundo da ciência, dos negócios e do governo, as métricas estimulam o rigor e a objetividade. Elas tornam possível comparar observações entre regiões e períodos de tempo. Elas facilitam a compreensão e a colaboração".

Obter resultados numéricos é complexo e difícil. Existe uma dificuldade grande de se obter dados confiáveis nos obrigando ao cruzamento de informações.

Podemos ressaltar algumas formas de utilizarmos as métricas:[2]

Para acompanhamento de mercado

Devemos definir nosso mercado para iniciarmos a elaboração das métricas. Quanto mais amplo, mais distorcidos os resultados, e se o definirmos de forma muito estreita, podemos deixar passar oportunidades. Podemos utilizar variáveis como tempo, consumidores, concorrentes, áreas geográficas, canais de vendas entre outras.

A definição do mercado é o ponto de partida para a elaboração dessas métricas, bem como para o acompanhamento dos resultados. Mercados definidos de maneira muito ampla podem distorcer resultados, diluindo-os. Quando definidos de maneira muito estreita, arrisca-se a perder oportunidades. Farris *et al*[3] sugerem trabalhar simultaneamente com várias definições alternativas, considerando-se clientes, concorrentes, áreas geográficas, canais de vendas e períodos de tempo, entre outras.

Alguns exemplos de métricas que podemos utilizar:

1 FARRIS, Paul W. et. al. *Métricas de marketing*. Porto Alegre: Bookman, 2007.

2 FARIS et. al., 2007.

3 Idem, p. 32.

Medida de participação de mercado

$$\text{PaMe} = \frac{\textbf{Vendas da empresa}}{\textbf{Vendas totais do mercado}}$$

Onde: PaMe: participação de mercado.
Vendas da empresa: devem ser expressas em unidades ou valores.
Vendas totais do mercado: devem ser expressas em unidades ou valores, respectivamente.

Considerado o principal indicador da competitividade da empresa, podemos verificar, com base nessa análise, se a empresa está crescendo mais que os concorrentes ou se está crescendo conforme o mercado.

Medida de participação de cada mercado por receita

$$\text{PaMeReceita} = \frac{\textbf{Receita de vendas da empresa no mercado}}{\textbf{Receita de vendas da empresa}}$$

Onde: PaMeReceita: participação de mercado por receita.
Receita de vendas da empresa: devem ser expressas valores
Receita total de vendas da empresa: devem ser expressas valores.
Tem por objetivo medir a competitividade da empresa no mercado.

Medida de participação de mercado relativa

$$\text{PaMeRelativa} = \frac{\textbf{Receita de mercado da empresa}}{\textbf{Receita de mercado do maior concorrente}}$$

Onde: PaMeRelativa: participação de mercado relativa.
Participação de mercado da empresa: pode-se utilizar quantidade vendida ou faturamento do produto ou serviço.
Participação de mercado maior que o concorrente: pode-se utilizar quantidade vendida ou faturamento do produto ou serviço.

Com essa medida, podemos avaliar a força de mercado de forma comparativa.

Medida de penetração de mercado

$$\text{PaMeRelativa} = \frac{\textbf{N}^{\circ}\textbf{ de compradores}}{\textbf{N}^{\circ}\textbf{ de indivíduos da população}}$$

Onde: PeMeRelativa: penetração de mercado.

Nº de compradores: número de compradores de um produto, de uma categoria de produtos ou de serviços.

Nº de indivíduos da população: número de indivíduos da população total.

Essa medida permite verificar a aceitação do produto ou da categoria de produtos ou do serviço no mercado, calculado com base no número de indivíduos que fazem parte desse mercado.

Medida de participação nos gastos

$$PG = \frac{\text{Receita}}{\text{Compras totais}} \text{ ou } \frac{\text{N}^{\circ} \text{ de unidades vendidas}}{\text{Compras totais}}$$

Onde: PG: participação nos gastos.

Receita: receita da marca.

Nº de unidades vendidas: número de unidades vendidas de uma marca.

Compras totais: compras totais da categoria por compradores daquela marca.

Essa medida permite conhecermos o nível de comprometimento dos consumidores com uma marca.

Medida de associação espontânea

Utilizamos uma pesquisa para saber dos consumidores qual é a primeira marca que vêm à sua mente. Essa medida contribui para que possamos medir os esforços de comunicação da empresa. Pode-se identificar qual a marca mais bem posicionada na mente do consumidor.

Medida de lealdade

Utilizamos uma pesquisa, na qual devemos considerar a participação dos produtos ou da marca nas compras totais dos entrevistados, além de sua intenção de se deter mais em uma marca ou procurá-la caso não a encontre onde deseja. Essa medida nos auxilia na determinação de receita futura.

Medida de satisfação do cliente

Utilizamos uma pesquisa para classificar, em uma escala de um a cinco, a satisfação dos consumidores com uma marca ou atributos específicos de um produto ou serviço. Essa medida envolve emoção e expectativa em relação a marca ou produto/serviço. Tal medida indica a possibilidade da compra ser repetida, e podemos, dessa forma, estabelecer alterações que aumentem a fidelidade do cliente.

Para acompanhamento financeiro

Devemos acompanhar constantemente os aspectos financeiros da empresa. Para isso, utilizamos algumas medidas como:

Medidas de custos variáveis e custos fixos

Devemos entender o que é custo variável (custos que variam de acordo com a quantidade produzida ou vendida) e o que é custo fixo (custos que independem da quantidade produzida ou vendida). Essa medida é utilizada para avaliar a influência do volume de vendas nos custos.

Medida do volume do ponto de equilíbrio

$$\text{PE} = \frac{\text{Custos Fixos}}{\text{Contribuição por unidade}}$$

Onde: PE: ponto de equilíbrio.
Custos fixos: custos que não dependem do volume de produção como o aluguel, folha de pagamento etc.
Contribuição da unidade: contribuição unitária dos custos fixos
O resultado é expresso em unidades.

Medida da receita de ponto de equilíbrio

$$\text{RPE} = \frac{\text{Custos Fixos}}{\text{Margem de Contribuição}} \text{ ou PE x Preço}$$

Onde: RPE: receita do ponto de equilíbrio.
Custos fixos: custos que não dependem do volume de produção como o aluguel, folha de pagamento etc.
Margem de contribuição: significa quanto, em valor, um determinado produto contribui para o resultado operacional da empresa.
PE: ponto de equilíbrio em unidades.
Preço: preço de venda do produto ou serviço. É expressa em moeda.

Medida de margem unitária

$$\text{MU} = \text{Preço Unitário} - \text{Custo Unitário}$$

Onde: MU: margem unitária.
Preço unitário: preço de uma unidade do produto ou serviço.
Custo unitário: custo de uma unidade do produto ou serviço.

Essa medida permite a determinação dos preços e a elaboração de estratégias de promoção.

Medida de preço médio por unidade

$$\text{PME} = \frac{\text{RT}}{\text{Quantidade}}$$

Onde: PME: preço médio por unidade.
RT: receita total.
Quantidade: número total de unidades vendidas.

Essa medida permite entender como os preços médios são afetados por alterações nos preços e na montagem do portfólio de produtos ou serviços.

Medida de percentual de margem

$$\%\text{M} = \frac{\text{MU}}{\text{PU}}$$

Onde: %M: percentual da margem.
MU: margem unitária.
PU: preço unitário de vendas.

Essa medida nos dá condições de comparar margens percentuais entre diferentes produtos e serviços, e suas versões, além de validar a determinação de preços e de promoções.

Medida de despesas de marketing

Essa medida analisa as despesas de marketing e nos dá condições de estudar a relação entre os investimentos em marketing e os resultados de vendas.

Medida de contribuição por unidade

$$\text{Contribuição por unidade} = \text{Preço unitário} - \text{Custo unitário variável}$$

Medida utilizada para, além de entender o impacto no lucro causado por mudanças, calcular o ponto de equilíbrio.

Para acompanhar o gerenciamento de produto e de portfólio

Administrar o mix de produtos e serviços que oferecemos aos nossos clientes é difícil e exige que tenhamos muita agilidade. Para nos ajudar nessa tarefa, algumas medidas são importantes:

Medida de percentual de consumo por experimentação

$$\%CE = \frac{NU}{TI}$$

Onde: %CE: percentual de consumo por experimentação.
NU: número de novos usuários.
TI: Total de indivíduos da população-alvo.

Essa medida utilizada para verificar se o percentual de experimentação diminui enquanto o volume de repetição de compra cresça.

Medida de volume de repetição

$$VR = C \times Q \times V$$

Onde: VR: volume de repetição.
C: quantidade de compradores que repetem sua compra.
Q: número de produtos que os compradores compram de cada vez;
V: quantidade de vezes que eles repetem a compra em cada período.

Essa medida permite mensurar a fidelidade à marca.

Medida do volume de penetração

$$VP = U \times \%R + E$$

Onde: VP: volume de penetração;
U: número de usuários no período anterior;
%R: taxa de repetição no período atual;
E: número de experimentadores do período atual.

Com essa medida conseguimos aferir a população que está comprando no período atual.

Medida de projeções de volume

$$PV = VE + VR$$

Onde: PV: projeções de volume.
VE: volume de experimentação.
VR: volume de repetição no período.

Essa medida nos permitirá planejar melhor a produção e os estoques para a venda. Devemos levar sempre em consideração que nem todos os experimentadores repetirão sua compra no período.

Medida da taxa de canibalização

Essa medida refere-se ao cálculo da percentagem de vendas de novos produtos que foi oriunda de uma linha de produtos da própria empresa – a utilizamos para perceber se os novos produtos reduzem vendas de produtos existentes e para podemos fazer projeções nesse sentido.

Medida de perda de participação de mercado (share)

Um novo concorrente tende a tomar nossos clientes à medida que aumenta sua participação de mercado. Embora não seja uma regra, devemos utilizar essa medida para projetar novas estimativas de vendas e de participação de mercado.

Rentabilidade do cliente

As empresas têm como um de seus objetivos a rentabilidade. Devemos acompanhá-la com algumas medidas:

Medida de contagem de cliente

Mede o número de pessoas, físicas ou jurídicas, que compraram da empresa durante um período específico. Utilizamos para medir a atração e retenção de clientes.

Medida de recência

Utilizada para levantar e acompanhar o período desde a última compra do cliente. Essa medida nos proporciona mapear mudanças no número de clientes ativos. É esse mesmo. Significa qualidade do que é recente.

Medida de rentabilidade do cliente

$$RC = R - C$$

Onde: RC: rentabilidade do cliente.
R: receita obtida com o consumidor.
C: custos incorridos para atendê-lo no período.

Medida do custo médio de aquisição do cliente

$$CM = \frac{Despesa}{Q}$$

Onde: CM: custo médio de aquisição do cliente.
Despesa: despesa para atrair novos clientes.
Q: número de novos clientes adquiridos em determinado período.

Essa medida nos ajuda a acompanhar a variação no custo de aquisição de novos clientes e compará-lo com o custo de aquisição de clientes recém-adquiridos.

Medida de valor de duração do cliente

Dessa forma, conseguimos projetar, com valores atuais, os fluxos de caixa esperados no relacionamento com o cliente. Essa medida nos permite decidir os investimentos que podem ser feitos com o objetivo de assegurar ou ampliar o tempo de retenção.

Medidas dos canais de vendas e gestão de equipes

Essas medidas ajudam-nos a administrar os canais de vendas utilizados e a gerir as equipes de vendas. Eis algumas delas.

Medida de distribuição numérica

Podemos determinar a quantidade de pontos de venda e qual o percentual deles que mantêm determinado produto ou marca. Essa medida nos permite verificar até onde se deu a penetração do produto ou da marca nos canais potenciais.

Medida de exposição

Utilizamos a contagem da média do número total visível de unidades ou embalagens disponíveis em uma loja-padrão. Com essa medida, determinamos os níveis de estoque e a visibilidade nas lojas.

Medida de retorno de margem bruta sobre investimento em estoque

$$RMB = \frac{M}{VME}$$

Onde: RMB: retorno da margem bruta.
M: margem.
VME: valor médio do estoque, em moeda corrente, mantido durante um determinado período.

Essa medida permite quantificar o retorno sobre o capital de giro investido no estoque.

Medida de previsão do potencial de vendas

A partir dessa avaliação, estabelecemos as metas de vendas, dimensionando-se a equipe e alocando os recursos adequados. É necessária uma avaliação dos clientes potenciais e seu poder de compra.

Medida do total de vendas

Podemos nos basear em projeções de vendas do ano anterior, por vendedor e por território, somando-se a elas as projeções realistas de crescimento. Essa medida nos permite estabelecer metas justas para vendedores individualmente e para territórios.

Medida de carga de trabalho

Permite-nos avaliar constantemente o tempo necessário para atender clientes e futuros clientes. Isso nos ajudará a dimensionar a equipe de vendedores garantindo uma carga de trabalho equilibrada.

Medida de remuneração

Nos ajuda a estabelecer metas que incluam salário e comissão ou bônus de vendas. Essa é uma forma de estimular o trabalho de vendas e monitorar continuamente seu progresso com o objetivo de atingir as metas programadas.

Medidas do esforço promocional

As medidas de esforço promocionais são utilizadas para mensurar nosso esforço de comunicação e a dependência que as marcas têm das ações promocionais.

Medida de percentagem de tempo em promoção

Podemos identificar, em um período de tempo determinado, qual foi a percentagem de tempo das promoções oferecidas, o que nos permitirá avaliar sua importância no volume de vendas.

Medida de vendas básicas

Reflete as vendas que ocorrem sem a interferência dos esforços de marketing – as vendas rotineiras – e permite-nos identificar a influência das ações promocionais nas vendas atuais.

Medidas de vendas incrementadas

$$VI = TV - VB$$

Onde: VI: vendas incrementadas.
TV: total de vendas.
VB: vendas básicas.

Essa medida ajuda a avaliar os resultados das ações promocionais em curto prazo.

Medida de taxas de resgate

$$TR = \frac{CR}{CD}$$

Onde: TR: taxa de resgate.
CR: cupons resgatados.
CD: cupons distribuídos.

Essa medida nos auxilia a mediar a influência de uma ação promocional nas vendas totais da empresa.

Medida de percentagem de vendas com descontos

$$\%VD = \frac{VD}{VT}$$

Onde: %VD: percentagem de vendas com descontos.
VD: vendas com desconto num determinado período.
VT: vendas totais num período determinado.

O resultado dessa medida indica o quanto a marca depende dos esforços promocionais.

Medida de repasse de descontos

$$MRD = \frac{DVC}{DC}$$

Onde: MRD: medida de repasse dos descontos.
DVC: descontos que os varejistas oferecem a seu cliente.
DC: descontos oferecidos pelo fabricante ao varejista.

O resultado é expresso em percentual e indica a atividade promocional gerada ao lońgo do canal de distribuição utilizado.

Medida de desconto médio

$$DM = \frac{PM}{PV}$$

Onde: DM: desconto médio.
PM: preço médio real praticado por unidade.
PV: preço de venda ou preço cheio.

Dessa forma, podemos estabelecer o preço médio praticado e o desconto médio oferecido.

Existem inúmeras formas de estabelecermos medidas de controle em marketing. Além das apresentadas aqui, podemos determinar medidas relativas ao desempenho financeiro e à formação dos preços praticados.

É fundamental estabelecermos objetivos concisos e bem definidos, que nos permitam elaborar e implantar medidas para que os possamos acompanhar sistematicamente. Esse acompanhamento deve ser quantitativo e qualitativo.

Anexo 1

LEI Nº 5.768, de 20 de dezembro de 1971

Anexo 1

LEI Nº 5.768, de 20 de dezembro de 1971

(DOU de 21/12/71)

Altera a legislação sobre distribuição gratuita de prêmios, mediante sorteio, vale-brinde ou concurso, a título de propaganda, estabelece normas de proteção à poupança popular, e dá outras providências.

O PRESIDENTE DA REPÚBLICA

Faço saber que o Congresso Nacional decreta e eu sanciono a seguinte Lei:.

O art. 22 da Constituição de 1988 em seus incisos XIX e XX estabelece que compete privativamente à União legislar sobre "sistemas de poupança, captação e garantia de poupança popular;" e, também, sobre "sistemas de consórcios e sorteios;"

CAPÍTULO I

DA DISTRIBUIÇÃO GRATUITA DE PRÊMIOS

Art. 1º A distribuição gratuita de prêmios a título de propaganda quando efetuada mediante sorteio, vale-brinde, concurso ou operação assemelhada, dependerá de prévia autorização do Ministério da Fazenda, nos termos desta lei e de seu regulamento.

§ 1º A autorização somente poderá ser concedida a pessoas jurídicas que exerçam atividade comercial, industrial ou de compra e venda de bens imóveis comprovadamente quites com os impostos federais, estaduais e municipais, bem como com as contribuições da Previdência Social, a título precário e por prazo determinado, fixado em regulamento, renovável a critério da autoridade.

Ver o Decreto 95.810, de 10/03/88, que trata das autorizações solicitadas por associações de classe.

§ 2º O valor máximo dos prêmios será fixado em razão da receita operacional da empresa ou da natureza de sua atividade econômica, de forma a não desvirtuar a operação de compra e venda.

§ 3º É proibida a distribuição ou a conversão dos prêmios em dinheiro.

§ 4º Obedecerão aos resultados da extração da Loteria Federal, os sorteios previstos neste artigo.

§ 5º O Ministério da Fazenda, no caso de distribuição de prêmios a título de propaganda, mediante sorteio, poderá autorizar que até o limite de 30% (trinta por cento) dos prêmios a distribuir por essa modalidade seja excluído da obrigatoriedade prevista no parágrafo anterior, desde que o sorteio se processe exclusivamente em programas públicos nos auditórios das estações de rádio ou de televisão.

§ 6º Quando não for renovada a autorização de que trata este artigo, a empresa que na forma desta lei, venha distribuindo, gratuitamente, prêmios vinculados à pontualidade de seus prestamistas nas operações a que se referem os itens II e IV do art. 7º continuará a distribuí-los exclusivamente com relação aos contratos celebrados até a data do despacho denegatório.

Art. 2º Além da empresa autorizada, nenhuma outra pessoa natural ou jurídica poderá participar do resultado financeiro da promoção publicitária de que trata o artigo anterior, ainda que a título de recebimento de "royalties", aluguéis de marcas, de nomes ou assemelhados.

Art. 3º Independe de autorização, não se lhes aplicando o disposto nos artigos anteriores:

I. a distribuição gratuita a prêmios mediante sorteio realizado diretamente por pessoa jurídica de direito público, nos limites de sua jurisdição, como meio auxiliar de fiscalização ou arrecadação de tributos de sua competência;

II. a distribuição gratuita de prêmios em razão do resultado de concurso exclusivamente cultural, artístico, desportivo ou recreativo, não subordinado a qualquer modalidade de álea ou pagamento pelos concorrentes, nem vinculação destes ou dos contemplados à aquisição ou uso de qualquer bem, direito ou serviço.

Parágrafo único. O Ministério da Fazenda poderá autorizar a realização de propaganda comercial, com distribuição gratuita de prêmios vinculada a sorteio realizado nos termos do item I deste artigo, atendido, no que couber, o disposto no art. 1º e observada a exigência do art. 5º.

Art. 4º Nenhuma pessoa física ou jurídica poderá distribuir ou prometer distribuir prêmios mediante sorteios, vale-brinde, concursos ou operações assemelhadas, fora dos casos e condições previstos nesta lei, exceto quando tais operações tiverem origem em sorteios organizados por instituições declaradas de utilidade pública em virtude de lei e que se dediquem exclusivamente a atividades filantrópicas, com o fim de obter recursos adicionais necessários à manutenção ou custeio de obra social a que se dedicam.

Redação dada pela lei nº 5.864, de 12/12/72 (DOU de 13/12/72)

§ 1º Compete ao Ministério da Fazenda promover a regulamentação, a fiscalização e controle das autorizações dadas em caráter excepcional nos termos deste artigo, que ficarão basicamente sujeitas às seguintes exigências:

Ver nota após o "caput"

a. comprovação de que a requerente satisfaz as condições especificadas nesta lei, no que couber, inclusive quanto à perfeita regularidade de sua situação como pessoa jurídica de direito civil;

b. indicação precisa da destinação dos recursos a obter através da mencionada autorização;

c. prova de que a propriedade dos bens a sortear se tenha originado de doação de terceiros, devidamente formalizada;

d. realização de um único sorteio por ano, exclusivamente com base nos resultados das extrações da Loteria Federal, somente admitida uma transferência de data por autorização do Ministério da Fazenda e por motivo de força maior.

§ 2º Sempre que for comprovado o desvirtuamento da aplicação dos recursos oriundos dos sorteios excepcionalmente autorizados neste artigo, bem como o descumprimento das normas baixadas para sua execução, será cassada a declaração de utilidade pública da infratora, sem prejuízo das penalidades do art. 13 desta Lei.

Ver nota após o "caput"

§ 3º Será também considerada desvirtuamento da aplicação dos recursos obtidos pela forma excepcional prevista neste artigo a interveniência de terceiros, pessoas físicas ou jurídicas, que de qualquer forma venham a participar dos resultados da promoção.

Ver nota após o "caput"

Art. 5º (Revogado) A concessão da autorização prevista no art. 1º sujeita as empresas autorizadas ao pagamento, a partir de 1º de janeiro de 1972, da "Taxa de Distribuição de Prêmios" de 10% (dez por cento), incidente sobre o valor da promoção autorizada, assim compreendida a soma dos valores dos prêmios prometidos.

Ver Ato Declaratório (Normativo) CST nº 25, de 05/11/85

§ 1º A taxa a que se refere este artigo será paga em tantas parcelas mensais iguais e sucessivas, quantos forem os meses de duração do plano promocional, vencendo-se a primeira no 10º (décimo) dia do mês subsequente ao do início da execução do plano.

§ 2º Até 31 de dezembro de 1971, será exigida a Taxa de Distribuição de Prêmios de que trata o § 3º do art. 14 do Decreto-lei nº 34, de 18 de novembro de 1966, incidente sobre o valor previsto no art. 8º alínea "a", do Decreto-lei nº 7.930, de 3 de setembro de 1945.

Art. 6º Quando o prêmio sorteado, ou ganho em concurso, não for reclamado no prazo de 180 (cento e oitenta) dias, caducará o direito do respectivo titular e o valor correspondente será recolhido ao Tesouro Nacional no prazo de 10 (dez) dias pelo distribuidor autorizado.

CAPITULO II

De outras operações sujeitas a autorização

Obs.: Do artigo 7º ao artigo 11, a Lei trata de consórcios, Fundo Mútuo, venda ou promessa de venda de mercadorias a varejo com recebimento antecipado do preço, venda de direitos, cotas, terrenos loteados e outras modalidades de captação antecipada de poupança popular, que não são na nossa opinião, de interesse direto do mercado de promoções, por isso não estão aqui incluídos.

Art.12. A realização de operações regidas por esta Lei, sem prévia autorização, sujeita os infratores às seguintes sanções, aplicáveis separada ou cumulativamente:

NOTA: ***Os Artigos 12.13 e 14 estão com a redação dada pelo art. 3º da Lei 7.691, de 15/12/88***

I. no caso de que trata o art. 1º:

   a. multa de até cem por cento da soma dos valores dos bens prometidos como prêmios;

   b. proibição de realizar tais operações durante o prazo de até dois anos.

II. nos casos a que se refere o art. 7º:

   a. multa de até cem por cento das importâncias previstas em contrato, recebidas ou a receber, a título de taxa ou despesa de administração;

   b. proibição de realizar tais operações durante o prazo de até dois anos.

Parágrafo único. Incorre, também, nas sanções previstas neste artigo quem, em desacordo com as normas aplicáveis, prometer publicamente realizar operações regidas por esta Lei.

Art.13. A empresa autorizada a realizar operações previstas no art. 1º, que não cumprir o plano de distribuição de prêmios ou desvirtuar a finalidade da operação, fica sujeita, separada ou cumulativamente, às seguintes sanções:

NOTA: Ver a nota após o art. 12

I. cassação da autorização;

II. proibição de realizar tais operações durante o prazo de até dois anos;

III. multa de até cem por cento da soma dos valores dos bens prometidos como prêmio.

Parágrafo único. Incorrem nas mesmas sanções as instituições declaradas de utilidade pública que realizarem as operações referidas neste artigo, sem autorização ou em desacordo com ela.

Art. 14. A empresa autorizada, na forma desta Lei, a realizar operações referidas no art. 7º, que descompriR os termos da autorização concedida ou normas que disciplinam a matéria, ficará sujeita, separada ou cumulativamente, às seguintes sanções:

*NOTA: **Ver a nota após a art. 12, bem como o item 18 da Port. MF 028, de 05/03/90.***

I. cassação da autorização;

II. proibição de realizar nova operação durante o prazo de até dois anos;

III. sujeição a regime especial de fiscalização; e

IV. multa de até cem por cento das importâncias; recebidas ou a receber, previstas em contrato, a título de despesa ou taxa de administração.

Art. 15. A falta de recolhimento da Taxa de Distribuição de Prêmios, dentro dos prazos previstos nesta Lei, sujeita o contribuinte à multa igual a 50% (cinquenta por cento) da importância que deixou de ser recolhida.

Parágrafo único. Se o recolhimento for feito após o prazo legal, antes de qualquer procedimento fiscal a multa será de 10% (dez por cento).

Art. 16. As infrações a esta Lei, a seu regulamento ou a atos normativos destinados a complementá-los, quando não compreendidas nos artigos anteriores, sujeitam o infrator à multa de 10(dez) a 40 (quarenta) vezes o maior salário-mínimo vigente no País, elevada ao dobro no caso de reincidência.

NOTA: Ver a Lei 6.205, de 29/04/95, que descaracterizou o salário-mínimo com base de cálculo. Ver também o Decreto nº 75.679, de 29/04/75, que criou os valores de referência em função de regiões. Ver tabela dos Maiores Valores de Referência (MVR) no final deste livro.

Art. 17. A aplicação das penalidades previstas nesta Lei não exclui a responsabilidade e as sanções de natureza civil e penal, nos termos das respectivas legislações.

NOTA: Ver os artigos 1º, 16 e 26 da Lei 7.492, de 16/06/86, neste livro.

Art. 18. O processo e o julgamento das infrações a esta Lei serão estabelecimentos em regulamento.

Art. 19. A fiscalização das operações mencionadas nesta Lei será exercida privativamente pela Secretaria da Receita Federal do Ministério da Fazenda.

Fonte: ASPN - Leis de Promoções Lei nº 5.768 de 20 12 1971. MCT.

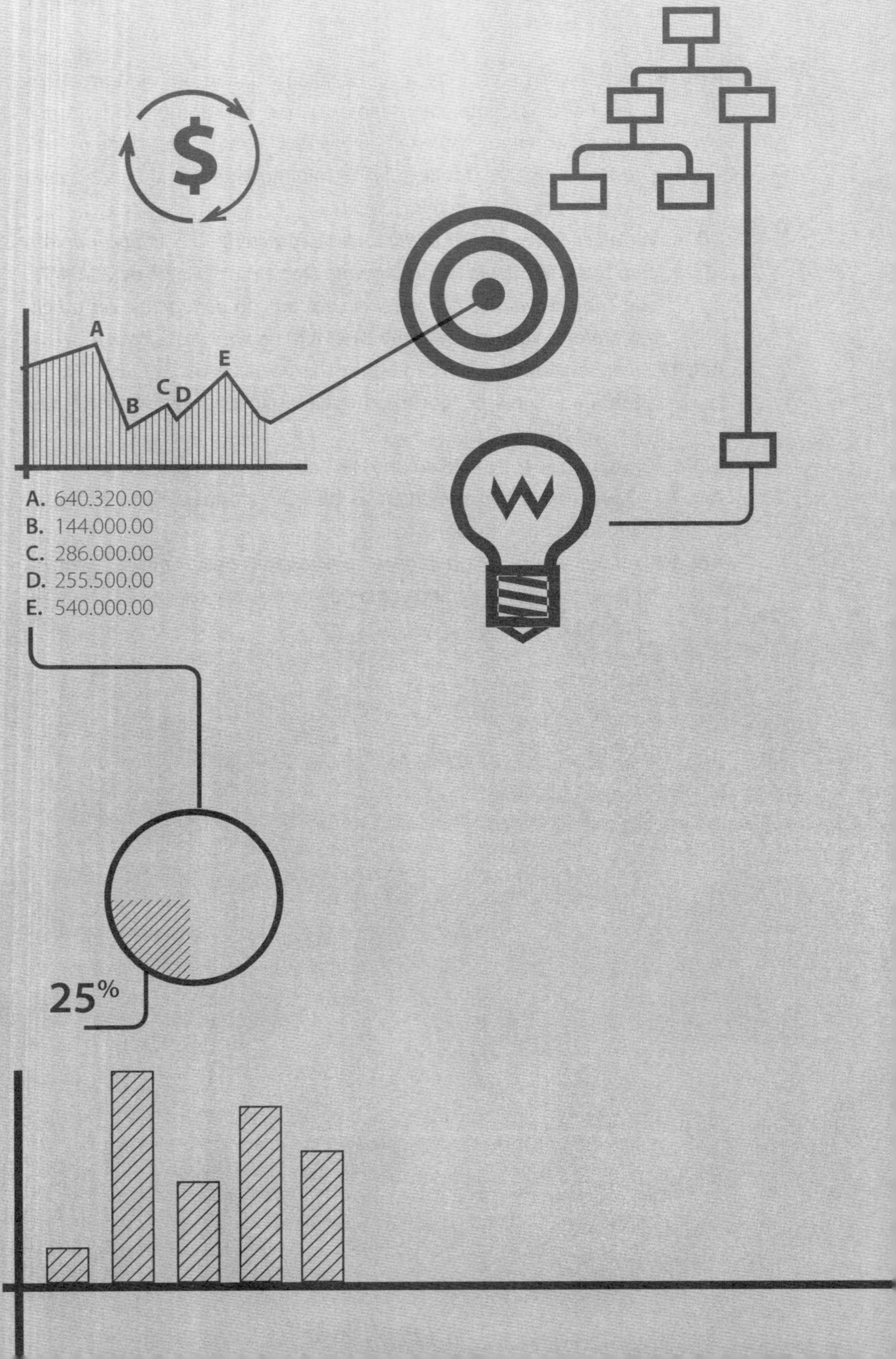
A
B
C
D
E
A. 640.320.00
B. 144.000.00
C. 286.000.00
D. 255.500.00
E. 540.000.00
25%

Referências

AJZENTAL, A. *História do pensamento de marketing*. São Paulo: Saraiva, 2010.

CAMPBELL, C. *A ética romântica e o espírito do consumismo moderno*. Rio de Janeiro: Rocco, 2001.

CHIAVENATO, I. *Introdução à teoria geral da administração*. São Paulo: Campus, 2002.

CHURCHILL JR., G. A.; PETER, J. P. *Marketing*: criando valor para os clientes. 2. ed. São Paulo: Saraiva, 2013.

DUARTE, F.; QUANDT, C.; SOUZA, Q. *O tempo das redes*. São Paulo: Perspectiva, 2008.

FARRIS, P. W. et. al. *Métricas de marketing*. Porto Alegre: Bookman, 2007.

GIOIA, R. et. al. *Coleção marketing*. São Paulo: Saraiva, 2006.

HOOLEY, G. L.; SAUNDERS, J. A.; PIERCY, N. F. *Estratégia de Marketing e posicionamento competitivo*. São Paulo: Prentice Hall, 2001.

KOTLER, P.; ARMSTRONG, G. *Princípios de marketing*. São Paulo: Prentice Hall, 2006.

_______; KELLER, K. *Administração de marketing*. 12. ed. São Paulo: Prentice Hall, 2006.

LAMBIN, J. J. *Marketing estratégico*. Lisboa. McGraw-Hill: 2000

LAS CASAS, A. L. *Administração de marketing*. São Paulo: Atlas, 2006.

_______. *Marketing de serviços*. São Paulo: Atlas, 2006.

_______. *Marketing:* conceitos, exercícios e casos. São Paulo: Atlas, 2001.

LAUTERBORN, R. *New marketing litany:* 4p'S passe, C-words take over. Advertising Age. New York, v. 61, n. 41, p. 26, out. 1990.

LEVITT, T. Marketing myopia. *Harvard Business Review*, jul./ago., 1960.

MAcCARTHY, E. J. *Basic Marketing:* a managerial approach. Homewood, Illinois: Richard D, Irwin, 1960.

MIRANDA, C. M. C; ARRUDA, D. M. O. A evolução do pensamento de marketing. Fortaleza: *Revista Interdisciplinar de Marketing*. v.3, p. 40-57, jan./jun. 2004.

RICHERS, R. *Marketing:* uma visão brasileira. São Paulo: Negócio Editora, 2000.

ROCHA, A.; CHRISTENSEN, C. *Marketing:* teor a e prática no Brasil. São Paulo: Atlas, 1999.

SIMÕES, R. *Marketing básico*. São Paulo: Saraiva, 1976.

WILKIE, W.; MOORE, E. S. Scholarly Research in Marketing: exploring the "4 eras" of thought development. *Journal of Public Police & Marketing*, v. 22, n2, p. 116-146, 2003.

ZEITHAML, V. A.; BITNER, M. J. *Marketing de serviços:* a empresa com foco no cliente. Porto Alegre: Bookman, 2003.

Sites

ABEP, Associação Brasileira de Estudos Populacionais. Disponível em: www.abep.org. Acesso em: 16 ago. 2013.

AMA – American Marketing Association – The American Marketing Association Releases New Definition for Marketing – Press Release – Chicago – 14 jan. 2008. Disponível em: <http://www.marketingpower.com/AboutAMA/Documents/American%20Marketing%20Association%20Releases%20New%20Definition%20for%20Marketing.pdf>. Acesso em: 21 fev. 2012.

LEAL, A. L.; DALMAZO, L.; FERRARI, B. As empresas caíram nas redes sociais. Revista Exame. Disponível em: <http://exame.abril.com.br/revista-exame/edicoes/1022/noticias/as-empresas-cairam-nas-redes>. Acesso em: 25 mar. 2013.

SERRANO, D. P. O que é marketing? Disponível em: <http://www.portaldomarketing.com.br/Artigos/O_que_e_marketing.htm>. Acesso em: 24 fev. 2012.